뇌의 스위치를 켜라

긍정적인 생각으로 가득한 신경네트워크 구축하기

뇌의 스위치를 켜라

캐롤라인 리프 지음 | 심현석 옮김

SWITCH ON YOUR BRAIN

| 헌정사 |

책을 집필하는 동안 나는 나 자신이 퍼즐 제작자와 같다고 생각한다. 퍼즐 조각들은 한데 모여 구체적인 소망의 이야기를 전해준다.

이 책을 궁극적 퍼즐 제작자이신 하나님께 올려드립니다. '생각의 과학'이라는 커다란 퍼즐의 몇 조각을 제작할 수 있도록 허락하여 주심에 감사드립니다. 겸허한 마음으로 이 일을 진행합니다. 그리고 이 일을 통해 오직 주님께만 영광 돌리기 원합니다.

또한 이 책을 내가 영원토록 사랑할 남편 맥$_{Mac}$에게 헌정합니다. 내가 하나님과 뇌에 푹 빠져 열정적으로 이야기할 때 당신은 단 한 번도 내 말을 귀찮게 여기지 않았습니다. 한 번은 동생이 이렇게 말하더군요. "형부가 아니었으면 언니는 이 일을 하지도 못했어." 동생 말이 맞아요. 당신은 아내를 사랑하는 남편의 전형입니다.

그리고 아름다운 네 남매 제시카, 도미니크, 제프리, 알렉산드리아에게 이 책을 바친다. 너희를 바라보고 너희가 하는 말을 들을 때마다 나는 하나님의 사랑과 소망과 기쁨을 체험한단다. 너희는 하나님께서 나에게 주신 복이란다.

| 감사의 글 |

이 퍼즐을 제작하는 데 필요한 영감, 그리고 이렇게 제작된 몇몇 퍼즐 조각은 여러 다양한 출처로부터 기인한 것이다.

늘 그랬듯이 영감은 하나님으로부터 시작되고, 하나님과 함께 멈춘다.

나는 수많은 시간을 할애하여 수많은 과학자들이 진행한 놀라운 연구 결과를 열정적으로 검토했다. 하나님께서는 그들을 통해 놀라운 진리를 계시하셨고, 나는 그 사실에 적잖이 놀랐다. 이 책의 본문에 그들 중 몇몇 사람이 진행한 연구 내용을 인용했다.

지난 몇 년 동안 나는 환자들 그리고 치료 의뢰인들과 함께 이 치료 방법을 시행해보는 특권을 누렸다. 어떤 사람은 적극적으로 치료에 동참했고, 또 어떤 사람은 '등 떠밀려서' 참여하거나 매우 상한 마음을 안고 치료를 시작했다. 동기야 어떻든 치료에 임한 그들은 모두 강한 결심으로 치료를 받았다. 성공에 대한 굳은 결의가 그들을 이끌었으며, 때때로 생각한 것 이상의 결과가 나타나기도 했다.

나는 지혜로운 성경과 과학이라는 선생님 밑에서 공부했다. 또한 지금도 여전히 동일한 선생님에게서 배우고 있다.

베이커 북스Baker Books 출판팀에게 감사를 전한다. 그들의 업적은 효율, 탁월, 신속 이 세 마디 말로 기릴 수 있다. 그들은 수준 높은 작업을 신속하게, 거뜬히 수행해내었다.

나의 가족들의 특별한 사랑과 후원이 항상 나를 지탱해준다.

나에게 격려의 말과 지혜로운 조언을 아끼지 않은 친구들, 내 삶에 대한 예언을 전해준 친구들, 이 책이 나오기까지 여러 방면으로 도와준 친구들(그들은 자신이 일조했다는 사실도 모를 것이다)에게 감사를 전한다. 그들 모두를 언급하자면 이 책의 지면이 부족할 것이다. 하지만 내가 누구를 언급하고 있는지 '그들'은 알 것이다. 그들 모두의 사랑에 감사드린다.

| 추천사 |

캐롤라인 리프 박사는 뇌과학과 하나님의 말씀을 정교하게 엮어냈다. 이 책 《뇌의 스위치를 커라》는 부정적인 생각에 물든 우리의 뇌를 해독解毒해줄 뿐만 아니라 우리의 '찬란함'도 일깨워준다. 그러므로 우리 모두는 하나님께서 창조하신 모습대로 변화되고 하나님께서 디자인해두신 소명대로 살게 될 것이다. 부디 이 책을 읽고 마음을 새롭게 하라.

— 존 비비어
메신저 인터내셔널 Messenger International 공동 설립자
《존 비비어의 분별력》, 《존 비비어의 친밀감》의 저자

말과 행동의 기저에는 '생각의 습관'이 놓여 있다. 생각은 행동을 유발하는 중심 동인動因이다. 이 책에서 캐롤라인 리프 박사는 건강한 생각을 중시하는 성경의 원칙이 인지신경과학의 발전에 더더욱 힘을 얻는다는 사실을 이야기한다. 그녀는 또한 건강한 생각이 어떤 과정을 거쳐 전반적인 신체 건강에 유익을 선사하는지도 설명한다. 마음을 새롭게 하여 끊임없는 변화를 유지하려면(로마서 12:2) 생각의 습관을 성경의 진리에 일치시켜야 한다. 리프 박사는 이에 대한 원리와 더불어 실용적 지침도 알려준다. 하나님은 예수 그리스도의 완전한 공로를 통해 우리를 바라보신다. 리프 박사는 이러한 하나님의 관점으로 자기 자신을 바라보도록 독자들을 격려한다.

— 브라이언 E. 스넬
의학박사, 신경외과 전문의

2007년 캐롤라인 리프 박사가 우리 방송 LIFE Today에 처음 출연했을 때, 시청자들은 '생각'에 관한 그녀의 연구에 흠뻑 매료되었다. 그녀는 '마음을 새롭게 함으로 변화를 받는' 방법을 설명하며 과학과 성경이라는 두 개의 대척점을 하나의 선으로 연결해주었다. 생각하는 습관과 태도 전반에 변화를 주고 싶은가? 《뇌의 스위치를 켜라》는 이렇게 말한다. "당신의 뇌는 성경의 진리와 성령의 능력으로만 새로워질 수 있다."

— 제임스 로빈슨

라이프 아웃리치 인터내셔널 LIFE Outreach International 대표
'라이프 투데이' LIFE Today의 공동 진행자

이 책을 읽으면서 차차 알게 되겠지만, 그녀의 가르침은 신경과학 연구 분야에서 최첨단을 달린다고 해도 과언이 아니다. 나는 리프 박사가 집필한 이 책에서 설명하는 내용을 적용한 사람들로부터 삶이 극적으로 변화되고 예수님과의 동행이 쉬워졌다는 소식을 전해 들었다. 당신에게 이 책을 권한다. 책에 기록된 내용을 깊이 공부하라. 그리고 여기에 소개된 가르침을 삶에 적용하라. 그러면 놀라운 여정이 시작될 것이다.

— C. 프레드 캐시티

법학 박사, 킹스대학교 실천신학 교수

삶은 우리가 생각하는 대로 이뤄진다.
- 마르쿠스 아우렐리우스

| 목차 |

헌정사 … 4
감사의 글 … 5
추천사 … 7

머리말 … 12
서언 … 17

| 1부 | 어떻게 뇌의 스위치를 켜는가 ……… 31

1장 • 마음(생각)이 물질을 좌우한다 … 33
2장 • 선택과 다중 시각의 유익 … 45
3장 • 당신의 선택이 뇌를 변화시킨다 … 67
4장 • 생각을 사로잡으라 … 88
5장 • 안식 연습 … 97
6장 • '밀크셰이크-멀티태스킹'을 멈추라 … 115
7장 • 생각, 하나님 그리고 양자물리학 … 129
8장 • 생각의 과학 … 153

SWITCH
ON
YOUR
BRAIN

| 2부 | 21일 두뇌 해독 플랜 ·········· 171

  9장 • 21일 두뇌 해독 플랜이란? … 173
 10장 • 21일 두뇌 해독 플랜은 어떻게 효과를 나타내는가? … 183
 11장 • 1단계 – 수집 … 195
 12장 • 2단계 – 집중 … 212
 13장 • 3단계 – 글쓰기 … 224
 14장 • 4단계 – 재방문 … 231
 15장 • 5단계 – 적극적인 발돋움 … 237

맺음말 … 249
각주 … 252

| 머리말 |

여기 특별한 스위치가 있다. 그 스위치를 올리면 당신의 뇌는 빠르게 회전하고, 당신은 지금보다 더 행복한 삶을 살 수 있다. 몸과 마음은 더 건강해지고 똑똑해지기까지 한다. 이런 스위치가 있다면 당신은 어떻게 하겠는가?

이 책은 이러한 스위치를 찾을 수 있도록 도와준다. 또한 어떻게 그 스위치를 작동하는지도 가르쳐준다.

결론부터 말하자면, 우리의 마음이 어떤 생각을 품느냐에 따라 우리의 뇌와 몸이 변화된다. 그렇다. 당신의 '마음'이 바로 그 스위치이다.

당신은 어떤 일을 결정하고 성취해낼 수 있다. '선택'과 '결정'은 특별한 능력이다. 당신은 이 능력을 발휘하여 최상의 지적 수준과 건강한 정신 상태에 이를 수 있고, 또 그 상태를 유지할 수 있다. 행복한 삶을 영위하는 것은 물론 몸과 마음의 질병까지 예방할 수 있다. 우리가 의식적인 노력을 기울이면, 생각과 감정을 통제할 수 있고 뇌 속 화학물질의 흐름을 바꿀 수도 있다. 또한 뇌 속에 장착된 '프로그램'을 변경할 수도 있다.

오늘날 과학은 "하나님이 우리에게 주신 것은 두려워하는 마음이 아니요, 오직 능력과 사랑과 절제하는 마음이니"(디모데후서 1:7)라는 말씀의 뒷받침이 될 만한 증거를 제시하고 있다. 과학이 발전하면 할수록 성경을 지지할 수밖에 없다. 획기적인 신경과학 연구를 통해 그동안 우리가 인지해왔던 '가설'이 '사실'로 입증되었다. 매 순간 당신이 품는 '생각'은 당신의 뇌와 몸 안에서 '물리적 실체'로 변화된다. 그 물리적 실체가 결국 당신의 몸과 정신 건강에 영향을 끼친다.

생각의 단편이 모여 '태도'를 이룬다. 생각의 집합체인 '태도'는 우리의 '마음' 상태를 그대로 반영한다. 기억하라. 삶의 질을 좌우하는 것은 DNA가 아니라 '태도'이다.

마음은 '추상적인 개념'이 아니다. 마음은 실체이고, 물질이며, 전자 기성을 띠는 양자$_{量子, \text{quantum}}$이다. 마음가짐을 어떻게 하느냐에 따라 두뇌 속 화학물질의 흐름이 바뀌어 특정 유전자 그룹이 활성화되기도 하고 유전자 발현이 억제되기도 한다. '결심'과 그에 따른 '종속적 행위'를 기반으로 이 사실을 살펴보자.

마음으로 무언가를 '결심'할 때, 당신의 두뇌 속 화학물질의 흐름이 변화된다. 화학물질의 흐름의 변동은 일단의 유전자를 긍정적 혹은 부정적 방향으로 움직인다. 과학은 이러한 현상을 '후성유전'$_{\text{epigenetics}}$으로 설명한다. 그러나 영적으로 설명하자면, 이것은 신명기 30장 19절 말씀의 성취이다. "내가 오늘 하늘과 땅을 불러 너희에게 증거를 삼노라 내가 생명과 사망과 복과 저주를 네 앞에 두었은즉 너와 네 자손이 살기 위하여 생명을 택하고."

뇌는 마음(생각)의 명령을 듣고 일련의 신경신호를 몸으로 보낸다. 마음에 내재한 생각과 감정은 우리의 몸 안에서 물질적이고 영적인 결실을 맺는다. '믿음'과 같은 비물질적 추상 개념이 신경신호와 같은 물리적 실체로 변환되어 세포 속에 (긍정적 또는 부정적) 변화를 일으키는 것이다. 그리고 우리의 마음은 '신체 변화'에 자극을 받아 이러한 경험을 다시금 '생각'과 '감정'으로 전환시킨다. 이처럼 마음과 몸이 서로 연계되어 끊임없는 사이클을 반복한다. 두 눈이 번쩍 뜨일 만큼 놀라운 사실 아닌가?

더 놀라운 사실은 당신이 이 모든 과정을 통제한다는 것이다. 오늘 당신이 어떤 생각을 품고 어떤 결정을 내리는지에 따라 당신의 영·혼·육이 달라진다. 그뿐만이 아니다. 그 효과가 4대손에게까지 닿을 것이다.

우리의 뇌는 '사랑에만 반응하는'only wired for love 거대한 신경회로이다. 다시 말해서 '정신'을 구성하는 일련의 신경세포들이 오직 긍정적인 것에만 반응한다는 뜻이다. 모든 사람에게 내재해 있는 낙관주의적 편향성이 그 증거이다. '초기화' 모드에서 인간은 하나님의 설계에 따라 긍정적이고 선한 결정을 내릴 수밖에 없었다. 그런데 어디에서 문제가 생긴 것일까?

인간의 악한 선택과 그에 따른 악행은 '초기화' 설계 안에 없었다. '악'은 인간의 그릇된 '선택'으로 인해 인류 안에 흘러들어온wire in 요소이다. 고정된 '설계'가 아니므로 이러한 것들은 언제든지 다시금 흘려보낼wire out 수 있다.

우리의 뇌는 '신경 가소체'이다. 이것은 언제든 뇌를 변형시킬 수 있고 심지어 뇌의 결실 부위를 재생시킬 수도 있다는 뜻이다. 하나님께서는 우리의 뇌에 '신경조직 형성 기능'까지 장착시켜 주셨다. 그래서 날마다 새로운 신경세포가 만들어지는데, 이것은 우리의 정신 건강을 위한 하나님의 배려이다. 이 말이 예레미야애가 3장 22-23절 말씀처럼 들리지 않는가? "여호와의 인자와 긍휼이 … 아침마다 새로우니."

이 책은 어떻게 해야 생각의 고삐를 쥘 수 있는지 알려준다. 또한 로마서 12장 2절에 기록된 대로, 어떻게 해야 마음을 새롭게 할 수 있는지 알려준다. 끊어진 신경회로를 연결하는 방법, 하나님이 계획해놓으신 방향으로 나아가는 방법도 가르쳐준다.

뇌신경학계의 최근 연구 동향과 다양한 임상실험 결과를 바탕으로 쓰인 이 책을 읽는 동안 당신은 '생각'이 영과 혼과 육에 어떤 영향을 미치는지 알게 될 것이다. 또한 '21일 두뇌 해독 플랜'21-Day Brain Detox Plan을 통해 생각의 독소를 제거하는 훈련도 하게 될 것이다.

이렇게 배운 지식은 삶의 모든 영역에 적용될 수 있다. 하지만, 무엇보다 먼저 마음가짐을 올바르게 가져야 한다. 마음가짐이 올바르지 않으면 당신은 과거의 아픔에서 벗어날 수 없다. 남을 용서할 수 없고 근심과 우울증을 떨쳐낼 수 없다. 건강 유지의 주요 원칙들을 따를 수 없고 유기농 음식을 소화할 수 없으며 식이요법을 시행할 수도 없다. 게다가 지적 능력을 최적화 할 수 없고, 품었던 꿈을 이룰 수 없으며, 승진할 수도 없다. 훌륭한 부모, 멋진 남편, 좋은 아내, 좋은 친구가 될 리 만무하다. 긍정적인 삶은 물론 성공하는 삶 역시 날아간 꿈이 되고 말 것이다.

어쩌면 올바르게 생각하고 옳은 것을 선택하며 제대로 마음을 가누는 일은 이 세상에서 가장 어려운 일일는지도 모른다. 그러나 그것은 반드시 떼어야 하는 첫걸음이다.

생각이 지닌 엄청난 영향력을 알았다면, 당신은 살면서 단 한 번도 부정적인 생각을 품지 않았을 것이다.

피스 필그림

서언

소망을 품음으로
뇌의 스위치를 켜라!

> **중심 성구** 믿음은 바라는 것들의 실상이요 보이지 않는 것들의 증거니 (히브리서 11:1)
>
> **연관 과학 지식** 생각은 정신 영역을 차지하고 있는 실질적이고 물리적인 '것'(물질)이다. 매일 그리고 매 순간, 당신은 생각을 통해 뇌의 구조를 변형시킨다. '소망 품기'는 뇌의 구조를 긍정적이고 정상적인 방향으로 변화시키는 동력이다.

불과 수십 년 전만 해도 (나를 사사해준 학자들을 포함하여) 과학자들은 인간의 뇌를 마치 '경직되고 유연성 없는 기계'인 양 생각했다. 이러한 관점에서 볼 때, 뇌는 한 번 망가지면 그걸로 끝이다. 손상된 뇌는 회복될 수 없다. 뇌졸중이나 심혈관 질환, 끔찍한 사고로 인한 뇌손상, 학습 장애, 정신적 외상, 외상 후 스트레스 장애PTSD, 강박신경증, 우울증, 근심, 심지어 노화로 인한 뇌손상 등 원인이 무엇이든 일단 고장 난 뇌는 '가망 없는 상태'로 간주되었고 '치료불가' 판정을 받아야 했다. 뇌손상은 돌이킬 수 없는 참사라는 생각이 지배적이었다.

인간의 두뇌에 대한 지배적 견해가 이러했기 때문에 1980년대의 치료법은 뇌손상 환자들의 신체 기능을 적당히 '보정'해주는 것이었지 '회복'시키는 것은 아니었다. 나 역시 당대의 전통적 '지혜'를 따라 의학을 배웠다. 당시의 전통적 지혜는 이렇게 말했다. "정신 장애는 물론 어떤 종류의 뇌손상이든, 한 번 망가진 뇌는 회복될 수 없다. 손상된 뇌의 정상화는 불가능하다."

그러나 당시 성경을 배우는 학도였던 나는 로마서 12장 2절 말씀에 깊이 빠져 있었다. "너희는 이 세대를 본받지 말고 오직 마음을 새롭게 함으로 변화를 받아 하나님의 선하시고 기뻐하시고 온전하신 뜻이 무엇인지 분별하도록 하라." 나는 이 말씀을 통해 끊임없는 위로를 받았다. 특히 '마음을 새롭게 하라'는 유명하고도 멋진 명령문은 당시 내게 꼭 필요한 진리였다. 환자들이 장애를 극복하도록 보살피던 나는 이 말씀을 붙들고 적용해야만 했다. 진리 추구를 향한 한 과학자의 거침없는 노력은 이렇게 시작되었다.

나는 내가 연구하여 개발한 치료법을 환자들에게 시행했다. 당시 환자들의 반응은 매정했다. 그들은 치료를 원하면서도 한편으로는 과학이 던져준 '가망 없음'이라는 진단을 순순히 받아들였기 때문이다. 그들은 '한 번 망가진 뇌는 다시 고칠 수 없다'라는 전통적 견해를 철석같이 믿었다. 하지만 치료법을 시행해보니 양상은 달랐다. 과학의 전통적 견해와는 달리 인간의 뇌는 손상된 상태 그대로 머물러 있지 않았다. 신경정신의학적으로 볼 때 가장 가망 없는 상태에서도 회복의 기미가 나타난 것이다!

각각의 환자를 관찰하고 임상실험을 시행한 후 얻어낸 결과는 다음의 한 문장으로 요약할 수 있다. "당신이 무엇을 할 수 있는지는 어떻게 마음먹느냐에 달렸다." 환자들의 변화에 나는 또 다시 놀랐다!

그뿐만이 아니다. 손상된 뇌의 회복 가능성을 염두에 두고 비슷한 종류의 임상실험을 진행한 과학자는 수없이 많다. 그들은 저마다 학계에 새로운 연구 결과를 발표했는데, 그들이 제시한 일련의 연구 자료는 내가 직관적으로 알고 있던 다음의 사실을 더욱 확고히 다져주었다. "우리는 생태biology나 환경의 희생자가 아니다."

일상 속에서 일어나는 다양한 사건 또는 삶의 환경이나 조건들이 우리의 인생을 규정짓는다고 생각하지 말라. 오히려 이 모든 것에 대해 어떤 태도로 반응하느냐에 따라 우리의 삶이 달라질 것이다. 우리의 삶은 물론 우리의 정신 건강과 신체 건강 역시 마음의 태도에 달려 있다.

우리가 '생각'하는 동안 두뇌의 물리적 상태가 변화된다. 이 사실을 염두에 두고 이야기를 전개해보자. 만일 의식적으로 '생각'을 통제할 수 있다면, 우리는 유해한 생각 패턴의 회로를 차단할 수 있을 것이다. 뿐만 아니라 그 자리에 건강한 생각을 집어넣을 수도 있을 것이다. 그러면 새로운 생각 패턴의 회로망network이 성장하게 되는데 이로 인한 파급 효과는 엄청나다. 건강한 생각 패턴을 통해 지적 능력은 증진되고, 뇌와 마음과 신체에까지 치유의 효과가 전달되기 때문이다.

이 모든 과정이 '생각'하고 '선택'할 수 있는 능력의 저장소, 곧 '마음'에서 시작된다. 어쩌면 '마음'은 온 우주에서 하나님 다음으로 가장 강력한 힘을 발할는지도 모른다. 실제로 우리의 '마음'은 하나님의 형상대로 지음 받았다.

경이로운 '마음'의 역할 덕에 우리는 영혼 안으로 들어오는 일련의 사실(자극)을 이해하게 된다. 왜 그런가? 외부에서 들어온 자극을 인지하

건강한 기억(적절하게 변형시킨 그림)

유해한 기억(적절하게 변형시킨 그림)

고 정보처리하여 뇌로 전송해주는 역할을 '마음'이 담당하기 때문이다. 어디 그뿐이겠는가? 우리의 영적 자아를 좀 더 나은 모습으로 발전시키고자 선택하는 것 역시 마음이 하는 일이다. "그러므로 모든 더러운 것과 넘치는 악을 내버리고 너희 영혼을 능히 구원할 바 마음에 심어진 말씀을 온유함으로 받으라"(야고보서 1:21). 여기에 제시된 명령, "받으라"의 수행 주체는 '마음'이다. 뇌에 물리적 변화를 일으켜 뇌로 하여금 마음의 명령을 따르게 만드는 것 또한 마음이 하는 일이다.

우리는 원수의 거짓말을 믿을지 아니면 거절할지 마음으로 선택하고 결정한다. 당신은 거짓의 아비가 내뱉는 거짓말을 믿겠는가? 아니면 거절하기로 선택하겠는가? 사탄의 거짓말을 믿기로 작정하여 정신과 육체와 영혼의 영역에서 혼란을 겪고 악순환의 길로 들어가겠는가? 아니면 주위에서 어떤 일이 일어나더라도 하나님의 명령을 선택하고 평안을 누리기로 결심하겠는가? 이것 또한 마음이 감당해야 할 몫이다.

'생각'은 물질의 구조를 변형시킨다. 하나님께서 말씀하셨다. "빛이 있으라"(창세기 1:3). 그분의 말씀에 물리적인 세상이 창조되었다. 그리고 다시 한 번 말하지만, 과학은 하나님의 말씀의 진리를 입증하고 있다. 근래에 들어 두각을 나타내는 뇌가소성 neuroplasticity 연구가 좋은 예이다. 과학은 확실한 실험방법을 동원하여 하나님의 말씀의 사실성을 입증하고 있다.

'뇌가소성'이란 용어의 정의대로라면 우리는 매일 매 순간 우리의 뇌에 변화를 가할 수 있고, 새로운 환경에 뇌를 적응시킬 수 있다. 이제 과학자들은 인간의 뇌에 '재생' 성질이 내재한다는 사실을 인정하기 시작했다(로마서 12:2 참조). 인간의 뇌는 초기에 확정된 프로그램대로 작동하는 기계가 아니다. 뇌는 회복될 수 없고 변형될 수 없다는 말이나 시간의 흐름에 따라 뇌의 기능이 닳아 없어진다는 관점은 더 이상 설 자리가 없다. 이 모두가 옛 이야기가 되어버렸다. 반면 전통적 관점을 뒤집을 만한 놀라운 증거들은 산적해 있다. 이러한 가운데, 비록 드물지만 몇몇 과학자들은 두뇌 즉 상상 기법에 따른 인간의 행동양식 변화를 증거로 제시하며 어떻게 하면 '마음'을 통해 뇌를 변화시킬 수 있는지 설명하고 있다.

현재 과학기술은 인간의 마음이 뇌의 활성화된 뉴런을 통해 어떤 일을 하는지 확인하기에 이르렀다. 심지어 양자역학 기술을 써서 과거에는 알아내지 못했던(아예 불가능해 보였던) '마음의 주된 기능' 곧 '생각'과 '선택'을 측정하기도 한다.

나는 이러한 진리의 발견에 더더욱 열광하게 되었다. 내 영혼은 기쁨으로 뛰었다. 뇌가 유연하다는 사실과 마음가짐에 따라 뇌가 변화된다는 사실은 나뿐 아니라 모든 사람에게 실질적인 소망을 안겨 주었다. 나는 임상실험을 진행하며 이러한 사실을 입증해보는 특권을 누렸다. 아래는 실험 참가자들에게서 나타난 변화이다.

- 자폐아동이 학교 수업을 듣고, 사회적 환경에서 아무 어려움 없이 생활하게 되었다.
- 80대 고령자가 자신의 기억 능력을 극대화하여 손쉽게 취업하거나 직장을 옮기고 학위를 취득하였다.
- 절망적 빈곤 상태에서 성장하여 불법적인 약물이나 마약을 거래하고 투약하던 청년들이 180도 달라진 삶을 영위하였다. 그들은 학교로 돌아가 졸업 이후엔 지역 사회의 지도자로 우뚝 섰다.
- 신경과 전문의로부터 '식물인간' 판정을 받은 교통사고 환자가 3차 교육 과정(중등과정 이후 진행되는 직업선택 교육 혹은 진학 과정 교육을 총칭함 – 역주)을 완료할 만큼 뇌 건강을 회복하여 사회 발전에 공헌하는 성공적인 직장인이 되었다
- 수년간 치료를 진행했으나 여전히 '학습 장애' 딱지를 달고 살던 아무 소망 없는 학생들이 학업을 마스터하며 좋은 성적으로 수료하였다(이것은 그들 자신과 그들의 부모가 꿈꿔왔던 일이다).
- 그동안 단 한 명의 학생도 상위 학년으로 진학하지 못했던 아프리카 대륙, 제3세계 중에서도 가장 빈곤한 국가의 몇몇 학교가 해당 국가의 교육부 장관이 선정한 '가장 발전한 학교' 명단에 올랐다.

- 난독증을 앓는 어린이가 읽고 쓰는 법을 익힐 뿐만 아니라 자신의 부모에게 읽고 쓰는 법을 가르쳐 여러 가지 시험에 합격시켰다.
- 자살 충동, 감정적 트라우마로부터 마음이 자유롭게 되었다.
- 몇몇 학교의 경우, 핵심 과목에서 전교생의 성적이 향상되었다.

이외에도 눈여겨볼 사례는 많다.

'생각'에 대한 책임 소재와 그 파급효과, 우리가 '생각'한 대로 내린 결정이 체내 유전자에 미치는 영향, 그리고 유전자 변화로 인한 신체의 변화 등과 같은 일련의 사실들이 하나둘 드러나면서 과거의 과학은 점점 벼랑 끝으로 내몰렸다. 이제 과학은 마음속 '결심'이 우리의 뇌와 몸에 영향을 끼친다는 사실을 인정하기 시작했다. 이러한 상황 가운데 신명기 30장 19절 말씀은 실체를 드러내며 빛을 발하고 있다. "내가 오늘 하늘과 땅을 불러 너희에게 증거를 삼노라 내가 생명과 사망과 복과 저주를 네 앞에 두었은즉 너와 네 자손이 살기 위하여 생명을 택하고."

사고방식은 자신의 영, 혼, 육뿐 아니라 주변 사람들에게까지 지대한 영향을 미친다. 오늘 당신의 마음속 '결심'은 당신의 정자와 난자에 변화를 가한다. 그리고 변화된 정자와 난자를 통해 향후 4대손에 이르기까지 그 영향을 받게 된다. 이렇듯 오늘 당신이 내린 결정은 후손들의 삶의 질을 변화시킨다. 심지어 후손들이 무엇을 선택할지에도 의미심장한 영향력을 행사할 것이다. 이는 성경적으로 옳고 또 과학적으로도 입증된 사실이다.

어떻게 이러한 일이 일어나는가? 과학은 '후성유전'(생각을 포함한 여러 가지 신호체계가 유전자 활동에 영향을 미친다는 연구-역주)으로 이를 설명한다. 그런데 나는 이러한 현상을 관찰하면서 성경구절 하나를 떠올리게 되었다. "인자를 천대까지 베풀며 악과 과실과 죄를 용서하리라 그러나 벌을 면제하지는 아니하고 아버지의 악행을 자손 삼사 대까지 보응하리라"(출애굽기 34:7).

우리의 뇌는 '가소체'이다. 그러므로 사고방식(즉, 우리의 선택)에 따라 우리의 뇌는 수시로 변형된다. 이 사실은 베스트셀러 중의 베스트셀러여야 한다! 왜냐하면 이 사실을 아는 것이 뇌 속 스위치를 켜는 첫걸음이기 때문이다. 여기에 한 가지 더, 우리가 알아야 할 사실이 있다.

매일 아침, 잠에서 깰 때마다 당신은 새로이 생성된 신경세포들과 마주하게 된다. 당신이 잠자는 동안 '아기' 신경세포들이 태어나는 것이다. 이렇게 태어난 신경세포는 뇌 속의 유독한 사고 구조를 제거하고 건강한 사고 구조를 축조하는 데 사용될 수 있다. 당신이 원한다면 말이다! 과학은 이러한 새로운 신경세포의 탄생을 가리켜 '신경발생' neurogenesis이라고 한다. 혹시 예레미야애가 3장 23절 말씀이 떠오르지 않는가? "여호와의 인자와 긍휼이 … 아침마다 새로우니." 이 말씀에는 하나님께서 우리에게 선사하신 '두뇌의 제한 없는 적응능력'이 멋지게 묘사되어 있다. 참으로 멋지고 희망적인 그림이다.

이 책의 전반적인 목적은 뚜렷하다. 그것은 바로 "뇌의 스위치를 어떻게 켜는가?"이다. 목적 달성을 위해 나는 이 책을 크게 두 부분으로 나누었다. 1부에서, 당신은 뇌의 스위치를 켜는 데 필요한 여러 가지 요소들을 살펴보고 그 요소들의 정체가 무엇인지 확인하게 될 것이다. 그리고 2부에서는 '21일 두뇌 해독 플랜' 21-Day Brain Detox Plan을 시행하게 될 것이다. 이 프로그램을 시행하는 동안 당신은 내가 고안해낸 '뇌의 스위치를 켜라-5단계 학습 과정' 5-Step Switch On Your Brain Learning Process 속에서 그 모든 요소들이 어떻게 작용하는지 배우게 될 것이다.

이제 당신의 뇌의 스위치를 어떻게 켜는지, 그 방법을 알려주겠다. 이를 통해 당신은 삶의 행복과 지적 능력과 신체의 건강을 극대화할 수 있다.

일단, 이 책에 거론될 핵심 요점 몇 가지를 소개하겠다.

- 온 우주에서 하나님 다음으로 강력한 것은 당신의 마음(생각)이다.
- '자유의지'와 '선택'은 추상적 개념이 아닌 물리적 실체이다. 이것은 영적이며 과학적인 사실이다(신명기 30:19)
- 당신의 마음 soul은 영 spirit의 문 안에 한쪽 발을, 육 body의 문 안에 다른 쪽 발을 들여놓고 있다. 당신은 '마음'으로 두뇌를 변화시킬 수 있다. 이것은 본질적으로 당신의 마음을 새롭게 하는 일이다(로마서 12:2).
- 당신의 '마음'이 성령의 인도하심을 따르기로 선택할 때, 당신은 자신의 영을 더 나은 모습으로 변화시킬 수 있다(갈라디아서 2:20).
- 몸은 마음의 관제탑이 아니다. 마음이 몸을 통제한다. 마음은 몸보다 강하다. 실제로 마음은 물질보다 상위에 있다.
- 당신은 생태 biology에 굴종하는 피해자가 아니다.
- 물론 당신은 주변 환경이나 삶 가운데 일어나는 사건을 통제할 수 없다. 그러나 사건과 환경에 대한 자신의 반응은 통제할 수 있다(마태복음 7:13-14, 갈라디아서 6:7-8).
- '생각'할 때, 당신은 '사고구조'를 조직하게 된다. 그리고 이렇게 형성된 사고구조는 당신의 뇌 속에서 물리적 실체로 전환된다. "대저

그 마음의 생각이 어떠하면 그 위인도 그러한즉"(잠언 23:7).
- 선한 생각 = 선한 선택 = 행복한 생각 / 악한 생각 = 악한 선택 = 불행한 생각(신명기 30:19)
- 당신은 객관적 관찰자가 되어 자신의 내면을 살펴볼 수 있다. 제3자의 입장에서 자신의 생각을 관찰할 수 있고 또 변화시킬 수 있다(로마서 12:2, 고린도후서 10:5, 빌립보서 3:13-14).
- 당신은 옳은 것이 무엇인지 인식하고, 분별하고, 선택할 수 있다. 당신은 그렇게 지음 받았다(여호수아 24:15, 전도서 7:29, 이사야 30:2).
- 매일 아침, 잠에서 깰 때마다 당신은 뇌 속에 새로이 생겨난 신경세포들과 마주하게 된다. 새로 생겨난 신경세포들을 지혜롭게 이용하여 악한 생각은 제거하고, 그 자리에 선한 생각을 장착시켜라(예레미야애가 3:23). 이렇게 새로운 신경세포가 형성되는 현상을 가리켜 '신경발생'이라고 한다.
- 당신은 깊이 생각하고 또 지적으로 생각해야 한다. 하나님은 당신을 그렇게 지으셨다(시편 139:14).
- 당신은 그리스도의 '마음'을 가졌다(고린도전서 2:16).
- 당신은 하나님의 형상대로 지음 받았다(창세기 1:27).

이 모든 것을 인식할 때, 당신은 아래의 사실을 쉽게 깨달을 수 있다.

- 행복은 마음에서 시작된다. 행복이 먼저다. 성공은 행복의 뒤를 따른다. 성공한 후에 행복을 누리는 것이 아니다.
- 당신은 학습하는 방법을 배울 수 있다. 또한 당신의 지적 능력을

연마하는 방법도 배울 수 있다.
- 당신은 다양한 모습으로 찾아오는 학습 장애요소를 극복해낼 수 있다.
- 당신은 마음속 혼란을 통제할 수 있다.
- 당신은 죄책감과 정죄의식에 빠져 살아갈 필요가 없다.
- 유해한 생각을 받아들였는가? 그렇다면 다시 그것을 내보낼 수도 있을 것이다.
- 나쁜 습관에 꼭 붙들린 채 살아갈 필요는 없다. 당신은 습관을 바꿀 수 있다.
- 당신은 거절감과 상처의 아픔을 극복해낼 수 있다.
- 남을 용서하는 것은 생각만큼 어렵지 않다.
- 통제할 수 없는 일에 대해 굳이 염려할 필요는 없다.
- 당신은 '하지 말아야 할 일'을 어쩔 수 없이 할 수밖에 없는 '수동적 행위자'가 아니다.
- 병력病歷상, 당신에게도 일어날 법한 상황들(이를테면 치매, 파킨슨병, 우울증 등)에 대해 두려워할 필요가 없다.
- 당신은 '과도하게 생각'하고 '과도하게 분석'하는 사고구조를 버리고 균형 잡힌 사고구조(마음)를 견지할 수 있다.
- 당신은 우울증과 근심을 극복하고 통제할 수 있다. 어떤 과학자는 조현병(정신분열병)이나 강박장애도 통제될 수 있고 극복된다는 사실을 입증했다.
- 과거의 상처로부터 자유롭기 위해 굳이 과거 속으로 깊이 파고 들어가지 않아도 된다.

- 당신이 처한 환경과 무관하게 당신은 행복할 수 있고, 평안을 만끽할 수 있다.

만일 당신이 위에 언급된 여러 가지 항목을 읽는 중 단 한 번이라도 고개를 끄덕였다면, 확실히 알아두기 바란다. 지금은 당신의 '마음'이 자유롭게 될 때이다! 지금은 하나님께서 당신을 위해 예비해놓으신 그 모든 가능성을 추구해야 할 때이다. 이 책을 계속 읽으라. 그리고 당신의 뇌 속 스위치를 켜고 삶의 행복과 지적 능력과 건강을 극대화하라. 이를 가능케 하는 열쇠들을 찾으라.

1부에서는 위에 언급된 일련의 사실들이 과학과 성경이라는 두 가지 큰 틀 속에서 어떻게 조화를 이루는지 설명할 것이다.

2부에서는 '21일 두뇌 해독 플랜'을 배우게 될 것이다. 이 프로그램에는 내가 개발하고 과학적으로 입증된 '뇌의 스위치를 켜라-5단계 학습 과정'이 반영되어 있다. '5단계 학습 과정'은 오랜 기간의 연구와 임상실험, 그리고 전 세계를 다니며 주최했던 수많은 세미나와 컨퍼런스의 결실이다. 한마디로 이 책의 후반부는 매우 실용적이다. 마음을 새롭게 하는 방법, 하나님의 뜻에 순종하는 데 도움 되는 (입증된) 전략들로 가득하다. 책을 읽는 동안 당신은 하나님께서 주신 사명에 대해 새롭게 인식하고, 사명에 대한 '거룩한 감각'도 활력을 얻게 될 것이다(전도서 3:11).

마지막으로 강조하자면, 당신은 삶의 행복과 지적 능력과 몸의 건강을 극대화하도록 지음 받았다.

• 요약 •

1. 불과 몇 년 전만 해도 과학자들은 인간의 뇌를 고정된, 틀에 박힌 기계처럼 생각했다. 이러한 관점에서 손상된 뇌는 '회복불가' 판정을 받아야 했고, 치료의 초점은 당연히 '기능 회복'이 아닌 '현상 유지'여야 했다.

2. 우리는 생각과 선택의 과정을 통해 뇌의 물리적 특징을 변화시킬 수 있다.

3. 의도적으로 생각을 조정해나갈 때, 우리는 유해한 사고 구조를 무너뜨릴 수 있고 그 자리를 건강한 생각으로 채울 수 있다. 이때 새로운 생각의 네트워크가 성장한다. 이를 통해 우리는 지적 능력을 배가하고 마음의 병을 치유하며 육신의 병을 이길 수 있다.

4. 이 모든 일들이 마음에서 시작된다. 인간의 생각하고 선택하는 능력은 온 우주에서 하나님 다음으로 강력하다.

5. '신경가소성' neuroplasticity 이란 용어의 정의상 매일, 매 순간 우리의 뇌는 변형·변화될 수 있다. 우리는 새로운 환경에 우리의 뇌를 적응시킬 수 있다.

6. 결국 과학자들은 인간의 뇌에 재생능력이 있음을 인정하기 시작했다(로마서 12:2 참조).

7. 오늘날 '생각'에 대한 책임 및 그 파급효과가 연구되고 있다. '생각'대로 내린 결정이 우리의 유전자에 영향을 미친다는 사실 그리고 이로 인한 신체의 변화 등과 같은 일련의 사실들이 밝혀지는 동안 과거의 이론들은 계속 벼랑 끝으로 내몰리고 있다.

8. '신경발생'은 신경세포가 새로 태어나는 현상을 말한다.

―― 1부 ――

어떻게 뇌의 스위치를 켜는가

SWITCH
ON
YOUR
BRAIN

1장

마음(생각)이
물질을 좌우한다

중심 성구 하나님이 우리에게 주신 것은 두려워하는 마음이 아니요 오직 능력과 사랑과 절제하는 마음이니 (디모데후서 1:7)

연관 과학 지식 과학은 우리의 성향이 자연스럽게 낙관주의 쪽으로 치우치게 되어 있음을 보여준다. 위의 성경구절이 말하는 내용 그대로이다.

오늘날 과학계는 '마음(생각)은 두뇌 활동의 산물이다'라는 입장과 '두뇌는 마음의 명령을 따른다'라는 입장으로 나뉘어 논쟁을 벌이고 있다. 당신은 어떤 입장을 취하는가? 이에 따라 '자유의지'와 '선택'에 대한 관점이 달라질 것이다.

마음(생각)은 두뇌 활동의 산물이다

먼저 앞선 주장, '마음(생각)은 두뇌 활동의 산물이다'를 살펴보자. 이를 쉽게 말하면, 정신적 활동으로 간주할 수 있는 모든 현상의 주체가

'두뇌'라는 것이다. 우리는 이렇게 주장하는 사람들을 '유물론자'materialist 라고 부른다. 그들은 뉴런과 뇌 속 화학물질이 인간의 마음을 '만들어낸다'고 믿는다. 그러므로 이러한 관점에서 '마음'과 '행동'의 인과적 연계성이 쉽게 무시될 수 있다. 마음과 행동을 모두 뇌의 활동을 통해 독자적으로 생성된 '산물'로 바라보기 때문이다.

본질적으로 유물론자들은 두뇌가 사람의 행동을 만들어내고 또 사람의 마음까지 만들어낸다고 믿는다. 다시 말해, 마음을 두뇌 활동이 빚어낸 결과물로 보는 것이다. 이러한 입장에선 오직 '결과'만이 중요시된다.

일례로 우울증 치료 방법을 살펴보자. 복잡한 생명 현상을 단순한 화학적·물리적 현상으로 설명하려는 환원주의자들은 우울증을 '기계 고장'으로 간주한다. 즉, 기계 같은 두뇌 속에서 화학물질들이 불균형을 이룰 때가 있는데, 그러한 불균형 상태가 바로 우울증이라는 것이다. 그러므로 손실된 화학물질을 주입하여 균형을 맞추면 우울증이 치료된다는 것이 그들의 믿음이다.

그러나 이 관점은 성경적으로도 옳지 않고, 과학적으로도 옳지 않다.

두뇌는 마음의 명령을 따른다

이제 반대편 입장에 서서 이 문제를 살펴보겠다. 여기서의 논지는 두뇌가 마음의 명령을 따른다는 것이다.

당신은 생각하는 존재이다. 당신은 하루 종일 생각한다. 잠을 잘 때에도 당신은 여전히 '생각'을 분류하고 정리하느라 바쁘다. 그리고 생각하는 동안 당신은 항상 무언가를 선택한다. 그런데 생각을 통해 무언가를 선택하는 과정 중 당신의 뇌 속에서는 '유전자 발현'genetic expression (유전자 속에 들어 있는 유전정보를 취하여 그 유전정보를 기반으로 구체적인 기능 물질, 이를테면 단백질을 만들어내는 과정이다 - 역주)이 일어난다. 환언하면 당신의 생각이 단백질을 만들어낸다는 말이다. 이렇게 만들어진 단백질에는 당신의 마음속 생각이 반영되어 있다. 따라서 마음은 정신 영역을 차지하고 있는 실질적이고 물리적인 '실체'라 할 수 있다.

'기억'에 대한 연구 업적으로 노벨상을 수상한 신경정신의학 박사 에릭 R. 캔델은 우리 마음속의 '생각'이 ('상상'도 포함하여) DNA 속으로 들어가 어떤 유전자의 활동은 활발하게 하고 또 어떤 유전자의 활동은 저지하면서 뇌 속 뉴런 구조를 변형시킨다고 말했다.[1] 그러므로 우리가 생각하고 상상하는 동안 우리의 뇌는 구조와 기능 면에서 변화된다. 이 사실이 놀라운가?

하지만 이러한 주장은 결코 새로운 것이 아니다. 이미 1800년대, 신경학자 지그문트 프로이드는 '생각'이 인간의 뇌를 변화시킬 가능성에 대해 추측했다.[2] 그리고 최근 신경과학계를 이끄는 학자들, 이를테면 마리온 다이아몬드, 노먼 도이지, 조 디스펜자, 제프리 슈워츠, 헨리 마크램, 브루스 립튼, 앨런 존스 그리고 그 외 다수의 과학자들은 우리의 생각 속에 뇌를 바꾸는 놀라운 능력이 담겨 있음을 밝혀냈다.[3] 요약하자면, 생각하는 동안 우리의 뇌는 수시로 변화된다. 우리는 '생각'과 '선택'의 과정을 통해 뇌의 구조를 재형성한다.

마음은 뇌를 포함하여 몸을 통제하도록 설계되었다. 즉, 마음이 뇌를 통제한다는 것이다. 유물론자들의 설명처럼 뇌가 마음을 통제하는 것이 아니다. 물질은 우리를 조종할 수 없다! '생각'과 '선택'이라는 마음의 활동을 통해 우리가 물질을 조종하는 것이다.

물론 우리가 삶 가운데 일어나는 여러 가지 사건 및 주변 환경 등의 외부요인을 통제할 수는 없다. 그러나 이에 대한 '반응'은 통제할 수 있다. 그렇다. 우리는 어떤 일이 일어나든 상관없이 어떻게 반응할지 선택할 수 있다. 이처럼 우리는 반응을 통제하면서 뇌에 변화를 가하게 된다. 물론 뇌를 변화시키는 것은 결코 쉬운 일이 아니다. 그렇다고 해서 불가능한 것도 아니다. 우리는 '생각'과 '선택'의 과정을 통해 우리의 뇌에 변화를 끼칠 수 있다. 이러한 이유로 나는 이 책의 후반부에서 '21일 두뇌 해독 플랜'21-Day Brain Detox Plan을 집중적으로 다루었다.

일단, 지금은 하나님께서 당신의 '마음'을 통해 행하실 일을 확신하고 믿음 안에서 안식하길 바란다. 하나님은 그 어떤 질병, 신경의학적 장애, 그 어떤 위협보다 훨씬 더 크신 분이다. 하나님께서 능력을 부여해 주시면 당신의 마음은 강력한 치유를 수행해낼 것이다. 성경은 이 사실을 분명한 어조로 말한다. "하나님이 우리에게 주신 것은 두려워하는 마음이 아니요 오직 능력과 사랑과 절제하는 마음이니"(디모데후서 1:7).

우리는 육체에 얽매이지 않는다. 오히려 육체를 통제한다! 이 사실을 믿고 싶은가? 역사 속에서 증거를 찾아보라. 불가능한 상황 속에서 역경을 이겨내고 생존해낸 사람들의 감동적인 이야기는 많다. 그러한 이야기들을 집중해서 들어보라.

선택은 실제이다

어디에 관심을 두고 또 무엇에 집중할지 당신은 자유롭게 선택할 수 있다. 이 '선택'을 통해 당신의 뇌 속 화학물질, 단백질, 사고 회로 등이 변화된다. 오늘날 과학자들은 인간의 자아상과 자신에 대한 이해(당신이 가진 믿음, 꿈, 소망, 생각 등)가 뇌의 활동에 엄청난 영향을 미친다는 사실을 입증하고 있다.

연구 결과 정신질환, 질병, 행동장애 중 75-98퍼센트는 그 원인이 '사고방식'(매일의 생각)에 있다는 사실이 밝혀졌다.[4] 참으로 충격적인 통계 아닌가? 통계에 의하면 정신적·신체적 질병 중 20-25퍼센트 정도만이 환경이나 유전에 의한 질병인 것이다.

생각이 유전자를 활성화한다

과학자들은 인간의 '의식' 안에서 일어나는 일이 (뇌를 포함한) 신체의 변화로 이어지는 뚜렷한 경로들을 매일 새롭게 발견하고 있다. 우리의 의식은 유전자를 활성화하기도 하고 우리의 뇌를 변화시키기도 한다. 그런 의미에서 의식은 '생각'을 가능케 하는 하나님이 주신 놀라운 선물이다. 과학은 우리의 생각과 또 거기에 깃든 감정이 여러 복잡한 과정을 통해 일단의 유전자 그룹을 활성화하거나 억제한다는 사실을 밝혀냈다. 우리는 일련의 정보, 사실, 경험, 삶 속에서 일어나는 사건들을 인지하여 받아들인 후 '사고' 과정을 통해 그 각각에 의미를 부여한다.

염색체 안에는 고정 배열된 유전자들이 있을 것이다. 그런데 그 중 어떤 유전자가 활성화되고 어떤 식으로 활성화되는지는 '의식'의 역할에 달렸다. 우리가 어떤 생각을 품고 외부에서 들어오는 정보에 어떤 의미를 부여하는지에 따라 특정 유전자의 활성, 비활성화가 좌우되는 것이다.

생각은 말과 행동으로 이어진다. 그리고 말과 행동은 더 많은 생각과 선택으로 이어진다. 이처럼 끝없는 사이클이 반복되면서 생각은 점점 커져간다.

인간의 뇌는 반응에 의해 조형된다

우리는 삶의 다양한 사건 및 외부 환경의 자극에 끊임없이 반응한다. 이처럼 '자극과 반응'의 사이클이 지속될 때 우리의 뇌가 조형되는데, 삶의 질을 향상시키는 방향으로 조형되기도 하고 반대로 삶의 질을 떨어뜨리는 부정적이고 유해한 방향으로 조형되기도 한다. 결국 우리의 뇌는 생각과 선택(의식)과 반응에 따라 긍정적으로든 부정적으로든 변화되는 것이다. 이 과정을 가리켜 '뇌 조형'Brain Architecture이라고 한다. 그런데 이 용어에는 뇌 구조의 변화에 따라 몸과 마음의 건강 상태가 진작되거나 악화된다는 역학적 설명도 내포되어 있다.

성경과 과학 모두가 보여주는 사실은 우리가 사랑과 낙관주의에 반응한다는 것이다.[5] 만일 우리가 부정적인 생각을 품고 부정적인 선택을 한다면 생각의 질은 현저히 떨어질 것이다. 바꾸어 말하면, 뇌 조형의 질이 낮아진다는 뜻이다.

부정적인 생각은 '정상'이 아니다. 이 사실은 한편으론 위안이지만, 다른 한편으론 큰 도전이다.

생각이 DNA를 바꾼다

좀 더 깊은 단계로 들어가 보자. 실제로 '생각'에 의해 DNA가 변형된다는 사실이 과학 연구를 통해 밝혀졌다. 우리가 미래에 대해 부정적인 생각(예를 들어, 확실한 근거도 없이 누군가가 나에게 부정적으로 말하거나 나쁜 짓을 저지를 것만 같은 생각)을 품는다면, 그 유해한 생각이 우리의 뇌에 변화를 일으킬 것이다. 그러면 우리의 뇌는 부정적인 방향으로 '접속'된다. 이후 부정적인 사고思考가 진행될 것이고, 이로 인해 우리의 몸과 마음은 스트레스 상태에 돌입하게 된다.[6]

하버드 의대 마인드바디Mind-Body 연구소의 학장인 의학박사 허버트 벤슨의 말에 의하면 부정적인 생각은 스트레스로 이어지고, 스트레스는 우리 몸에 내재된 신체 본연의 치유 능력에 악영향을 끼친다.[7] 게다가 유해한 생각은 우리의 뇌를 갉아먹는다!

국제적 인지도가 있는 비영리 연구 기관인 하트매스HearthMath 연구소는 스트레스 감소법을 연구하여 의료계에 많은 도움을 준 바 있다. 현재 이 연구소는 '일정한 심장 진동파에 따른 국소적·전신적 효과가 DNA 구조 변화에 미치는 영향'이라는 실험을 진행하고 있다. 연구 결과, 분노, 공포, 좌절 등의 감정이 DNA의 변화에 직접적인 영향을 미치는 것으로 밝혀졌다. 즉 우리의 생각과 감정에 의해 DNA 구조가 변화된다는 것이다.

예를 들어 설명하겠다. 마음속에 분노, 공포, 좌절의 감정이 차오르면 DNA의 첨단이 짧아진다. 이에 다양한 DNA코드가 비활성화되고, DNA코드의 비활성화는 유전정보 발현의 감소로 이어진다. 이로 인해 우리 몸에서는 양질의 유전 단백질이 합성되지 않는다. 우리가 부정적인 감정에 휩싸이면, 우리의 몸 또한 부정적인 영향을 받는 것이다.

그러나 여기 놀라운 사실이 있다! 부정적인 감정 및 DNA코드 비활성화로 인한 참혹한 결과는 사랑, 기쁨, 존중, 감사 등의 감정으로 만회할 수 있다는 것이다. 실례로 해당 기관의 연구 결과, 긍정적인 생각과 행복한 감정을 품은 HIV양성 환자들의 경우 그렇지 않은 환자보다 30만 배나 더 높은 면역 수치를 보였다.[8] 이 연구 결과가 전하는 중요한 메시지는 "우리가 '하나님의 형상대로'(창세기 1:26), 즉 본연의 설계대로 사랑을 주고받는다면, 우리의 삶은 더 나아질 것이며 심지어 체내 DNA 구조까지 향상시킬 수 있다"는 것이다.

우리가 부정적인 결정을 내릴 때에도 DNA는 변형된다. 유해한 생각에 잠기기로 선택할 경우, 이를테면 누군가를 용서하지 않겠다는 생각, 원한, 짜증, 혹은 현재 잘 살고 있지 못하다는 느낌 등을 마음에 품을 때 역시 체내 DNA가 변형된다. 또한 DNA변형은 유전정보 발현 과정에도 영향을 준다. 이러한 변화는 결국 부정적인 방향으로의 뇌구조 변형을 야기한다. 이때 우리의 뇌는 즉각적인 보호태세를 갖춘다. 낮은 질의 유해한 생각이 떠오르면 우리의 뇌는 그것을 '부정적인 스트레스'로 인식한다. 이렇게 인식된 스트레스는 몸을 통해 스트레스 증후를 나타내기 시작한다.

이 내용도 흥미로우나 이 연구의 가장 흥미로운 대목은 다름 아닌 '회복'이다. 연구 결과 긍정적인 태도와 올바른 선택을 통해 모든 것을 원형 그대로 되돌릴 수 있다는 사실을 알게 되었다. 그렇다. 언제든 긍정적이고 건강한 상태로 되돌아갈 '소망'의 문은 열려 있다. 성경말씀대로 우리는 마음을 새롭게 할 수 있으며, 이 사실을 과학자들이 입증한 셈이다.

스트레스

스트레스 1단계는 정상 상태이다. 1단계는 의식이 깨어 있고, 무언가에 집중하도록 각성하는 상태이다. 또한 우리가 하나님의 뜻에 우리의 생각을 맞춰나가는 단계이기도 하다.

그러나 스트레스 2단계, 그리고 3단계는 유해한 생각에 우리의 마음과 몸이 대응하는 단계이다. 한마디로 정상적인 스트레스 범주를 벗어난 상태로 이해하면 된다. 비록 약간의 유해한 생각으로부터 미미한 스트레스를 받는다고 해도 우리의 몸과 마음이 겪는 악영향은 이루 말할 수 없다.

먼저 사전적 의미로 스트레스가 무엇인지 알아보자. 스트레스는 '우리의 몸이 수용하기 어려운 육체적·정신적 자극이 가해졌을 때, 또는 위협과 압박을 느끼는 상황 속에서 생체生體가 나타내는 반응'으로 정의할 수 있다. 여기에 정신적·육체적 긴장 상태 또는 우울증이나 긴장항진의 증세가 수반된다.[9] '스트레스'의 유의어로는 '근심, 불안, 두려움, 염려, 초조함, 공포, 긴장, 안절부절' 등이 있다.

여기서 핵심은 '반응'이다. 당신은 주변 환경이나 삶 가운데 일어나는 사건을 통제할 수 없다. 그러나 사건과 환경에 대한 반응은 통제할 수 있다. 그리고 통제된 반응은 건강한 마음과 병든 마음, 건강한 몸과 병든 몸을 가르는 기준이다.

아래에 75-98퍼센트의 정신질환 및 신체적 질병이 우리의 사고방식에 기인한다는 사실을 입증해주는 통계자료 몇 가지를 기록해두었다.

- 미국의학협회American Medical Association의 연구 결과 오늘날 75퍼센트에 달하는 질환이나 질병의 원인이 스트레스임이 밝혀졌다.[10]
- 스트레스와 질병의 연관성은 매우 높다. 대략 85퍼센트에 육박한다.[11]
- 국제암연구기관International Agency for Research on Cancer과 세계보건기구World Health Organization, WHO는 암 발생률의 80퍼센트 정도가 유전적 요인이 아닌 생활습관에 기인한다고 밝혔다. 80퍼센트라는 수치도 작게 잡은 것이다.[12]
- '생각이 뇌에 미치는 효과'의 연구를 진일보시킨 과학자, 브루스 립튼 박사의 말에 의하면 헌팅턴 무도병(신경세포가 서서히 퇴행하는 유전적 질병 - 역주), 베타형 지중해 빈혈(유전자 이상에 의해 mRNA가 제 기능을 못하여 발생하는 빈혈 - 역주), 낭포성 섬유증(상염색체 열성 유전적 질환, 주로 폐에 두꺼운 점막이 생김 - 역주) 및 그 외 여러 유전자 관련 질병은 전 세계 인구의 2퍼센트만 걸린다고 한다. 환언하면 대다수의 사람들은 행복하고 건강한 삶을 가능케 해주는 유전자를 지닌 채 이 세상에 태어난다는 것이다. 립튼 박사는 질병의 98퍼센트가 생활 속에서의 선택, 즉 '생각'에 깊이 연관되어 있다고 덧붙였다.[13]
- H. 프레드릭 니하우트 박사는 유전자가 생태를 통제하지, 생태가 유전자를 통제하는 것이 아니라고 말했다.[14]
- W. C. 윌렛의 말에 의하면 암 환자와 심혈관계통 환자 중 오직 5

퍼센트만이 유전적 요인에 의해 발병한 경우라고 한다.[15]
- 미국건강기구~American Institute of Health~의 통계자료에 의하면 1차 진료 병원 방문 환자 중 75-90퍼센트가 스트레스 관련 문제로 내원했다.[16] 최근 발표된 통계 자료를 보면 유해한 생각과 부정적 스트레스로 기인한 여러 가지 질병이 심각한 수준으로 나타난 것을 알 수 있다.

이번 장의 요점은 '마음이 물질을 통제한다'는 것이다. 이 사실을 제대로 인식했는가? 그렇다면 이제 당신은 최상의 건강 상태에 도달할 엄청난 잠재력을 손에 쥔 것이다. 그러나 이 사실을 이해하지 못했다면, 자신을 괴롭히는 최고의 적은 바로 당신 자신이다.

• 요약 •

1. 과학은 '마음(생각)은 두뇌 활동의 산물이다'라는 입장과 '두뇌는 마음의 명령을 따른다'라는 입장으로 나뉘어 논쟁을 벌이고 있다.
2. 올바른 견해는 '마음이 육체를 통제한다'이다. 물론 여기서 말하는 육체에는 '뇌'까지 포함된다. 다시 말하지만 마음이 육체를 통제한다. 육체가 마음을 통제하는 것이 아니다.
3. 뇌는 우리를 통제하지 못한다. 우리가 뇌를 통제한다. 우리는 '생각'과 '선택'이라는 마음의 활동을 통해 뇌를 다스린다.
4. 우리는 반응을 통제할 수 있다.
5. 선택은 '실체'이다. 당신은 무엇에 집중할지 자유롭게 선택할 수 있다. 이러한 선택 과정 중 뇌 속의 화학물질, 단백질, 사고회로가 변화된다. 또한 '선택'은 당신의 뇌기능에도 영향을 미친다.

6. 수많은 연구 결과, '생각'의 영향 때문에 DNA가 변형된다는 것이 사실로 밝혀졌다.

7. 스트레스 1단계는 '정상' 상태이다. 그러나 스트레스 2단계와 3단계는 유해한 생각에 우리의 몸과 마음이 대응하는 단계이다. 이 단계에서는 정상 상태였던 스트레스가 더욱 악화된다.

8. 여기서의 핵심은 '반응'이다. 당신은 삶에서 일어나는 사건이나 환경 등 외부요소를 통제할 수는 없다. 그러나 각각의 외부요소에 대한 반응은 통제할 수 있다.

2장

선택과 다중 시각의 유익

> **중심 성구** 그리스도의 평강(그리스도로부터 오는 영혼의 조화로운 상태)이 너희 마음을 주장하게 하라(끊임없이 심판관의 역할을 하게 하라. 평화로운 마음속에 일어나는 모든 의문에 확고한 답을 전하라). 너희는 평강을 위하여 한 몸(그리스도의 지체)으로 (살도록) 부르심을 받았나니 너희는 또한 감사하는 자가 되라(항상 하나님을 찬양하는 자가 되라). (골로새서 3:15, 확대역성경)
>
> **연관 과학 지식** 선택은 실체이다. 그리고 자유의지는 실재한다. 당신은 제3자의 입장에서 객관적으로 자신의 생각을 관찰할 수 있고, 이에 대해 하나님과 상의할 수 있다. 부정적인 생각과 유해한 생각을 제거하고 건강한 생각, 긍정적인 생각을 키워낼 수 있다. 그렇게 할 때 당신의 뇌 속에서는 긍정적인 신경화학물질의 흐름이 급속해진다. 그리고 뇌의 구조가 변형된다. 그 결과 지적 능력과 건강과 평안이 증진된다. 이때 당신은 영혼의 조화를 체험하게 될 것이다.

우리의 '선택'이 우리의 삶을 조형한다. 이것은 매우 당연한 말이다. 그러나 대다수의 사람들은 삶 가운데 불쑥불쑥 일어나는 사건이나 생활환경, 생태 또는 유전의 피해자인 것처럼 살아간다. 그래서 원인 제공자로 생각되는 사람이나 그 무언가를 향해 비난을 퍼붓기 일쑤다. 나는 22년간 치료 전문가로 살아오면서 수많은 사람들을 만나보았다. 또 여러 세미나와 서적과 미디어를 통해 수백만 명의 사람과 만나보았다. 그들과의 만남 가운데 내가 가장 많이 내뱉었던 말은 이것이다. "당신은 결코 피해자가 아닙니다. 환경을 선택할 수는 없겠지만, 어떻게 반응할지는 선택할 수 있습니다. 당신은 선택할 수 있어요!"

자유의지는 허상이 아니다

우리 대다수는 신경과학자와 해당 분야의 연구자들이 주장하는 내용을 그대로 수용한다. 하나님을 경외하는 크리스천도 예외는 아니다. 신경과학자들은 다양한 미디어 매체에 등장하여 '자유의지는 허상이다'라는 명제를 던지며 뉴스거리를 만들어낸다. 그러나 이러한 관점이 인간의 뇌에 대한 우리의 지식과 양립할 수는 없다. 그들의 말은 사실이 아니다. 성경 역시 그들의 말과 상반된 입장을 표명한다. 그러나 사람들은 그들의 말을 있는 그대로 받아들인다. 심지어 어떤 법률 분석가는 뉴욕타임즈의 사설란에 아무 주저함 없이 이런 글을 올렸다. "뇌가 인간의 모든 행동을 유발하는 주체라면, 그 모든 행위를 잠재적 면책 대상으로 볼 수 있지 않겠는가?"[1)]

이것은 매우 위험한 생각이다. 그의 주장을 요약하면 이렇다. "우리는 우리 자신의 행위에 대해 책임질 수 없다!" 더 쉽게 말하면, 마음 내키는 대로 행동해도 괜찮다는 것이다. 그 행동의 결과에 대해서는 '뇌'가 책임을 져야지 '내'가 책임지는 것은 아니라는 입장이다.

그러나 잊지 말아야 할 사실이 있다. 과학자는 신이 아니다(때때로 자신이 신인 것처럼 행동하지만 말이다). 나 또한 과학자이다. 하지만 나는 어떤 과학적 '사실'이 성경의 지지를 받지 못할 경우 조금도 주저하지 않고 해당 과학적 사실의 정당성에 의문을 제기한다.

철학자와 과학자는 인간에게 '자유의지'가 있는지의 여부를 놓고 오랫동안 논쟁해왔다. 어떤 사람은 자유의지를 '기이한 개념'이나 '구시대의 유물' 정도로 치부해버린다. 하지만 사람들이 이 주제로 논의한다는 사실 자체가 '자유의지'의 존재를 인정하는 반증 아니겠는가? 그들 자신이 자유의지를 사용하여 의견을 개진하고 마음에 드는 해답을 선택하고 있으니 말이다. 결국 그들 스스로 자신의 주장을 파기해버린 셈이다.

전형적인 신경과학자라면 이렇게 주장할는지도 모른다. "두뇌 활동이 선행한다. 그 결과로 '선택'이 생기는 것이다." 이 주장의 골자는 인간의 뇌가 기계와 같아서 그 안에 장착된 프로그램대로 운영될 뿐이라는 것이다. 그 프로그램에 따라 뇌가 무언가를 '선택'한다는 것이다. 여기에 '우리'가 개입할 여지는 없다. 그들의 주장을 따르면 뇌라는 기계는 내장된 프로그램에 따라 '마음'을 생산해낸다. 그리고 '우리'는 어쩔 수 없이 그 프로그램에 따라 살아가게 된다. 신경과학자들은 두뇌를 촬영한 화상畫像 및 그들이 새롭게 만들어낸 용어들을 증거로 들이대며 자유의지가 허상임을 주장하고 있다.

우리는 하나님께서 원하시는 방법대로 생각할 수 있다

나는 인지신경과학을 전문 분야로 공부한 의사소통 병리학자로서 인간이 어떻게 '생각'하는지 또 그 생각의 효과가 인간의 말과 행동에 어떤 영향을 미치는지 연구해왔다. 그 결과 자유의지가 허상이라는 주장과 완전히 상반된 결론을 얻게 되었다. 수많은 사람들이 자유의지에 대해 의구심을 품는다. 하지만, 나는 오랜 연구 끝에 하나님께서 인간에게 자유롭게 생각하는 능력, 자유롭게 선택할 수 있는 능력을 주셨다는 것을 확신한다. 즉, 자유의지가 인간의 생각과 선택에 영향을 미친다는 것이다. 이처럼 자유의지에 따라 생각하고 선택할 때 마음의 태도가 결정된다.

이 사실을 이해하는 것은 인간의 행동을 연구하는 데 있어서 굉장히 중요한 요소로 작용한다. 나는 이 사실을 깨달았기 때문에 '생각의 과정'을 연구하는 일과 어떻게 하면 하나님의 뜻대로 생각할 수 있는지를 알아내는 일에 내 삶을 헌신하기로 하였다. 신경과학자들이 제시한 증거들은 자유의지를 허상으로 만드는 데 실패했다. 오히려 어떤 방식으로 자유의지가 작동하는지를 알려주었다.

분자생리학자 프랜시스 크릭은 1953년 제임스 왓슨과 함께 DNA의 나선구조를 발견했다. 그들은 이러한 공로를 인정받아 1962년에 노벨 생리의학상을 수상했다. 그런데 프랜시스 크릭은 이렇게 말했다. "자유의지란 '어리석은 말장난'에 불과하다." 그는 자유의지를 '자기기만의 연습'에 빗대어 일갈하기까지 했다.[2] 그러나 크릭은 중요한 사실 하나를 간과하고 말았다. 그가 자유의지를 허상으로 생각하고, 허상이라고 말할 수 있었던 것은 그가 자신의 자유의지를 사용하여 그렇게 생각하고 말하기로 선택했기 때문이다.

자유의지를 증명하다

선택하고 결정한 내용을 발설하거나 행동으로 옮기기 전 대략 7-10초 사이, 우리의 뇌가 활동하기 시작한다. 정확히 말하자면 전전두 피질(눈썹 바로 윗부분)와 정수리 외피 부근의 뇌에서 '두뇌 활동'이 시작되는 것이다. 많은 과학자들은 이러한 '두뇌 활동'을 근거로 '선택과 결정은 암호화되어 뇌 속에 내재한다'라고 주장한다.[3] 하지만 내 생각은 다르다. 나는 제프리 슈워츠나 노먼 도이지 및 여러 과학자들과 생각을 같이 한다.

  나는 다음과 같이 주장한다. '두뇌 활동'은 우리가 무의식적으로 행하는 일종의 '정보처리 과정'이다. '무의식'은 비非의식 상태이긴 하지만, 오랜 기간 '마음'에 보관된 생각들(이것을 기억이라고 한다)로 구성되어 있다. 그러므로 우리의 무의식은 실재하며 매우 활발하게 활동한다(8장 참조).

  우리의 마음에 보관된 일련의 생각들은 독특한 '관점'을 형성한다. 이러한 관점을 바탕으로 우리는 자신만의 독특한 '인식'을 형성한다. 그리고 이렇게 형성된 '인식'은 말과 행동을 통해 표출된다. 쉽게 설명하면, 우리의 말과 행동은 이미 '마음'속에 담긴 무언가가 밖으로 표현되는 현상이라는 것이다. 그 과정은 다음과 같다. 우리는 무의식 상태에서 어떤 정보를 분석하고 평가한다. 그리고 분석한 결과를 기반으로 '결정'을 내린다. 이후 그렇게 결정한 내용(생각)을 마음에 저장한다. 이렇게 저장된 생각은 말과 행동으로 표현된다.

  뇌 화상 진단으로도 알 수 있듯, 이러한 '두뇌 활동'은 뇌의 기계적인 작동이 아니다. 두뇌 활동은 무의식에 저장된 '정보'를 처리하여 '생각'으로 '인식'하는 과정이다. 우리가 어떤 '결정'을 내리기 훨씬 전, 그러니까 그 '생각'을 인식하기 훨씬 전, 뇌는 무언가를 결정할 것에 대해 대비한다. 뇌 속 신경회로의 네트워크가 그 작업을 담당하는데, 이것이 바로 '두뇌 활동'이다.

  그러므로 엄밀히 말하면 '두뇌 활동'은 무의식 상태에서의 지적 정보처리 과정이다. 우리의 마음은 무의식 상태에서 어떤 '생각'을 시작한다. 이후 지적 처리 과정을 거쳐 그 '생각'을 ('의식' 상태에서) 인식한다. 이것을 성경말씀으로 환언하면 다음과 같다. "대저 그 마음의 생각이 어떠하면 그 위인도 그러한즉"(잠언 23:7).

우리는 통제할 수 없는 어떤 힘에 의해 충동되지 않는다. 무언가에 강요를 받아 어쩔 수 없이 '생각'을 품고 '결정'하게 되는 일은 없다는 뜻이다. 우리가 품은 생각이나 우리가 내린 결정에 대한 책임은 전적으로 우리 자신에게 있다.[4] 우리는 자유의지를 지닌 고도의 지적인 존재이다. 그러므로 우리는 우리의 선택에 대해 책임져야 한다.

어떤 진보적 연구자는 사람이 자유의지의 존재임을 의심하면 할수록 점점 더 부정직해진다는 연구 결과를 발표했다. 자유의지 존재의 부인(否認)은 책임을 면피하려는 사람에게 궁극적인 핑계거리로 자리매김되는 듯하다.[5]

한 연구자는 자유의지의 존재를 믿을 때 사람들이 보다 윤리적인 선택을 하게 되며, 보다 나은 방향으로 행동한다는 사실을 알아냈다. 그는 여기서 한 걸음 더 나아가 다음과 같이 말했다. "자유의지의 존재를 부인하기 위해 연구하면 할수록 오히려 그것의 존재를 확신할 만한 증거들을 더 많이 발견하게 될 것이다." 심지어 그는 "그것의 존재를 부인하는 사람은 스스로를 속이는 것이다"라고까지 말했다.

다음은 전도서 7장 29절의 말씀이다. "내가 깨달은 것은 오직 이것이라 곧 하나님은 사람을 정직하게 지으셨으나 사람이 많은 꾀들을 낸 것이니라." 자유의지에 대한 모범 정의는 '앞으로 어떤 행동을 할지 선택하는 능력, 그렇게 행동하기로 선택한 이유를 숙고하는 능력, 선택 이유에 대한 진지한 생각을 바탕으로 행동을 계획하는 능력, 선택한 것과 상반된 욕구 사이에서 자신의 행위를 통제하는 능력'이다.[6] 이러한 자유의지의 정의는 우리가 어떻게 하나님의 길을 선택하여 따르는지 또는 어떻게 사탄의 길을 선택하여 따르는지를 보여준다.

오늘날 과학은 유전학까지 동원하여 자유의지의 존재를 증명해내고 있다. 이것에 대한 몇 가지 증거를 살펴보자.

'정신의 부동산'과 '선택'

뇌의 앞쪽 부위를 차지하고 있는, 이른바 '정신의 부동산'에서는 '선택'의 작업이 이뤄진다. 구체적으로 말해서 정신의 부동산은 양쪽 눈썹 사이의 전뇌前腦에서 시작하여 전두엽에 이르는 부위를 가리킨다. 여기에 수많은 신경회로가 밀집되어 있기 때문에 다양한 기능 수행 능력의 집합소로 부를 수 있다.

또한 정신의 부동산은 뇌의 나머지 부위와도 연결되어 있다. 뇌의 나머지 부위에서 시작된 연결선이 이곳에 한데 모여 있다. 그곳에 밀집된 특정 회로들은 뇌섬島, 뇌들보, 전부 후부 중앙의 뇌회, 기초 신경절, 쐐기 앞 소엽, 아속 등 다양한 뇌 구조물로 뻗어나간다.[7] 이러한 네트워크로 인해 전두엽은 뇌의 타 부위를 조절하고 그들의 활동을 통합한다.

우리는 자신의 생각을 관찰할 수 있다

전두엽이 수행하는 가장 흥미로운 역할 중 하나는 우리로 하여금 자신의 생각을 제3자의 입장에서 객관적으로 관찰할 수 있도록 만들어주는 것이다. 우리는 우리의 생각에 대한 객관적 관찰 결과를 토대로 어떤 행동을 할지 선택할 수 있다. 하나님께서 이러한 능력을 우리에게 선

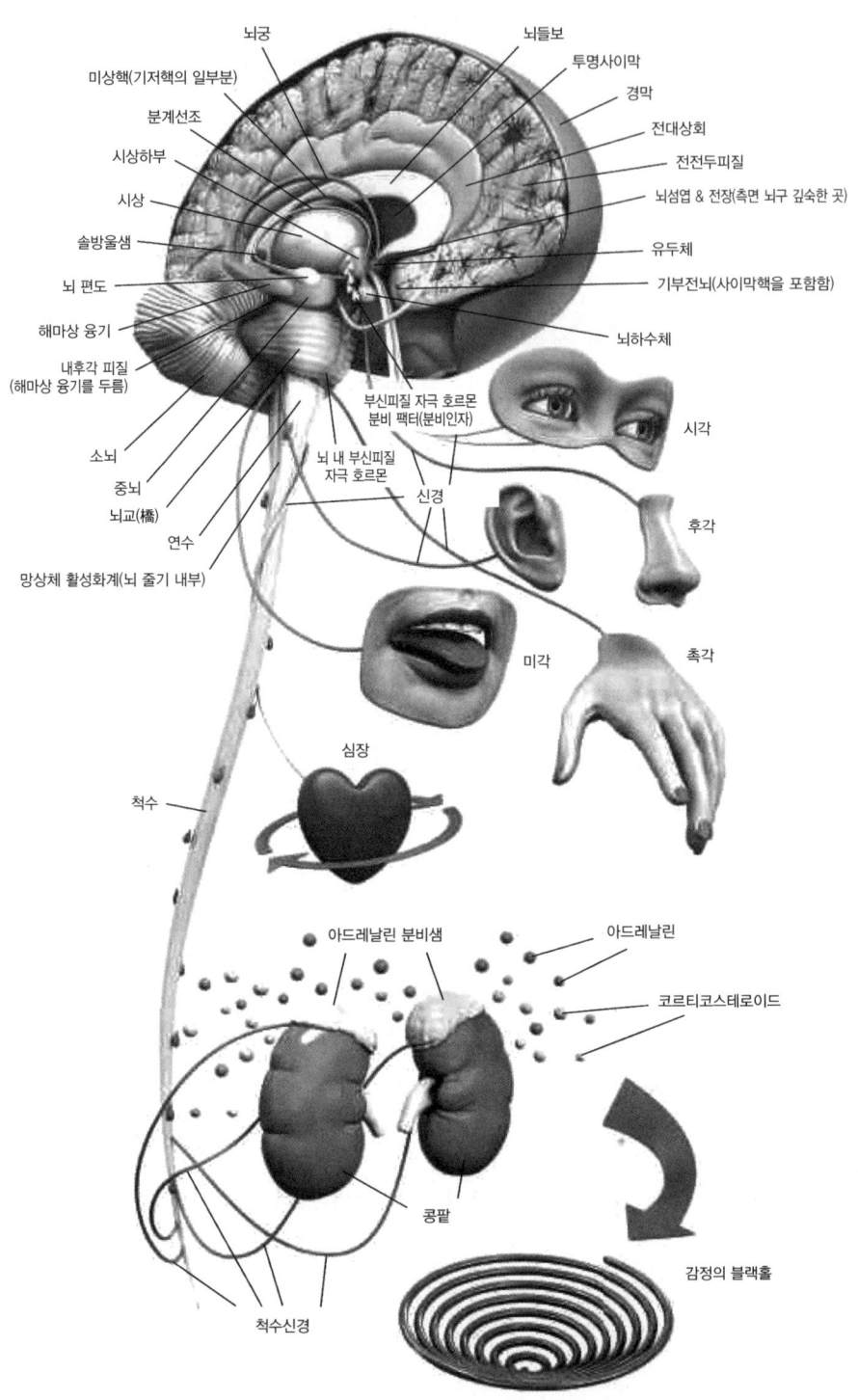

사하신 것이다. 이 사실을 깨닫고 나니 다음과 같은 성경의 원칙들이 그다지 어렵지 않게 다가왔다. "모든 생각을 사로잡아 그리스도에게 복종하게 하니"(고린도후서 10:5). "마음을 새롭게 함으로"(로마서 12:2). "아무 것도 염려하지 말고"(빌립보서 4:6).

생명을 선택하면(신명기 30:19) 다이아몬드는 더욱 강한 빛을 발할 것이다. 만일 생명 이외의 것을 선택한다면 다이아몬드는 빛을 잃어버릴 것이다. 이것은 뇌에서 일어나는 일을 간략히 설명해주는 비유이다. 올바른 선택은 뇌의 기능을 향상시키는 반면 그릇된 선택은 뇌에 손상을 가한다.

MPA

우리에겐 '다중 시각의 유익'Multiple Perspective Advantage이 있다. 나는 이것을 줄여 MPA로 부른다. 하나님의 형상대로 지음 받은 인간은 다양하고 독특한 특질을 갖게 되었다. 그 중 하나는 여러 가지 각도에서 혹은 다양한 관점으로 관찰하는 능력이다. 이러한 능력 덕택에 우리는 자신의 생각을 관찰하고 평가하고 또 그 생각이 어떤 영향을 미칠지 계산해낼 수 있다.

당신은 객관적으로 '생각'을 관찰하고 관찰한 결과를 정직하게 평가하여 올바른 행동을 선택해야 한다. 즉, 포도나무이신 그리스도와 연합할 것을 선택하라는 뜻이다(요한복음 15:1-5). 그렇게 해야만 당신은 '건강한 생각'을 시작할 수 있다. 올바른 선택을 통해 건강한 생각은 회복되고 유해한 생각은 가지치기 당한다.

무엇을 생각할지, 어떤 생각을 품을지 결정하는 일은 전적으로 자신

• 7가지 종류의 사고 •

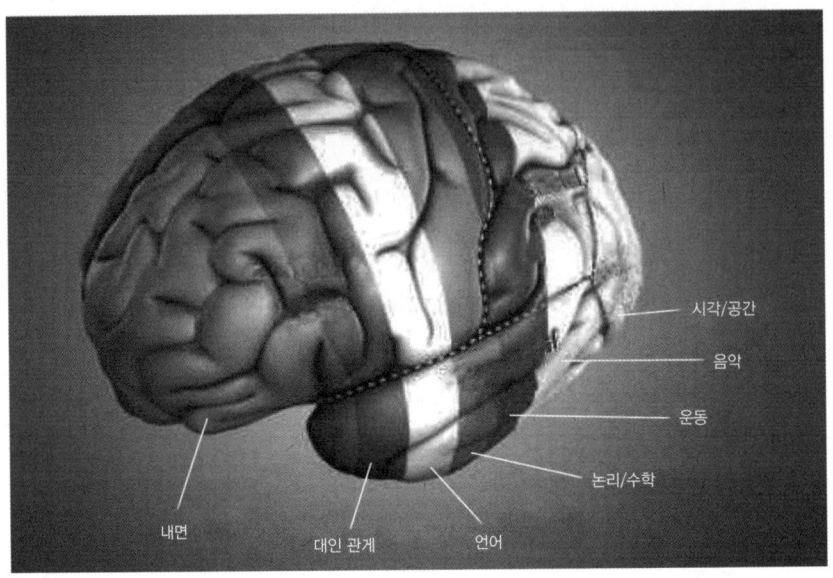

의 손에 달렸다. 우리 각 사람은 누구의 강요에 의해서가 아니라 자기 자신의 의사에 따라 결정을 내린다. 그러므로 무언가를 생각하기 전 잠시 멈추어야 한다. 그리고 당신의 참된 '나'(다양한 특질을 갖고 있는 실존)와 당신의 유해한 생각이 빚어낸 '나'를 구별해내라. 이렇게 하는 것은 매우 중요하다. 다행히도 당신은 그 두 가지 자아상 모두를 제3자의 입장에서 객관적으로 관찰할 수 있다.

다시금 포도나무와 연합할 것을 선택하라(요한복음 15장). 당신은 '마음을 새롭게 하리라' 다짐해야 한다(로마서 12:2). 뇌는 마음이 내린 결정과 지침 사항을 그대로 따른다. 마음의 결정에 따라 두뇌의 지형도地形圖 역시 변화될 것이다. 이 책의 후반부는 당신이 이러한 변화를 꾀할 수 있도록 도와줄 것이다.

당신은 생각하는 존재이다

당신의 '자유의지'와 '선택'이 얼마나 실제적이고 또 얼마나 강력한 힘을 발휘하는지 아는가? 이제 이 사실을 확인하기 위해 우리의 뇌를 좀 더 깊이 들여다보겠다.

당신은 생각하는 존재이다. 당신은 하루 종일 생각한다. 심지어 잠을 잘 때에도 당신은 생각한다. 낮 동안의 생각은 '쌓는 과정'이고 밤 동안의 생각은 '분류하는 과정'이다. 이 정도의 차이만 있을 뿐, 하루 종일 생각한다는 사실에는 변함이 없다. 당신은 하루 종일 생각한다!

생각하는 동안 당신의 마음은 '선택'하고 '결정'을 내린다. '무엇을 먹을 것인가'와 같은 단순한 선택도 있다. 반면 당신이 취할 수 있는 다양한 옵션 중 '과연 어떤 것을 취해야 하는가'와 같이 복잡한 선택도 있다. 스펙트럼은 매우 넓다.

모든 '생각 행위'는 실제적이다

우리의 '생각'은 결코 추상적이지 않다. 우리의 생각은 물리적이고 실질적이다. 이 사실은 여러 가지 뇌 화상 진단을 시행해보면 금방 확인할 수 있다. 당신이 생각하는 동안 기이할 정도로 복잡하고 창조적인 일들이 발생한다.

다음 몇 문장을 쭉 훑어보기 바란다. 물론 내가 이야기할 내용을 전부 이해하지는 못한다 하더라도 당신은 하나님께서 우리를 얼마나 복잡하고 세밀하게 창조하셨는지를 깨달으며 경탄을 금치 못할 것이다.

아래 몇 줄의 문장을 읽는 '생각 행위'만으로도 당신의 뉴런 안에서는 전자기적 활동, 전자화학적 활동, 그리고 양자 운동이 활성화될 것이다. 이때 다음과 같은 일들이 일어난다.

- 당신의 뇌에는 측정 가능한 자기장이 형성된다.
- 추적 가능한 뇌파가 발생한다.
- 측정 가능한 화학적 효과가 가시적으로 나타난다.
- 광자$_{光子}$가 활성화된다. 컴퓨터 모니터에도 그 움직임이 포착될 정도이다.
- 양자물리학으로 설명할 수 있는 에너지의 흐름이 나타난다.
- 뉴런 세포막에 떨림 현상이 나타난다. 특정 기계를 사용하면 이를 포착할 수도 있다.

위에 언급한 일련의 과정이 복잡하고 정밀한 순서에 따라 이뤄질 때, 당신의 뇌 안에서는 신경전달물질과 단백질이 활성화된다. 그리고 신경신호 에너지의 흐름이 발생한다. 이렇게 당신의 생각은 강력한 신경신호를 만들어내며, 그 신호에 따라 뇌의 지형도가 변화된다.

당신이 신호를 만들어낸다

당신이 방금 생성해낸 신경신호는 세포막을 통과하여 세포핵에까지 닿는다. 이후 그 신호는 염색체 안으로 들어가 DNA 나선 모양의 끈들을 활성화시킨다. 신경신호를 받아 활성화되기까지 DNA는 마치 고치 안에 있는 누에처럼 피막 속에서 휴지休止상태를 유지한다. 피막에 갇힌 DNA는 비활성 상태로 머물고, 피막은 여타의 세포 환경으로부터 DNA를 보호한다.

그런데 DNA가 피막을 벗으면 나선모양의 DNA 이중 끈이 풀리고 한쪽 DNA에 mRNA가 달라붙는다(RNA〔리보핵산〕는 DNA 주형을 바탕으로 mRNA〔messenger RNA〕를 합성한다. mRNA는 DNA의 유전정보를 읽어 리보솜에 전달하는 메신저 역할을 한다. 그리고 DNA 정보를 전달받은 리보솜에서는 단백질이 만들어진다 - 역주). 이때 단백질 형성에 필요한 적정 유전자 코드가 해독되는데, mRNA가 DNA의 유전정보를 복사한다. 이후 mRNA는 핵을 빠져나와 리보솜에서 단백질 형성과정을 이끈다. mRNA의 유전자 코드 복사본이 단백질 형성을 지도하는 지침서 또는 건축 설계도 역할을 하는 것이다. 이러한 일련의 과정을 통해 우리 몸에 단백질이 형성된다.

과학은 이 과정을 가리켜 '유전자 발현'이라 부른다. 그런데 유전자 발현 과정을 통해 형성된 단백질 속에는 '생각'이나 '기억' 등 당신이 체득한 정보가 들어가게 된다. 쉽게 말하면 당신의 생각(기억)이 물질(단백질)을 만들어내는 것이다.

아미노산 분자들은 DNA에 내재한 유전 지침대로 합성되어 단백질을 형성한다. 이 유전 지침은 우리의 신체가 형성되고 다양한 기능이 발현되도록 명령한다. 그런데 형성 과정의 90퍼센트는 우리의 '생각'으로 조절할 수 있다.

과학자들은 유전자 발현과 단백질 형성의 전 과정을 낱낱이 파헤쳐냈다. 이것은 찬란한 과학기술의 진일보이다. 하지만 과학자들은 그 모든 과정의 시초가 되는 '신호'에 대해 크게 관심을 갖지 않았다.[8]

DNA의 피막을 벗겨내는 신호

이제 이 신호에 대해 좀 더 자세히 살펴보자.

1. 이 모든 과정의 시발점이 되는 '신호'는 DNA 외부에서 시작된다. 그러므로 이것을 '후성유전 현상' epigenetic phenomenon 이라고 부른다. 헬라어 접두사 'epi'는 '~의 위', '~의 너머에', '~의 주변에'라는 뜻을 갖는다. 그러므로 이것은 유전자 밖에서 일어나는 현상이다.[9]

2. 신경신호의 형성이 저해 받을 경우(예를 들면, 유해한 생각을 하거나 몸에 좋지 않은 음식을 섭취할 때), 유전자 발현과정이 올바르게 일어나지 않는다. 그러므로 이때 형성되는 단백질 역시 바람직한 모습이 아니다. 간단하게 설명해서, 당신이 유해한 생각을 품은 결과 형성된 단백질은 건전한 생각을 품을 때 형성되는 단백질과 모습도 다르고 기능도 다르다.

3. 이러한 신경신호는 전자기적 · 화학적 특성을 나타낸다. 왜냐하면 모든 생명활동에 전자기적 · 화학적 요소가 내재하기 때문이다.

4. 이러한 신경신호는 '체내 환경'을 통해 생성될 수 있다. 여기서 체내 환경이란 감정, 생화학, 정신, 에너지, 영적 분위기 그리고 두뇌 속 생각의 네트워크 등을 포괄하는 개념이다. 또한 '체외 환경'으로부터 생성될 수도 있는데, 여기에는 음식, 독극물, 당신이 속한 사회적 네트워크, 그리고 당신이 받는 양육과 보호 등이 포함된다.[10]

현재 많은 연구자들이 DNA 속 유전자의 90퍼센트 정도가 체내와 체외 환경에서 발생하는 신경신호에 의해 활성화될 것이라고 추정하고 있다.[11]

스위치 유전자

캔델 박사가 발견한 놀라운 사실 하나는 우리 안에 '크렙 유전자'cAMP response element-binding(cAMP 반응요소결합단백, 기억 세포 연결에 필요한 단백질을 생성해주는 유전자 - 역주)로 불리는 일종의 스위치 유전자가 있다는 것이다. '생각'을 통해 우리는 크렙 유전자의 스위치를 올리기로 '선택'할 수 있다. 그러니까 '생각'이 앞에서 설명했던 '신호'인 것이다. 나는 이 멋진 주제에 대해 좀 더 깊이 들어가고픈 마음이 있다. 하지만 그 내용이 꽤나 복잡하다. 또한 그렇게 하는 것은 이 책의 목적에서 벗어나는 일이기도 하다. 이 책은 과학 학술서가 아니다. 그렇지만 그 내용을 짧게나마 언급할 가치는 충분하다. 하나님께서 인간을 창조하실 때 그 모든 정교함 속에 '선택'능력까지 주입해주셨다는 사실을 깨달을 수 있기 때문이다. 이로 인해 나는 다시 한 번, 하나님을 찬양한다!

스위치 유전자에 대한 간단한 설명을 시작하겠다. 어떤 정보가 전자기적·화학적 신호의 형태로 뇌의 전두엽에 도달하면, 그 신호는 고도로 증폭되고 활성화된다. 이때의 자극으로 인해 세포 안에 특별한 단백질이 방출되고 크렙 유전자의 스위치는 'on' 상태가 된다. 마치 우리가 전기 스위치를 올리고 내려 전등을 켜고 끄는 것처럼, 생각을 통해 크렙 유전자의 스위치를 올리고 내리기로 '선택'할 수 있는 것이다.

이렇게 'on' 상태가 된 크렙 유전자는 유전자 발현(단백질 형성) 과정을 활성화시킨다. 이때 기억을 내포하고 있는 단백질의 가지들이 성장하여 뻗어나가는데, 일반적으로 우리는 이러한 단백질의 가지들을 가리켜 '생각'이라 부른다.[12]

우리가 뇌 속에 '생각'이 스며들도록 허용할 때, 즉 무언가를 생각할 때, 크렙 유전자의 스위치가 올라간다. 이에 단백질이 합성되고 새로운 단백질 가지가 자라나 시냅스를 통해 기존의 또 다른 단백질 가지들과 연결된다.

이 모든 과학적 사실이 당신에게 의미하는 바는 무엇인가?

이 모든 과학적·생물학적 정보는 당신에게 다음의 두 가지 사실을 말해준다.

1. 과학 연구는 하나님을 드높이는 방법이다. 하나님이 우리를 어떻게 창조하셨는지 또 우리가 사는 세상을 어떻게 건설하셨는지 희미하게나마 들여다본다면, 우리는 그분의 은혜와 광대하심을 찬양할 수밖에 없다. 이때, 하나님께서 다스리신다는 사실이 우리의 마음에 평안을 선사해줄 것이다.

2. 오늘날 과학자들은 '생각'이 신호처럼 작용하여 '유전자 발현'(단백질 형성)으로 이어지는 정확한 경로를 찾아내고 있다. 이 과정을 통해 생각의 변화는 두뇌와 신체의 변화로 이어진다. 우리의 유전자 구조는 '생

각'과 '선택'에 따른 미세한 변화 앞에서도 크게 변동한다. 그러므로 빌립보서 4장 8절 말씀에 따라 유전자 발현(단백질 형성)을 일으킬 때, 우리의 몸과 마음에 놀라운 치유와 재생의 역사가 일어날 것이다. "끝으로 형제들아 무엇에든지 참되며 무엇에든지 경건하며 무엇에든지 옳으며 무엇에든지 정결하며 무엇에든지 사랑 받을 만하며 무엇에든지 칭찬 받을 만하며 무슨 덕이 있든지 무슨 기림이 있든지 이것들을 생각하라"(빌립보서 4:8). 이 진리가 '일생일대의 선택'이어야 한다.

잠정적으로 의약의 미래는 어떠하겠는가?

'기억'에 대한 연구업적으로 노벨상을 수상한 에릭 캔델 박사는 환자들을 돌보는 직종의 미래에 대해 다음과 같이 말했다. "사회적 영향이 생물학적 융합을 거쳐 물질로 나타난다. 사회적 영향이 인간의 뇌 속 특정 부위, 특정 신경세포의 특정 유전자 발현으로 이어지는 것이다."[13]

의약업계 종사자들이 환자에게 처방전을 쓸 때, 빌립보서 4장 8절과 로마서 12장 2절 말씀을 기입할 날이 곧 다가올 것이다. 이 책의 후반부에서는 어떻게 하면 하나님의 처방전을 활용할 수 있는지 이야기하겠다.

'유전자 신화'에서 벗어나 '진리'로 나아가라

그동안 우리는 '유전자 신화'라는 허구를 믿으며 살아왔다. 이 신화 속에서 유전자는 신체 건강과 정신 건강의 궁극적 주관자로 자리매김했다. 심지어 감히 손댈 수 없는 신의 경지로까지 추앙되었다. 너무나 많은 사람들이 너무도 오랫동안 이 신화를 맹신하였기에 그들의 정신 건강, 신체 건강 그리고 내면의 평안과 행복이 꽁꽁 묶여 있었다. 거의 매일같이 '이러한 유전자가 이러한 질병의 주범이다', '이러한 유전자가 이러한 활동을 돕는다' 등의 기사가 뉴스의 헤드라인을 장식하고 있다.

당신은 알코올중독자인가? 이 신화에 의하면 원인은 당신에게 있는 '알코올중독 유전자'이다. 혹시 우울증으로 고생하는가? 학습장애가 있는가? 그렇다면 당신이 우울증 유전자와 학습장애 유전자를 갖고 있기 때문이다. 물론 유전자 때문에 특정 문제가 확장될 환경(기질)이 조성될 수는 있다. 그러나 유전자가 문제의 원인이 될 수는 없다. 엄밀히 말하면, 우리가 '선택'을 통해 문제를 일으키는 것이다. 앞서 설명했듯이 우리의 '선택'(생각)은 DNA의 피막을 벗겨내는 신경신호로 작동한다.

우리 사회에서 유전자는 감정, 영성, 믿음, 신념 혹은 음악에 대한 조예까지 인간의 모든 성향을 책임지는 주체로 추앙된다. 심지어 대인 관계를 결정하고 사회적 문제를 판정하는 데까지 유전자의 영향을 고려해야 한다.[14] 사실 이러한 '유전적 기질'의 개념은 우리 사회의 문화 저변에 깊숙이 침투해 있다. 그래서 "그 여자는 좋은 유전자를 물려받았나봐", "그놈은 태생이 그래. 저런 일을 하도록 태어났어"와 같은 표현이 쉽게 용인되는 것이다

하지만 이러한 생각은 '선택'과 '책임'을 논의의 대상에서 제외시킨다. 게다가 영적으로나 과학적으로나 어떤 면에서 보더라도 옳지 않다. 당신의 유전자가 당신을 통제하는 것이 아니라 당신이 당신의 유전자를 통제한다! 물론 유전자가 당신의 신체적 특질을 결정지을 수도 있다. 그

러나 정신적 현상까지 좌지우지하는 것은 아니다. 우리가 알고 있는 바와 달리, 삶에서 일어나는 여러 가지 일들에 우리가 어떻게 반응하느냐에 따라 유전자가 끊임없이 변화를 '당한다.'[15]

마이애미대학의 심리학과 정신병리학 교수로 재직 중인 게일 아이언슨 박사는 최근 HIV 환자를 대상으로 놀라운 연구를 진행했다.[16] 그는 치료 과정 중 괄목할 만한 변화의 요인으로 하나님의 사랑과 자비하심을 믿는 '선택'을 꼽았다. 특히 자신의 환자들이 사랑의 하나님과 인격적 관계를 맺기로 '선택'한 사실을 강조했다.

아이언슨 박사는 4년 동안 환자의 체내 감염량 변화를 확인하는 방법으로 실험을 진행했다. 시료로 채취한 혈액 안에 에이즈 바이러스의 양이 얼마만큼 증가 혹은 감소했는지를 측정했고 혈액 내 T-보조세포(T helper cell) 밀집도의 증가 여부도 관찰했다. 만일 T세포의 밀집도가 높아지면, 우리의 몸은 병균과의 싸움을 보다 효율적으로 수행해낸다.

아이언슨 박사는 실험을 통해 하나님의 사랑을 믿지 않는 환자들의 경우 대조군보다 체내 T세포의 손실 속도가 3배나 더 빠르다는 사실을 발견했다. 감염량 역시 3배나 더 빨리 증가했고, 스트레스 수치도 높게 나타났다. 반면 부신피질 호르몬인 코르티솔의 유량(流量)은 줄어들었다.

아이언슨 박사는 다음과 같은 말로 자신의 연구를 요약했다. "만일 당신이 하나님의 사랑을 믿는다면, 그 믿음은 놀라운 보호벽이 되어줄 것입니다. 환자 중 우울증 성향이 낮고 낙천적 성향이 높은 사람은 강한 면역체계를 나타냈습니다. 그런데 하나님의 사랑을 믿는 사람에게서는 그보다 훨씬 더 강력한 면역체계가 발견되었습니다. 물론 '신은 선하다'라는 항목에 '그렇다'라고 대답한 사람의 경우에도 신체 면역력은 증가했습니니다. 그러나 '하나님은 나를 사랑하신다'라는 개인 고백 항목에 '매우 그렇다'라고 답변한 사람은 훨씬 더 강력한 면역체계를 나타냈습니다."[17]

지금 당신이 생각하는 것처럼, 이 연구 결과의 적용점은 실로 방대하다. 어떤 자아상을 가져야 할지, 남들 앞에서 나를 어떻게 드러내야 할지, 다른 이의 질병 혹은 내가 앓는 병에 대해 어떻게 반응해야 할지에 대해 이제 감이 오지 않는가? 우리의 선택은 엄청난 영향력을 발휘한다. 그 선택은 심지어 생명 현상으로까지 이어진다. '나는 무엇을 믿는가? 나는 나 자신에 대해 어떻게 생각하는가?' 우리는 선택에 의해 변화된다.

당신은 유전자의 폭력에 아무런 저항도 하지 못하는 무고한 희생자가 아니다. 우리 모두는 하나님과 함께 자신의 삶을 바꿔나가는 '공동 창조자'이다. 물론 하나님이 이끌어주신다. 그러나 우리는 하나님이 인도하시도록 그분을 허락하기로 '선택'해야 한다. 우리는 생각을 창조하는 존재로 지음 받았다. 우리는 그렇게 창조해낸 생각대로 삶을 살아가게 된다(잠언 23:7).

히브리서 11장 1절은 이렇게 말한다. "믿음은 바라는 것들의 실상이요, 보이지 않는 것들의 증거니." 당신이 무엇을 믿고 바라든, 그것은 물질세계에 모습을 드러낼 것이다. 당신은 그 믿음과 바람대로 행동할 것이다. 이 과정을 통해 긍정적으로든, 부정적으로든 변화는 일어나게 되어 있다.

다음 장에서는 선택이 지닌 영향력에 대해 좀 더 깊이 살펴볼 것이다. 그리고 어떻게 하면 유해한 선택을 회피할 수 있는지 알아보자.

• 요약 •

1. 당신은 희생자가 아니다. 당신은 반응 방법을 선택할 수 있다. 당신에겐 선택권이 있다

2. 자유의지는 '허상'이 아니다. 자유의지를 허구의 개념으로 생각하는 것은 위험한 일이다. 이러한 생각은 마치 "나는 내 행동에 책임이 없다"라고 말하는 것과 다름없다. 자유의지를 부인할 경우 우리는 마음대로 행동할 수 있다. 결과가 어떻든 핑계를 댈 수 있기 때문이다.

3. 자유의지는 사고구조에 영향을 준다. 그리고 사고구조의 변화로 인해 우리의 마음 상태가 달라지는데, 이러한 사실은 인간의 행동습성과 잠재성을 이해하는 데 매우 중요하다. 그래서 나는 '생각의 과정'을 분석하는 일과 어떻게 하면 하나님이 원하시는 '생각'을 선택할 수 있는지, 그 방법을 알아내는 일에 내 인생을 걸었다. 흥미로운 것은 신경과학계의 증거들이 자유의지의 실재實在를 배제하지 못한다는 것이다. 오히려 그 증거들은 자유의지가 어떤 식으로 작동하는지를 설명해주고 있다.

4. 말과 행동은 우리의 마음속에 내재된 무언가가 밖으로 표출되는 '현상'이다. 우리의 마음 안에서 정보가 분석·평가된다. 이후 우리의 마음은 분석된 정보를 바탕으로 무언가를 '선택'한다. 선택에 의해 '생각'이 조직되고, 이 생각을 기반으로 말과 행동이 나타나게 된다.

5. 선택은 뇌의 전두엽 부근 '정신적 부동산'에서 이뤄진다. 우리가 생각하고 결심할 때 그 부위의 활동이 두드러진다.

6. 전두엽이 담당하는 가장 흥미로운 역할은 우리로 하여금 자기 자신을 관찰할 수 있게 만드는 것이다. 전두엽의 역할 덕에 우리는 제3자인 양 객관적으로 자신의 생각을 관찰할 수 있다.

7. 우리는 '다중 시각의 유익'Multiple-Perspective Advantage을 가지고 있다. 하나님의 형상대로 지음 받은 우리의 독특하고 다채로운 특성 덕에 다양한 각도와 관점에서 사물을 바라보는 일이 가능해졌다.

8. 이 모든 생각활동은 실제적이다. 이 사실은 다양한 뇌 화상 진단으로 확인할 수 있다.

9. 생각은 신경신호를 만들어내고, 그 신경신호는 DNA의 피막을 벗겨낸다. 이때 유전자 발현 과정을 통해 단백질이 만들어진다.

10. '크렙 유전자'로 불리는 스위치 유전자가 있다. 우리는 '생각'을 통해 이 유전자의 스위치를 올리고 내릴 수 있다.

11. 우리의 유전자 지도는 '생각'과 '선택'을 기반으로 하는 미미한 변화에 의해 크게 변동한다.

12. 의약업계 종사자들이 빌립보서 4장 8절, 로마서 12장 2절과 같은 가르침을 처방전에 기재할 날이 가까이 오고 있다. 이 책의 후반부에서 하나님의 처방전을 어떻게 적용할 수 있는지 살펴볼 것이다.

13. 유전자 신화에서 벗어나 진리로 나아가라. 우리는 유전의 희생자가 아니다. 오히려 우리가 우리의 생태를 관리한다.

3장

당신의 선택이
뇌를 변화시킨다

중심 성구 너희는 이 세대를 본받지 말고 오직 마음을 새롭게 함으로 변화를 받아 하나님의 선하시고 기뻐하시고 온전하신 뜻이 무엇인지 분별하도록 하라 (로마서 12:2)

연관 과학 지식 '생각'은 신경외과 의사이다. 우리가 무언가를 선택하는 동안 뇌 속의 신경회로가 바뀌기 때문이다. 이처럼 우리는 생각으로 자신의 뇌를 수술할 수 있다. 마음을 새롭게 하기로 생각하고 선택할 때, 우리는 뇌를 새롭게 조형할 수 있다.

우리는 생각하고 상상하는 동안 자연스럽게 무언가를 선택하게 된다. '선택'은 우리의 DNA속으로 들어가 특정한 유전자의 활동을 활성화시키거나 잠재운다. 이러한 과정을 통해 우리의 뇌 속 뉴런 구조에 변화가 생긴다. 이처럼 '생각'과 '상상'과 '선택'은 여러 단계의 뇌의 구조와 기능을 변화시키는 요소이다. 분자 단계, 유전자 단계, 후성유전 단계, 세포구성 단계, 뇌 구조 단계, 신경화학 단계, 전자기 단계, 그리고 원자보다 작은 '아원자' subatomic 단계에까지 생각의 영향력이 미친다.

다시 한 번 강조하지만, 우리가 무언가를 생각하고 선택하는 동안 우리의 뇌 속 회로에 변화가 생긴다. 그러므로 우리 각 사람은 '생각'과 '선택'을 통해 자신의 뇌를 변화시키는 신경외과 전문의가 될 수 있다. 하나님은 우리 각 사람이 자신의 뇌를 수술할 수 있도록 기획해 놓으셨다.

과학은 이처럼 뇌를 변화시키는 마음의 힘에 '후성유전학'이라는 이름을 붙여줬다. 그러나 영적으로 해석한다면 이것은 "대저 그 마음의 생각이 어떠하면 그 위인도 그러한즉"(잠언 23:7)의 현상이다. 정신 활동의 결과로 뇌가 변형되는 양상을 가리켜 과학은 신경가소성이라 일컫는다. 그러나 영적으로 해석한다면 이것은 "마음을 새롭게 함으로 변화를 받는"(로마서 12:2) 현상이다.

앞에서 후성유전학에 대해 간단하게 설명했다. 후성유전학은 우리의 '선택'이 얼마나 중요한지를 생생하게 알려주는 과학적 증거이다. 오늘 우리가 내린 결정은 우리에게 생명 혹은 죽음, 축복 혹은 저주를 가져다 줄 것이다. 심지어 그 영향력이 우리의 삶 너머에 있는 후손에게까지 미칠 것이다(신명기 30:19).

우리의 선택은 신경신호가 되어 두뇌와 신체에 변화를 가한다. 이것은 '유전'에 의한 변화가 아니라 생각과 선택에 의한 변화이다! 신경신호로 변환된 생각과 선택은 유전자의 활동을 통제한다. 생각이 일종의 스위치 역할을 하는 것이다. 그런데 여기 놀라운 사실이 있다. 그것은 신경신호가 유전자의 스위치를 올릴 때까지 유전자는 휴지休止 상태로 머문다는 것이다. 유전자에는 '잠재력'이 내재해 있다. 그러나 스위치를 올리기 전에는 그저 '잠재력'일 뿐이다. 그러므로 '유전'은 자연스레 나타나는 현상이 아니다. 신경신호에 의해 유전자가 자극될 때 비로소 발현되는 현상이다. 유전자는 피막을 벗어야만 활성화된다(2장 참조).

후성유전학은 예부터 내려오는 과학이자 영적인 진리이다

오늘날 사람들은 후성유전학을 '신'新 과학이라 부른다. 그러나 사실 이것은 성경 전역에서 발견되는 '옛' 과학이다. 가장 기초적인 수준에서 설명하자면, 후성유전학은 다음의 한 문장으로 요약될 수 있다. "당신의 생각과 선택이 두뇌와 몸, 정신 건강과 영적 상태에 영향을 끼친다"(신명기 30:19, 시편 34:11-16, 잠언 3:7-8).

그런데 '선택'의 영향력은 당신의 영·혼·육뿐 아니라 당신과 관계를 맺고 있는 다른 사람에게까지 뻗어간다. 사실 그 영향력의 파급력은 굉장하다. 당신의 선택이 수세대를 지나서까지 영향력을 발휘할 것이기 때문이다. "그러나 벌을 면제하지는 아니하고 아버지의 악행을 자손 삼사 대까지 보응하리라"(출애굽기 34:7, 그리고 출애굽기 20:1-6, 민수기 14:8, 신명기 5:9 참조).

오늘 당신이 내린 결정은 하나의 조각이 되어 뇌 속 '생각 네트워크'를 구성할 것이다. 세포 하나하나에 들어 있는 두 쌍의 염색체에는 당신의 몸을 형성하는 데 필요한 모든 유전 물질이 들어있다. 흥미로운 점은 이것이다. 당신의 두뇌 세포 한 개와 콩팥 세포 한 개에는 동일한(정확히 똑같은) DNA가 들어 있다. 그런데 왜 어떤 세포는 뇌가 되고 또 어떤 세포는 콩팥이 되는가?

자궁 속에서 아직 미성숙한 상태의 세포들이 뇌세포로 또 콩팥 세포로 상이하게 발전하는 것은 바로 후성유전 과정 때문이다. 세포 하나하나가 각각의 신체 부위로 발전하도록 이에 상응하는 적확한 유전자들이 후성유전에 의해 활성화된다. 하나님께서는 이처럼 자궁 안에서 태아가 제대로 성장할 수 있도록 적확한 후성유전 신경신호 작동을 완벽하게 디자인하셨다. "내가 너를 모태에 짓기 전에 너를 알았고"(예레미야 1:5).

생각의 영향력은 후손에게까지 미친다

현재 과학은 인간의 '생각 네트워크'가 정자와 난자의 DNA를 통해 향후 4대에까지 이어진다는 사실을 입증해주고 있다.

후성유전 신호가 유전자 발현에 영향을 미친다는 사실은 아구티쥐(라틴 아메리카에 서식하는 설치류)를 대상으로 진행한 실험에서 처음으로 입증되었다. 실험 쥐는 '아구티' 유전자를 가지고 있어서 살이 찌고 몸에 노란색 털이 나며 높은 암 발생률과 당뇨 발생률을 보인다. 만일 아구티 유전자가 사람에게 발현된다면 그에게는 비만과 2형 당뇨가 발병할 것이다.

이 실험에서 임신 직전의 아구티쥐에게 비타민B 형태의 '메틸' 그룹 영양 화학 복합물질을 주입하였다. 이러한 메틸 공여는 유전자 발현을 억제했다. 그 결과 새끼 쥐는 살이 찌지도 않았고 노란색 털이 나지도 않았다. 실험에서 알 수 있듯, 외부 신호(여기서는 메틸 영양 화학 복합물질이 외부 신호이다)에 의해 세대 간 유전 패턴이 변한 것이다.[1]

이 기념비적인 연구는 수많은 유사 연구들의 모체가 되었다. 그 중 몇몇은 사람을 대상으로 실험한 연구였는데, 음식뿐 아니라 생각에 의해서도 세대 간 유전 패턴의 변화가 가능하다는 점을 보여주었다.[2] 2003년에는 인간 후성유전 제놈 Human Epigenome, 휴먼 에피제놈 프로젝트가 시작되었다. 1970년대 생태학 분야에서 '부록'처럼 무시되었던 후성유전학이 이제는 그 분야의 중심부를 차지하게 되었다는 증거이다. 후성유전학이 관심을 받자 유전학은 생태학 분야에서 보다 더 중요한 위치로 격상되었다.3)

과학적 미스터리

후성유전학은 그동안 전통적 유전학이 설명해낼 수 없었던 과학적 신비를 풀어주었다. 이를테면 일란성 쌍둥이 중 한 명은 천식을 앓는데 다른 한 명은 천식을 앓지 않는 현상과 같은 미스터리 말이다. 일란성 쌍둥이는 동일한 제놈genome을 지니고 있다. 따라서 이론상 두 사람 다 동일한 방식으로 외부 자극에 반응해야 한다. 그러나 그들 각자가 세상을 받아들이는 방법은 다른데, 나는 이것을 '나 요인'I-factor라고 부른다. 또한 각자의 생각도 다르고 반응하는 방식이나 선택하는 능력도 상이하다. 비록 유전자는 같더라도 유전자가 발현하는 양상은 신경신호에 의해 변형될 수 있기 때문에, 상이한 선택에 따라 그들 각자의 유전자 발현도 상이하게 나타나는 것이다.

신경신호에 주된 영향을 미치는 것은 우리 주변에서 일어나는 일들과 삶의 환경에 대한 우리의 '반응'이다. 우리가 어떻게 반응하기로 선택하느냐에 따라 신경신호가 달라지고, 달라진 신경신호에 의해 유전자 발현(단백질 생성) 양상이 달라지는 것이다. 참으로 심오한 내용 아닌가? 이 사실의 적용점은 실로 광범위하다. 우리가 반응하는 방법(즉 생각하고 선택하는 행위)은 하나의 신경신호가 되어 세대를 이어 나타나는 다양한 문제들을 활성화시키기도 하고 잠재우기도 한다.

좋은 놈, 나쁜 놈, 이상한 놈

전반적으로 유전 연구가 우리에게 말하는 바는 '좋은 놈, 나쁜 놈, 이상한 놈'이 세대를 거쳐 이어진다는 것이다. 그런데 여기 주목해야 할 사실이 있다. 그것은 바로 당신의 생각이 '신호' 곧 후성유전의 주요 요인으로 작용한다는 것이다. 당신의 생각은 특정 유전자의 스위치를 올리거나 내려서 변화를 일으킨다.

앞서 말했듯이 일반적으로 유전적 특징은 세대를 거쳐 이어지지만, 당신은 선조의 부정적인 삶의 패턴을 그대로 답습할 필요가 없다. 해당 유전자의 스위치를 내리면 그만이다. 당신의 삶은 유전자로 인해 결정되지 않았다. 그러므로 선조들의 부정적인 유전자 발현을 차단시켜라. 그들의 안 좋은 삶을 답습하지 않기로 선택하라. 그렇게 부정적인 삶을 극복해내길 바란다. 이것에 대해서는 이 책의 후반부에서 설명하겠다.

이 사실을 좀 더 깊게 생각해보자. 성경은 조상의 죄가 3-4대까지 이어진다고 말한다(출애굽기 20:5, 34:7, 민수기 14:18). 이 말씀을 자칫 잘못 듣는다면, 과거 증조 또는 고조할아버지가 고백하지 않은 죄에 대해 우리가 책임을 져야 하는 것처럼 오해할 수 있다. 그러나 신명기 24장 16절과 에스겔 18장 19-20절을 읽는 동안 우리는 안도의 한숨을 내쉰다. 우리 각 사람이 각자의 죄를 담당할 뿐, 조상의 죄까지 부담하는 것은 아니라고 명백하게 말해주고 있기 때문이다.

하지만 혼란스럽다. 같은 성경인데 한쪽에서는 부모의 잘못이 자녀에게 이어진다고 하고, 또 다른 한쪽에서는 각자가 자신의 죄만 담당한다고 말하니 말이다. 이제 혼란에 종지부를 찍어보자. 주변 환경 신호에 대한 생태적 반응의 결과 신체에 변화가 나타난다. 이는 환경에 대한 인간의 반응이 후성유전을 통해 신체 변화로 이어진 결과이다. 후성유전에 의해 발현된 '특질'은 세대를 거쳐 동일하게 나타날 수 있다. 그러나 만일 당신이 신경신호를 제거해버리면 후성유전의 특질은 사라지게 된다.

같은 맥락에서 만일 당신이 어떤 신호를 첨가한다면 어떻게 될까? 예를 들어 다음과 같이 말하는 것이다. "나의 어머니는 우울증을 앓으셨어. 그래서 나에게도 우울증이 있지. 이젠 내 딸이 우울증을 앓겠군." 이렇게 말하는 순간 후성유전의 특질은 활성화된다. 문제점을 '생각'하고 '발설'하는 행위 자체가 '신경신호'로 작동하여 해당 유전자를 활성화하기 때문이다. 결국 당신이 말한 내용 그대로 또는 생각한 내용 그대로 현실이 되어버린다.

나는 수년간 진행했던 개인적 연구와 세미나 그리고 나의 삶과 가족과 친구들의 삶을 통해 이러한 일련의 과정이 수없이 반복되는 것을 목격해왔다. 만일 우리가 이 엄중한 사실을 인식하지 못한다면, 우리가 미처 깨닫지 못하는 사이, 우리의 삶은 유전의 덫에 갇히게 될 것이다. 어쩌면 당신은 전혀 계획하지 않은 삶을 살아가게 될지도 모른다. 혹시 당신이 이런 사람인가? 좌절하지는 말라. 여기 희소식이 있다. 당신은 변화될 수 있다!

경향 vs 운명

핵심은 이것이다. 조상의 죄는 '경향'을 전달할 뿐 '운명'을 전하지는 않는다. 조상들의 선택으로 인해 당신에게 어떤 '경향'이 내재한다 해도 그것은 당신의 책임이 아니다. 그러나 당신은 반드시 그러한 경향이 있음을 인식해야 하고, 진단해야 하며, 제거해내기로 선택해야 한다. 이것은 전적으로 당신의 책임이다.

유전자 안에 후성유전 특질이 내재하므로 어떤 사람은 흡연할 경향을 지니고 또 어떤 사람은 잘못된 음식을 너무 많이 섭취할 경향을 지니며 또 어떤 사람은 부정적인 태도로 일관할 경향을 지닐 수 있다. 비만 유전자가 극한 강성으로 발현될 수도 있고, 스트레스 통제 유전자의 스위치가 작동하지 않아 수명이 단축되고 삶의 질이 떨어지며 삶 가운데 평안(내면의 조화)과 행복이 사라질 수도 있다. 하지만 이러한 경향은 언제든 바뀔 수 있다. 우리 각 사람은 자신의 선택에 대해 책임을 져야 한다. 우리는 자신의 삶에 예수 그리스도의 십자가 공로를 적용해야 한다. 죄를 자백하며 회개하고, 앞으로 선택하게 될 가능성이 있는 죄의 모습을 내어버리기로 다짐해야 한다.

그뿐만이 아니다. 우리의 선택(후성유전 신호)은 유전자 발현(후성유전 표지) 방식에 변화를 줄 수 있다. 이렇게 나타난 변화는 자녀와 후손에게까지 이어진다. 그들이 아직 잉태되지 않았어도, 잠재적으로 그들에게 일종의 '경향'을 선사하는 것이다. 다시 말해, 오늘 우리의 잘못된 선택은 장차 우리의 후손이 겪게 될 부정적인 '경향'으로 전환된다.

당신이 이러한 경향을 수용하기로 선택하면, 그 경향 그대로 살아가게 될 것이다. 하지만 당신은 아무도(당신의 조상도) 탓할 수 없다. 그렇게 선택하고 살아가는 것에 대한 책임이 전적으로 당신에게 있기 때문이다. 부정적인 경향을 택하고 그대로 살겠다는 다짐은 이내 신경신호가 되어 당신을 '뚱뚱하고 노란 털로 뒤덮인' 아구티쥐로 변모시킬 것이다.

그러나 '메틸' 복합물질의 주입이 하나의 신호로 작용하여 새끼 아구티 쥐를 변형시킨 사실을 기억하라. 당신도 마찬가지이다. 긍정적인 생각 한 줄기, 암송하고 묵상한 성경말씀 하나가 신경신호로 작동할 경우 우리 몸의 유전자 발현 방식은 변화될 것이다.

당신의 마음이 만들어낸 것은 오직 당신의 마음만이 제거해낼 수 있다.

하나님의 은혜에 대한 과학적 증거

하나님의 은혜에 대한 또 다른 과학적 증거는 '해마상 융기'로 불리는 뇌의 중앙 구조물에서 발견된다. 해마 모양의 이 뇌 구조물은 외부에서 들어오는 정보를 처리하고 단기 기억을 장기 기억으로 전환한다. 또한 공간 기억력을 관장하고 스트레스 조절에 도움을 주기도 한다.

무엇보다 해마상 융기는 우리의 마음을 평안한 상태로 유지해준다. 그런데 과학자들의 관찰 결과, 충분히 사랑받는 양육 환경에서는 해마상 융기의 유전자에 아세틸 후성유전 표지 epigenetic marker 가 증가하는 것으로 나타났다. 아세틸 표지가 많으면 많을수록 해마상 융기 속에 '평안 유전자'가 더 많이 발현되고, 이로써 스트레스 완화 작용도 활발해진다. 하지만 유해한 선택은 이와 정반대의 효과를 낸다. 아세틸 표지가 줄어들고 메틸 표지가 증가하는 것이다. 해마상 융기에 메틸 표지가 증가할 경우 우리는 평안을 '덜' 체험하게 된다.[4]

메틸 표지는 유전자 발현의 스위치를 내리고, 아세틸 표지는 유전자 발현의 스위치를 올린다. 스위치를 올리고 내리는 행위는 신경신호에 기반을 둔다. 우리는 스위치를 올릴지 내릴지를 선택할 수 있다. 어떤 때는 스위치를 내려야 한다. 예를 들면 아구티쥐와 인간 실험에서 알 수 있듯, 비만 유전자의 경우 그 스위치를 내려야 한다. 반면 좋은 유전자 발현을 위한 스위치는 올려야 한다. 이를테면 해마상 융기의 스트레스 조절 유전자는 활발하게 발현하도록 그 스위치를 올려야 할 것이다. 행복, 평안, 건강의 스위치를 올려 좋은 물질을 만들어내든 근심, 걱정, 부정적인 생각의 스위치를 올려 유해한 물질을 만들어내든, 우리는 뇌 속 물질을 변화시키게 된다.

뇌는 일생 동안 재조직된다

1930년, 스페인의 과학자 산티아고 라몬 이 카할은 '신경회로는 고정되어 있고 변하지 않는다'는 내용으로 논문을 발표했다.[5] 그러나 오늘날 수많은 과학자들은 뇌가 일생 동안 재조직된다는 사실을 알고 있다.

우리의 뇌는 스스로 그 자체의 구조와 기능을 바꿀 수 있다. 이처럼 뇌는 참으로 놀라운 능력을 지니고 있다. 심지어 '정신적 경험' 하나만으로도 뇌의 구조와 기능이 바뀔 수 있다. 이것은 골치 아픈 문젯거리에만 집중하느라 끊임없이 뇌의 상태가 나빠진 경우에도 그 문제를 제거하는 방법만 안다면 얼마든지 호전될 수 있다는 뜻이다.[6]

신경가소성의 역설

신경가소성은 우리에게 득이 되기도 하지만, 해가 될 수도 있다. 왜냐하면 무엇을 생각하든 우리의 뇌가 그것을 그대로 반영하기 때문이다.

● 뇌 속 구조 ●

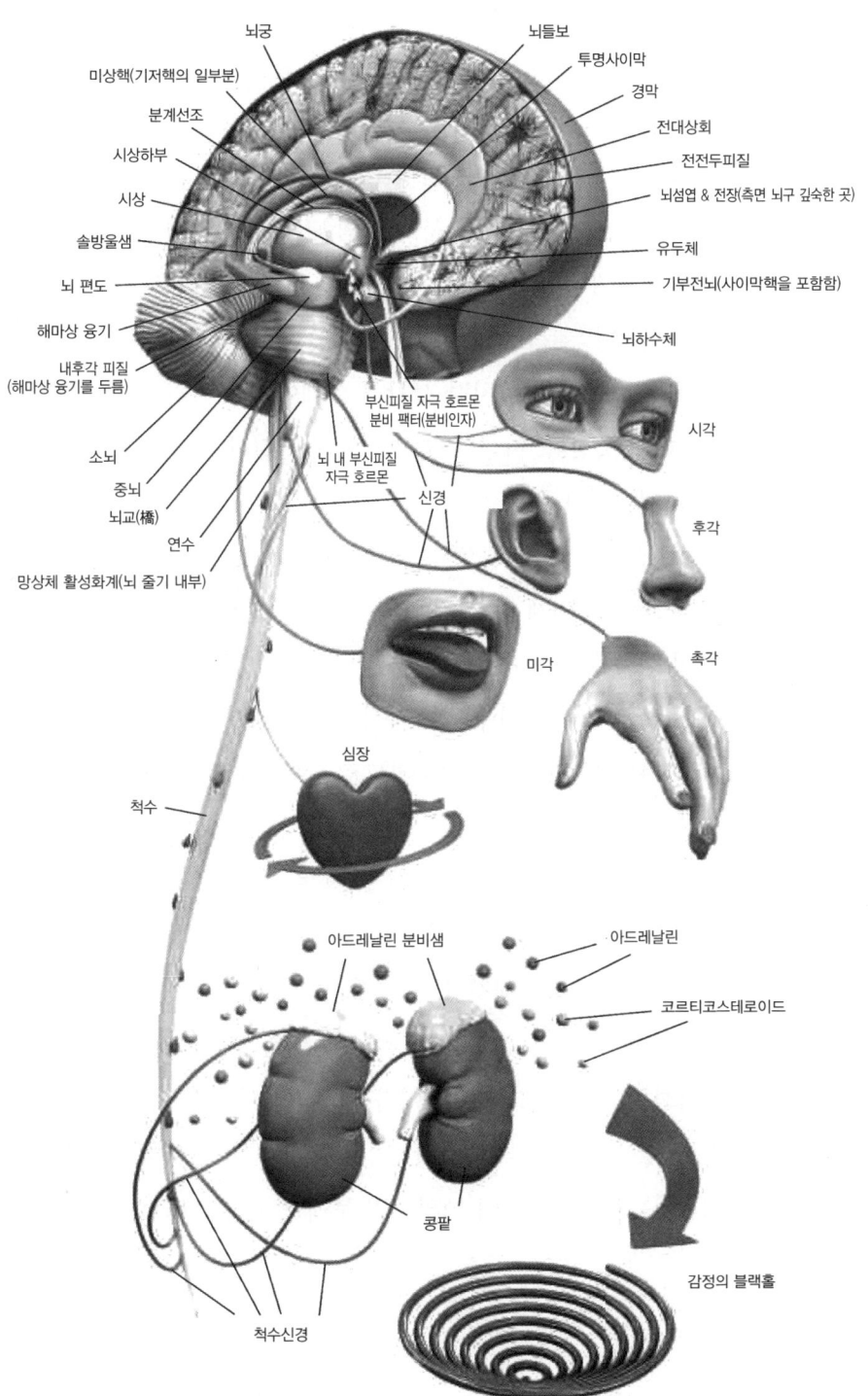

스펙트럼은 매우 넓어 양 극단에 위치한 긍정적·부정적인 생각을 모두 아우른다.

외상 후 스트레스 장애PTSD를 앓는 환자를 보자. 이 경우 뇌의 신경가소성이 그의 삶에 해를 끼치는 방향으로 작용한 것이라고 볼 수 있다. 충격적인 사건을 체험한 후 대부분의 사람(환자)은 기존에 인식했던 삶의 의미를 송두리째 바꿔버린다. 이때 뇌의 신경가소성으로 인해 두뇌의 구조가 변질된다. 참사의 기억이 지속되는 기간 내내 환자는 평안한 상태를 유지하지 못한다. 이처럼 불안한 상태에서 생각하기 때문에 올바르게 대응하지 못한다. 자신의 생각을 유해 물질이 뒤엉킨 '쓰레기 처리장' 속으로 계속해서 몰아갈 뿐이다.

머릿속으로 사건을 반복 재생하는 동안 그때의 기억은 마음 속 더 깊은 곳으로 파고든다. 이제 그 사건은 뇌 속에서 '필터'의 역할을 개시한다. 긍정적인 생각을 걸러내며 정상적인 뇌기능을 방해하는 것이다.[7] 문득문득 떠오르는 기억들, 하루에도 수십 차례 떠오르는 나쁜 기억들은 부정적인 신경회로를 견고하게 구축하므로 상황을 더욱 악화시킨다.

마음을 새롭게 하는 일에 신경가소성을 활용하라

어떻게 해야 이 문제를 해결할 수 있을까? 이 책의 후반부에서 해당 사항을 깊이 다룰 것이다. 그리고 8장에서는 간단한 설명과 함께 나의 이론을 도식화한 차트를 곁들일 것이다. 나는 이 이론에 '측지(곡면 위의 두 점을 잇는 최단선. 직선 개념을 곡면에 적용한 것 – 역주) 정보처리 과정 이론'[8]이라는 이름을 붙였다. 이 책의 후반부에서 제시할 해결책은 이 이론에 기반을 두고 있다.

　신경가소성을 올바르게 적용하는 방법은 (빌립보서 4장 8절의 말씀처럼) 긍정적인 생각을 품은 채로 다시금 그 사건에 접근하는 것이다. "끝으로 형제들아 무엇에든지 참되며 무엇에든지 경건하며 무엇에든지 옳으며 무엇에든지 정결하며 무엇에든지 사랑 받을 만하며 무엇에든지 칭찬 받을 만하며 무슨 덕이 있든지 무슨 기림이 있든지 이것들을 생각하라"(빌립보서 4:8).

　환자는 참사가 일어났던 당시의 기억을 '의식의 장소'로 가져가야 한다. 이때 (기독교인의 경우) 성령의 인도하심을 받을 수 있다면 더 좋다. 의식 영역에서 과거의 기억은 가소성을 띤다. 즉, 기억의 물질적(단단한) 성질이 약해지고 전성(늘어나는 성질)이 증가한다는 뜻이다. 의식 영역에서는 기억을 변형시킬 수 있다! 기억이 가소성을 띨 때, 머릿속에 있는 그 충격적인 기억을 하나님의 말씀으로 치환해야 한다. 이는 하나님의 말씀이 영혼을 살려내기 때문이다(야고보서 1:21).

　이제 환자는 '창문 밖에 서 있는' 제3자의 입장이 되어 자신의 뇌를 들여다보게 된다. 그것은 참혹한 사건의 유해한 기억들이 점차 사그라지는 광경이다. 그리고 이와 동시에 새롭고 건강한 경험들이 자라나는 진풍경도 관찰하게 된다. 매일매일 이 과정을 반복한다면, 건강하고 새로운 생각들이 점점 더 많이 자라나 마음속 깊은 곳에까지 뻗어나갈 것이다.

　참사 기억의 반복 재생을 중단하여 부정적인 신호가 전달되지 않을 경우, 뉴런들은 건강하게 반응한다. 게다가 이들 건강한 뉴런은 참사에 연결되어 있는 부정적인 감정들을 공격하고 뽑아내고 파괴해버린다. 옥

시토신(화학물질들을 결합, 재결합하는 역할), 도파민(집중력을 높여줌), 세로토닌(평안과 행복의 감정을 증진시켜줌)과 같은 화학 물질은 참사와 연계된 부정적 기억의 주변부로 흐르기 시작하여 부정적인 감정을 하나씩 제거해나간다.

이 모든 과정은 부정적인 감정에 연계된 뉴런들을 비활성화하고 또 이들을 분리해내는 데 도움을 준다. 만일 부정적 감정에 연계된 뉴런들이 모두 비활성화되면 우리의 뇌신경은 더 이상 부정적인 생각에 접속하지 않을 것이다. 이러한 과정을 통해 과거의 신경연결고리들은 제거되고 새로운 연결고리들이 만들어진다.

이 과정의 실용적 측면은 책의 후반부에서 설명하겠다.

과학이 전하는 격려

과학은 신경가소성에 대해 우리가 신뢰할 만한 긍정적인 증거를 더 많이 제시해주었다. 보편주의자들(18세기 미국에서 일어난 종교사상. 보편 구원설을 믿음-역주)의 경우 인간은 정해진 연령대에 논리와 언어를 습득한다고 믿었다. 만일 당신이 그 연령기를 지나도록 논리와 언어를 체득하지 못하면 이후로도 당신은 그것을 절대 배울 수가 없다. 이것이 그들이 가졌던 믿음 체계이다. 그러나 가소성 연구는 그들의 믿음이 잘못되었음을 증명해주었다.[9]

일례로 언어 학습 장애를 앓는 사람이 뇌의 신경회로를 새롭게 한 경우 말소리를 더욱 정확하게 인식해낼 수 있었다.[10] 내가 보살폈던 환자 중에도 이와 비슷한 변화를 나타낸 사람이 있었다. 뇌손상을 입어 학습

장애와 정서장애를 모두 앓았던 그에게서 긍정적인 변화가 나타난 것이다. 또 나와 함께 일했던 여러 교사들과 학생들도 변화를 보였다. 이들 모두는 '뇌의 스위치를 켜라'Switch On Your Brain 훈련을 시행한 후 눈에 띄는 변화를 나타냈다.[11]

미디어는 과학적 발견에 대한 부정확한 해석을 늘어놓는다. 당신의 뇌가 x라는 기능을 수행하므로 당신 역시 x를 행하게 될 것이라는 가설을 정설인 것처럼 큰 소리로 떠벌린다. 마치 당신의 의지는 온데간데없이 사라지고 없는 것처럼 말이다. 이것은 잘못된 이야기이다. "당신의 뇌가 당신을 정의해준다"라는 말을 믿을 경우, 자유의지는 설 자리를 잃어버린다.

사실은 이와 정반대이다. 뇌가 마음속의 생각을 바꾸는 것이 아니라 활발한 마음의 생각이 능동적으로 작동하여 두뇌를 변화시키는 것이다. 뇌는 수동적으로 존재하는 신체의 일부이다. 생각하는 동안 우리는 다양한 패턴 혹은 다양한 방법의 여러 가지 조합으로 두뇌를 움직인다. 그렇게 뇌가 회전하는 동안 뇌는 변화된다. 우리가 뇌를 변화시키는 것이다. 후성유전 연구를 통해 우리는 생활 습관이나 환경이 유전자 발현 방법에 변화를 준다는 사실을 알게 되었다. 그리고 이 분야에 관한 연구의 증거들은 우리가 뇌에 의해 통제되지 않는다는 사실을 지지하고 있다.[12]

한 사람의 뇌가 하루 동안 생성해내는 에너지(전자 파동)의 총량은 지구상의 모든 휴대전화기에 사용되는 1일 에너지의 총량보다 훨씬 더 많다.[13] 이처럼 우리에겐 변화를 일으킬 만한 동력이 충분하다. 우리가 가진 것은 두려운 마음이 아니라 사랑과 능력과 올바른 생각이다(디모데후서 1:7). 초기화된 우리의 마음(지식, 의지, 감정 등이 자리하는 우리의 혼)은 긍정적인 능력으로 가득하다. 우리의 마음은 강하다. 우리의 마음은 사랑의 원칙에 의해 움직인다.

미디어든, 의약계 전문가이든, 혹은 다른 어떤 사람이든 이 사실에 위배되는 말로 당신을 속이지 못하게 하라. 부정적이고 유해한 삶을 변화시킬 능력이 당신의 마음에 내재되어 있다. 심지어 당신의 마음은 이 세상을 변화시킬 수도 있다. 변화, 이것이야 말로 신경가소성의 처음과 끝이다. 신경가소성은 우리 스스로가 마음을 새롭게 할 수 있도록 하나님께서 우리 안에 만들어두신 선물이다.

인식이 중요하다

환경을 어떻게 인식하는지, 또 어떻게 환경을 조성하는지에 따라 우리의 몸은 물론 우리의 삶도 변화될 것이다. 그러므로 당신의 '인식'에 변화가 생긴다면 당신의 '생태'에도 변화가 일어날 것이다. 당신은 자신의 삶을 다스리는 사람이지, 인생에 끌려 다니는 희생자가 아니다. 하지만 그리스도 없이 자신의 삶을 다스려서는 안 된다. 기억하라. 그리스도가 포도나무이기에 가지인 우리는 그에게 접붙임 되어야 성장할 수 있다(요한복음 15:5).

'자립 산업'$_{\text{self help}}$(심리학에 기반을 두고 목표설정, 시간관리, 리더십 등의 영역에서 자기계발, 자아실현, 개인성장 등을 유도하는 산업 - 역주)은 현재 수십억 달러의 규모를 자랑하지만, 이 수준을 계속 유지하기는 어려울 것이다.[14] 왜냐하면 이 산업에는 성공과 변화에 꼭 필요한 기본 요소들이 결여되어 있기 때문이다.

첫째, 이들이 가르치는 '자립'은 '포도나무'에 연결되는 것이 아니다. 이 산업을 이끄는 실용주의자들은 성공의 근원이신 하나님을 배제한 채, 어떻게 하면 성공하는 삶을 살 수 있는지 가르치려 한다. 둘째, 그들의 조언은 모토 motto 로 선포되고 시각화되기도 하지만, 사람들의 마음에 와 닿지는 않는다. 왜냐하면 사람들의 마음을 살핀 조언이 아니기 때문이다. 그들이 '말한 것'과 사람들이 실제로 '믿는 것' 사이, 혹은 그들의 '말'과 사람들의 마음속 깊은 '감정' 사이에는 단절이 있다. 이것을 가리켜 인식의 부조화라고 한다. 셋째, 실제 행동으로 이어지는 조언이 거의 없다. 영적으로나 과학적으로 볼 때, 무언가를 행동으로 옮기려면 '변화'가 선행되어야 한다.

긍정적 자기 암시, 또는 자기 긍정의 부정적인 효과도 연구되었다. 자존감이 낮은 사람이 긍정적 자기 암시를 수차례 시행했으나 상태가 더 악화된 경우도 있었다.[15] 부디 당신은 이러한 통계 수치에 들어가지 않기를 바란다.

세상은 "뇌가 당신의 생각을 지배한다"라고 말할는지도 모른다. 그러나 하나님께서는 정반대의 말씀을 전하신다. "뇌는 마음(생각)의 명령을 따른다." 성령의 인도하심에 따라 당신의 영이 당신의 혼을 통제할 때, '생각'의 황금률이 이뤄진다. 이러한 입장은 전통적인 견해를 뒤집는다. 전통적인 견해에 의하면, 인간은 때때로 부품을 갈아 끼워야 하고 화학물질을 주입해줘야 하는 기계와 같다. 그러나 사실은 그렇지 않다. 당신은 자유의지를 활용하여 '선택'할 수 있다. 선택은 실제적이다. 선택은 뇌 속 화학물질의 변화, 신경회로의 기능에 영향을 미친다.

현재 과학자들은 인간 '존재'와 '자기 내면 인식' 사이의 연관성, 존재와 '자기 집단 이해', 그리고 존재와 '신(神)에 대한 인식' 사이의 연관성을 연구하며 이것이 두뇌 활동에 엄청난 영향을 미친다는 사실을 밝히고 있다.[16] 매일 매 순간 당신은 '앞으로 내가 어떤 사람이 될지'를 선택하게 된다. 그리고 이러한 선택은 당신이 쌓아가는 생각의 네트워크 속에 담기게 된다. 이 과정이 진행되는 동안 성경의 가르침이 뼈대가 되고 뒷받침이 되고 기초 골격을 이뤄야만 한다. 성경이 깊이 침투해야 한다. 하나님이 창조하신 본연의 모습대로 자아상을 확립해 나아갈 때, 오직 성경의 가르침만이 유일한 토대를 이루어야 한다.

지금까지의 나의 삶을 살펴볼 때, 나의 영성이 나의 과학 지식에 정보를 제공해왔다. 여호수아 1장 8절 말씀처럼, 지혜와 명철과 통찰은 하나님의 말씀을 '묵상'할 때 나타난다(기계적인 방법으로 성경 정보를 공부할 때가 아닌 말씀을 '묵상'할 때임을 주의하기 바란다). 나는 하나님의 말씀의 진리 위에 내가 살아가는 세상을 조각하기 원한다. 왜냐하면 나는 과학자이자 신앙인으로서, 우리가 '생각'에 집중하고 '마음'에 주의를 기울일 때 변화가 일어난다는 사실을 알고 있기 때문이다.

당신은 변화의 능력을 가지고 있다

유전자 발현 양상이 당신의 존재를 규정짓지 못한다. 당신이 어떻게 살아가는가, 당신이 속한 문화는 어떠한가, 당신이 어떤 환경 속에서 살아가고, 어떤 믿음을 갖고 있고, 당신의 주변 사람들은 어떤 믿음을 갖고 있고, 당신이 그들과 어떻게 교제하고, 당신이 어떻게 믿음을 키워나가고, 당신이 당면한 문제는 무엇인가 등의 모든 요소로 인해 당신이 어떤 생각에 집중하는지 또 어떤 일에 관심을 기울이는지가 달라진다. 게다가 이 모든 요소는 당신의 몸속에서 일어나는 단백질 합성 과정과 체내 효소의 활동 그리고 신경 물질의 작용에도 영향을 미친다.

만일 자신이 생각을 바꿀 능력이나 선택을 제어할 능력이 없다고 믿는다면, 당신은 절대 그렇게 할 수 없다.

당신 스스로 뇌수술을 시행하기 원하는가? 신경가소성에 의지하여 유해한 생각을 멈추고 마음을 새롭게 하기 원하는가? 그런데 이러한 일은 정기적인 두뇌 훈련으로만 가능하다. 변화란 지속성과 끈질김을 통해 일어나기 때문이다. '자유로이 흘러가는' 생각에 수시로 제동을 걸어 간섭하기 시작할 때 우리의 뇌는 물리적·화학적·구조적·기능적 변화를 나타낼 것이다. 습관 개선과 정신 훈련만큼 우리의 뇌에 효과적이고 집중적인 변화를 일으키는 방법은 없다.

당신은 일단의 질병(이를테면 심혈관계 질환이나 당뇨, 천식 등)이 심리사회적 요인에 의해 좌우된다는 사실을 알고 있는가? 주변 환경에서 일어나는 일이 심리(생각) 속으로 파고들어 우리의 뇌를 변화시키고, 변화된 뇌가 우리의 몸에 영향을 끼친다. 그러므로 하나님의 말씀에 담긴 교훈을 주목하는 것은 매우 중요하다. 하나님께서는 '신경가소성'이 우리의 삶에 유익하거나 해로운 영향을 끼치도록 디자인해 놓으셨다. 이 사실을 아는 지식이 우리의 삶을 '더 나은 방향'으로 이끌 수 있기를 기대한다.

• 요약 •

1. '생각'과 '상상'과 '선택'은 각 단계의 뇌의 구조와 기능을 변화시키는 요소이다. 분자 단계, 유전자 단계, 후성유전 단계, 세포구성 단계, 뇌 구조 단계, 신경화학 단계, 전자기 단계, 그리고 원자보다 작은 아원자 단계까지 생각의 영향이 미친다. 우리 각 사람은 '생각'과 '선택'을 통해 자신의 뇌를 변화시키는 신경외과 전문의가 될 수 있다. 하나님은 우리 스스로가 자신의 뇌를 수술할 수 있도록 창조하셨다.

2. 우리의 선택은 신경신호가 되어 뇌와 신체에 변화를 가한다. 이러한 변화가 꼭 '유전자'에 의해 발생하는 것은 아니다.

3. 후성유전학은 '신新 과학'이라 불린다. 그러나 사실 이것은 성경 전역에서 발견되는 '옛 과학'일 뿐이다. 간단히 설명하면 후성유전학은 "당신의 생각과 선택이 두뇌와 몸, 정신 건강과 영적 상태에 영향을 끼친다"는 것이다.

4. 선택은 당신의 영·혼·육뿐 아니라 당신과 관계를 맺고 있는 다른 사람의 삶에도 영향력을 행사한다. 사실, 영향력의 강도는 더 깊다. 수세대 후손까지 그 영향을 받기 때문이다.

5. 아구티쥐를 대상으로 진행한 기념비적 연구는 수많은 유사 연구들의 모체가 되었다. 그 중 몇몇은 사람을 대상으로 진행한 연구였는데, 음식뿐 아니라 생각에 의해서도 세대 간 유전 패턴의 변화가 가능하다는 사실을 보여주었다.

6. 종합적으로 살펴볼 때, 이러한 연구가 우리에게 말하는 바는 '좋은 놈, 나쁜 놈, 이상한 놈'은 세대를 거쳐 이어진다는 것이다. 그런데 여기서 주목할 사실은 당신의 생각이 '신호' 곧 후성유전의 주요 요인으로 작용한다는 것이다. 당신의 생각이 특정 유전자의 스위치를 올리거나 내린다.

7. 당신은 선조의 부정적인 삶의 패턴을 그대로 답습할 필요가 없다. 해당 유전자의 스위치를 내리면 그만이다. 그렇다. 당신의 삶은 유전자로 인

해 운명 지어진 삶이 아니다. 선조로부터 이어져 내려오는 부정적 유전자의 발현을 차단시키기로 선택하라. 그렇게 부정적인 삶을 극복하라. 구체적인 방법은 이 책의 후반부에서 설명할 것이다.

8. 주변 환경 신호에 대한 생태 반응의 결과, 후성유전을 통해 우리의 신체에 변화가 나타난다. 이처럼 후성유전에 의해 발현된 '특질(표지)'은 세대를 거쳐 유전된다. 그러나 당신이 신호를 제거해버리면 후성유전 표지는 사라지게 된다. 이와 같은 맥락에서 당신이 어떤 신호를 첨가한다면 후성유전 표지는 활성화될 것이다.

9. 핵심은 이것이다. 조상의 죄는 '경향'을 전달할 뿐 '운명'을 전하지 않는다. 조상들의 잘못된 선택으로 인해 당신에게 부정적인 '경향'이 내재한다 해도 그것은 당신의 책임이 아니다. 그러나 당신은 반드시 그러한 경향을 인식해야 하고, 진단해야 하며, 제거해내기로 선택해야 한다. 이것은 전적으로 당신의 책임이다.

10. 유해한 선택은 해마상 융기의 유전자를 활성화시켜 스트레스를 조절하지 못하게 만든다.

11. 현대 과학자들은 인간의 뇌가 일생 동안 재조직된다는 사실을 알고 있다. 우리에겐 뇌의 구조와 기능을 바꿀 수 있는 놀라운 능력이 있다. 심지어 '정신적 경험' 하나만으로도 뇌의 구조와 기능은 얼마든지 바뀔 수 있다.

12. 신경가소성('생각'에 대한 반응으로 뇌가 변하는 성질)은 우리에게 득이 되기도 하지만 해가 될 수도 있다. 왜냐하면 무엇을 생각하든 우리의 뇌가 그것을 있는 그대로 반영하기 때문이다. 스펙트럼은 매우 넓어서 양극단에 위치한 긍정적인 생각과 부정적인 생각을 모두 아우른다.

13. 환경을 어떻게 인식하는지 그리고 어떻게 환경을 조성하는지에 따라 우리의 몸은 물론 우리의 삶도 변화될 것이다. 그러므로 '인식'에 변화를 일으킨다면 당신의 '생태'에도 변화가 일어날 수 있다. 당신은 자신의 삶을 다스리는 사람이지, 인생에 끌려 다니는 희생자가 아니다.

4장
생각을 사로잡으라

> **중심 성구** 하나님 아는 것을 대적하여 높아진 것을 다 무너뜨리고 모든 생각을 사로잡아 그리스도에게 복종하게 하니 (고린도후서 10:5)
>
> **연관 과학 지식** 악한 생각을 사로잡아 그리스도께 복종하려는 의도로 자신의 생각을 객관적인 시각으로 관찰할 때, 당신은 뇌의 부정적인 영향력을 효과적으로 제거할 수 있다. 또한 뇌 속에 신선하고 건강한 신경회로를 구축할 수 있다.

마음을 잠잠하게 하고 현재 하는 일에 집중하며 생각을 사로잡고 주의를 흐트러뜨리는 방해요인을 제거하는 능력은 하나님께서 우리에게 선사하신 최고의 선물이다. 이것은 우리의 삶에 '꼭 필요한' 능력이다. 감사하게도 이 능력은 우리 안에 '내재'해 있다. 하지만 안타깝게도 이 땅을 살아가는 바쁜 현대인들은 이러한 능력 없이 살도록 교육받았다. 그래서 이 귀한 능력을 제대로 활용하지 못한다.

이 능력이 '내재'해 있다고 말하는 이유는 그것이 뇌의 설계 속에 들어 있기 때문이다. 이 능력 덕택에 우리는 혼란스럽고 사악한 생각들을 사로잡아 올바른 방향으로 교정할 수 있다. 이 능력이 '꼭 필요하다'라고 말하는 이유는 이것을 활용하여 자신의 영혼을 잠잠하게 할 수 있기 때문이다.

생각을 사로잡는 일에 집중하여 영혼의 평안을 누리는 동안, 우리는 하나님께 초점을 맞추고 그분의 음성을 들을 수 있다. 또한 하나님과의 연합을 새롭게 체험할 수 있다. 과거에는 '하나님과의 단절', '하나님으로부터의 독립'이 우리와 하나님과의 관계를 정의해주었다면 '하나님과의 연합', '하나님께 의존'으로의 변화를 경험하게 된다는 뜻이다.

1970년대에 발표된 한 연구 결과에 의하면, 훈련을 통해 생각을 사로잡는 것이 생각을 자유분방하게 두는 것보다 감각능력, 인지능력에 훨씬 더 인상적인 변화를 주는 것으로 나타났다. 이러한 변화는 신경 체계에서 뿐만 아니라 인식과 감정의 기능 면에서도 뚜렷하게 나타났다.[1] 내가 시도했던 연구 역시 이와 동일한 결과를 피력한다. 통제되고 집중된 생각은 인식 기능 향상 및 균형 잡힌 감정의 발전으로 이어졌다.[2]

부담으로부터의 자유

생각을 훈련하고 통제하는 것은 이 세상의 짐을 벗고 자신을 해방시키는 첫걸음이다. 혹 이 세상의 짐을 반드시 져야만 하는 상황이라도 인생을 즐기기 원한다면 무엇보다 먼저 생각을 훈련하고 통제해야 한다. 이렇든 저렇든 생각의 훈련은 필수이다.

악한 생각을 사로잡아 그리스도께 복종시키려는 의도로 자신의 생각을 제3자의 입장에서 관찰할 때, 당신은 뇌의 부정적인 영향을 멈출 수 있다. 또한 뇌 속에 신선하고 건강한 신경회로를 구축할 수 있다. 고린도후서 10장 3-5절은 이 사실을 확실한 논조로 이야기한다. "우리가 육신으로 행하나 육신에 따라 싸우지 아니하노니 우리의 싸우는 무기는 육신에 속한 것이 아니요 오직 어떤 견고한 진도 무너뜨리는 하나님의 능력이라 모든 이론을 무너뜨리며 하나님 아는 것을 대적하여 높아진 것을 다 무너뜨리고 모든 생각을 사로잡아 그리스도에게 복종하게 하니."

또 잠언 4장 20-22절에 담긴 현자賢者의 충고를 들어보라. "내 아들아 내 말에 주의하며 내가 말하는 것에 네 귀를 기울이라 그것을 네 눈에서 떠나게 하지 말며 네 마음속에 지키라 그것은 얻는 자에게 생명이 되며 그의 온 육체의 건강이 됨이니라."

생각을 사로잡는 일에 성공하려면 무엇보다 먼저 '하나님의 길'에 초점을 맞춰야 한다. 이 세상이 제안하는 여러 갈래길에 집중해서는 안 된다. 과학은 우리가 예수님의 가르침을 묵상할 때 뇌 속에 신선하고 건강한 회로가 재건된다는 사실을 입증하고 있다.

생각을 사로잡는 일은 유익하다

올바르게 집중하기로 결심한다면, 당신은 분명 물질계를 변화시킬 것이다. 당신의 뇌는 물론 당신의 몸 역시 건강하게 변화된다. 굳게 마음먹고 생각을 사로잡아 훈련할 경우, 당신은 뇌의 감각처리 과정, 뇌 속의 신경회로 구축 과정, 신경전달물질의 흐름, 유전자 발현, 세포 활동 등을 긍정적인 방향으로 조종할 수 있게 된다(반대로 부정적인 방향으로도 조종할 수 있다. 어떤 방향으로 통제할지는 당신의 선택에 달렸다).

생각을 사로잡아 훈련하는 일의 유익은 70년대 혹은 80년대의 과학자들이 상상했던 것보다 훨씬 더 크다. 내가 담당한 환자 중 성공적 치료 사례로 꼽을 수 있는 사람들을 살펴보면, 주의를 집중하여 생각을 사로잡기 시작한 때부터 그들의 치유가 성공의 길로 들어서게 되었음을 알 수 있었다.

치료 기간 동안 그들은 다음과 같은 부정적인 생각들을 사로잡아 제거해나갔다. "나는 할 수 없어." "너무 어려워." "전에도 이런 일은 불가능했지." "나는 그리 똑똑하지 않아." 이러한 부정적인 생각을 사로잡는 일은 엄청난 유익을 선사한다. 정말 그 유익은 아무리 강조해도 지나치지 않다! 반면, 이러한 생각들을 사로잡지 못할 경우 우리의 '정신'은 좌절과 혼란의 악순환을 경험하게 된다.

지킬 박사와 하이드

'프리온 단백질'로 불리는 물질이 '지킬 박사와 하이드'처럼 작용한다는 흥미로운 연구 결과가 발표되었다. 지킬 박사와 하이드 이야기는 선한 사람 속에 악한 면모가 숨어 있다는 은유로 언급되곤 한다. 접힌 상태의 프리온 단백질(단백질은 아미노산의 선형 복합체이지만, 대부분의 경우 선형 사슬 구조로 존재하지 않고 접힌 형태로 존재한다. 이를 '단백질 접힘' protein folding 이라 한다 – 역주)은 퇴행성 신경질환의 주범이다. 이러한 질환은 '광우병'과 같은 끔찍한 증상으로 발전할 수 있다.

그런데 오늘날 과학자들은 뇌의 시냅스 안에 엄청난 양의 프리온 단백질이 있다는 사실을 발견했다. 시냅스는 신경세포 사이의 접촉점으로서 하나의 신경세포에서 다른 신경세포로 신경신호가 전달되는 통로 역할을 한다. 프리온 단백질은 '장기 기억' 또는 '자가 유지 기억'의 생성을 돕는 것으로 밝혀졌다. 또한 프리온 단백질은 뇌의 신경가소성에도 기여한다. 앞에서 살펴본 바, 우리가 무언가를 생각하고 배우는 동안 우리의 뇌 안에서는 '변화'와 '재구축'의 과정이 반복되는데, 이러한 성질을 가리켜 '신경가소성'이라고 한다. 그리고 마지막으로 프리온 단백질은 신경발생neurogenesis (새로운 신경세포의 생성)에도 관여한다.[3]

내가 말하고자 하는 바는 프리온 단백질은 '좋은' 신경신호에 반응하여 놀라운 기능을 발휘하고, '나쁜' 신경신호에 반응하여 우리 몸에 해악을 끼친다는 것이다. 기억하라. 불안, 근심, 두려움과 연관된 온갖 종류의 유해한 감정들을 사로잡지 못할 경우, 부정적인 생각으로 무질서해진 마음은 나쁜 신경신호를 생성할 수밖에 없다.

악순환의 또 다른 예

스트레스는 우울증과 심장 질환의 연관성을 설명해주는 핵심요소이다. 연구 결과, 심장병 환자의 40-60퍼센트가 우울증을 앓았던 것으로 조사되었다. 그리고 우울증을 앓는 환자 중 30-50퍼센트가 심장병에 걸릴 위험이 큰 것으로 나타났다.[4]

부정적이고 유해한 생각을 사로잡지도 않고 멈추지도 않는 것은 결국 뇌에 유해한 물질이 잠입하도록 내버려두는 것과 같다. 부정적인 생각은 결국 '우울한 생각'으로 변모되는데, 이때 우리의 몸은 스트레스 2단계로 돌입하게 된다. 스트레스에 대한 반응으로 우리 몸은 면역시스템을 가동하여 시토킨이라 불리는 혈중 단백질을 생성해낸다. 그리고 시토킨 단백질 중 하나인 인터루킨-6도 생성되는데, 이 단백질은 스트레스로부터 뇌와 몸을 보호하기 위해 우리 몸의 면역체계가 '염증성' 반응을 보인 결과이다. 그런데 이 상태에서 스트레스를 조절하지 않으면 우리의 몸은 스트레스 3단계에 돌입하고, 시간이 흐르면서 혈중 염증양이 증가하기 때문에 동맥경화 및 심혈관계 질환이 나타나기 시작한다.

이 모든 현상은 결국 부정적이고 유해한 생각들을 사로잡지 못한 데에서 기인한다. 위에 제시한 예는 스트레스로 인한 여러 가지 질병 중 한 가지 질환의 발전 과정일 뿐이다. 사실, 이 악순환을 저지하지 못할 경우 우리가 겪게 될 연관 질환은 셀 수 없이 많다. 최근 진행되었던 흥미로운 연구가 이 사실을 뒷받침해 준다. 평소 조현병 및 여타의 신경정신질환에 취약성을 보이던 환자가 스트레스 통제법을 배운 후엔 이러한 비정상적 경향의 강도가 줄어들었다.[5] 역으로 생각하면, 스트레스가 신경정신장애에도 기여하는 셈이다.

하루에 5-16분 정도면 충분하다

뇌의 전두엽은 우리가 이 세상을 살아가는 데 필요한 거의 모든 뇌기능을 담당한다. 그런데 하루에 5-16분 정도 묵상하며 부정적인 생각을 사로잡아 제거하는 데 집중하면 뇌의 전두엽 부분이 개선된다는 연구 결과가 있다.[6] 게다가 연구 결과, 그 동일한 시간 동안 고도의 집중을 통해 생각과 묵상을 시행할 경우 행복한 삶으로의 변화 가능성도 높아지는 것으로 나타났다.

하나님은 우리에게 강한 정신과 건강한 마음을 선사하셨다. 부정적인 생각을 사로잡기로 결단하는 것은 우리의 '마음'이 나아갈 방향을 정하는 것과 같다. 이후 하나님께서는 우리를 위해 '생각 지침'thought project을 세워주실 것이고, 그 지침대로 따라가다 보면 어느새 우리 삶에 균형(조화)이 회복될 것이다. 그러나 하나님께서 지침을 세우시도록 허락해드리지 않으면, 분명 원수가 개입하여 당신의 생각을 사로잡아갈 것이고 삶의 균형도 무너뜨릴 것이다.

하나님께서는 우리 뇌의 전두엽이 하나님의 '생각 지침'을 따르도록 디자인해 두셨다. 유진 피터슨의 성경역본인 《메시지》The Message 성경으로 고린도후서 10장 5절을 읽으면 이 사실이 더욱 부각되는 것을 알 수 있다. "우리는 하나님의 강력한 도구를 사용하여 뒤틀린 철학을 분쇄하고, 하나님의 진리를 가로막기 위해 세워진 장벽들을 허물고, 모든 흐트러진 생각과 감정과 충동을 그리스도께서 조성하신 삶의 구조에 맞게 변화시킵니다. 우리의 도구는 모든 방해의 원인을 제거하고, 성숙에 이르는 순종의 삶을 세우는 데 즉시 쓸 수 있도록 준비된 도구입니다."

정상적인 상태가 완벽한 상태이다

우리가 '하나님의 형상'(창세기 1:26)대로 빚어졌고 '그리스도의 마음'(고린도전서 2:16)을 소유했기 때문에 우리의 정상적인 모습은 '완벽함'이어야 한다.

과학은 우리가 '사랑에만 반응하는' 존재임을 밝혀내고 있다. 반면, 모든 유해성과 결부된 '두려움'은 정상이 아니라는 사실도 입증되고 있다. 하나님의 형상대로 빚어진 우리의 본연은 '낙관론'이고 '건강한 생각'이며 '긍정적인 태도'이다.

  우리에겐 하나님이 선사하신 자유가 있다. 우리는 자유의지를 발동하여 선과 악을 선택할 수 있다. 그러나 선악 간의 선택에는 반드시 조건이 따라붙는다. "내가 오늘 하늘과 땅을 불러 너희에게 증거를 삼노라 내가 생명과 사망과 복과 저주를 네 앞에 두었은즉 너와 네 자손이 살기 위하여 생명을 택하고"(신명기 30:19). 우리의 뇌를 들여다보면 이 말씀이 생생하게 작동하는 양상을 살필 수 있다. 만일 유해한 것을 선택한다면, 홍수처럼 밀려오는 부정적인 생각을 통제하지 못할 것이다. 이에 뇌의 신경회로는 왜곡될 것이며, 그 결과 뇌의 정상적인 기능이 와해된다.

  하나님께서는 우리 각 사람이 자신의 생각을 제3자의 입장에서 객관적으로 관찰할 수 있도록 디자인하셨다. 그리고 부정적인 생각을 사로잡아 제거할 능력도 부여해주셨다. 부정적인 생각을 사로잡고 근절해내는 일의 중요성은 절대 간과할 수 없다. 정신질환이나 심리질환의 대다수가 환경적·유전적 요인보다는 우리의 '생각 습관'에 기인한다는 연구 결과가 있다.[7]

  마음을 단련하지 않으면, 그 속에 근심과 두려움과 왜곡된 인식들이 끊임없이 유입된다. 이러한 생각들은 우리의 마음과 몸 안에서 '퇴행'을 촉발할 것이다. 우리는 모든 생각을 사로잡아 그리스도 예수께 복종시켜야 한다. 결코 이 일을 멈추면 안 된다(고린도후서 10:5).

• 요약 •

1. 하나님의 뇌 설계에 따라 우리는 생각을 훈련할 수 있고, 무질서한 생각들을 사로잡을 수 있다.

2. 생각을 사로잡는 일이 필요한 까닭은 그렇게 할 때 우리의 영혼을 잠잠하게 할 수 있기 때문이다. 그리고 영혼이 평안을 누릴 때, 우리는 하나님께 집중하여 그분의 음성을 들을 수 있다.

3. 생각을 사로잡는 일에 집중한다면, 우리는 하나님과의 연합을 새롭게 체험할 수 있다. 과거에는 '하나님과의 단절', '하나님으로부터의 독립'이 우리와 하나님과의 관계를 정의해주었다면, 이제는 '하나님과의 연합', '하나님께 의존'으로의 변화를 체험하게 될 것이다.

4. 1970년대에 진행된 한 연구 결과에 의하면, 훈련을 통해 생각을 사로잡는 것이 생각을 자유분방하게 놔두는 것보다 감각능력과 인지능력에 훨씬 더 인상적인 변화를 주는 것으로 나타났다.

5. 굳게 마음을 먹고 생각을 사로잡아 훈련할 경우, 당신은 뇌의 감각처리 과정, 뇌 속 신경회로 구축 과정, 신경전달물질의 흐름, 유전자 발현, 세포 활동 등을 긍정적이거나 부정적인 방향으로 조종할 수 있게 된다. 어떤 방향으로 통제할지는 당신의 선택에 달렸다.

6. 불안, 근심 그리고 두려움과 연관된 온갖 유해한 감정들을 사로잡지 못할 경우, 부정적인 생각으로 가득한 무질서의 마음은 나쁜 신경신호를 생성하여 DNA에까지 그 영향을 미친다.

7. 뇌의 전두엽은 우리가 이 세상을 살아가는 데 필요한 거의 모든 뇌기능을 담당한다. 그런데 하루에 5~16분 정도 묵상하며 부정적인 생각을 사로잡는 데 집중하면, 뇌의 전두엽 부분이 변화된다. 그 동일한 시간 동안 고도의 집중을 통해 생각, 묵상을 시행할 경우 행복한 삶으로의 변화 가능성도 높아진다.

8. 우리는 사랑에 반응하도록 지음 받았다. 반면, 두려움은 학습되는 감정이다.

5장

안식
연습

중심 성구 너희는 가만히 있어 내가 하나님 됨을 알지어다 (시편 46:10)

연관 과학 지식 자아 반성과 내면 성찰, 기도를 통한 안식 연습, 부정적인 생각을 사로잡고 성경말씀을 읊조릴 때, 지적 훈련을 통해 생각을 계발할 때, 우리 뇌의 신경네트워크가 초기화 모드 DMN, Default Mode Network 로 돌입할 확률이 높아진다. 초기화 모드로 전환될 경우 뇌의 기능은 증진된다. 이로써 우리는 정신적·육체적·영적 건강을 꾀할 수 있다.

하나님의 질서는 우리 뇌의 구조에 뚜렷이 나타나 있다. 하나님께서는 우리의 뇌가 일련의 신경 조합 네트워크로 기능하도록 만들어놓으셨다. 이것을 과학의 언어로 표현하면 뇌의 '기능적 통합 구성'이라 할 수 있다. 쉽게 말해, 뇌의 모든 부위가 연결되어 있고, 각 부위가 공조하며, 서로서로 영향을 주고받는다는 뜻이다.

또한 하나님께서는 무의식의 영역 안에서 뇌의 본연적 활동이 이루어지도록 디자인하셨다. 우리 마음속 무의식의 영역에서 대부분의 '정신 활동'이 진행된다. 정신 활동은 하루 24시간 끊임없이 무의식의 영역을 차지한다. 발상, 선택, 사고思考 구성 및 분류 작업이 그곳에서 이뤄지는 것이다. 요약하자면, 무의식의 영역에서는 높은 에너지가 소비되는 정신 활동이 쉼 없이 진행된다. 심지어 우리가 휴식을 취할 때에도 말이다.

그런데 의식 상태에서의 생각과 말과 행동은 무의식의 영역에서 시작된다. 무의식으로부터 전달되는 정보와 그곳에서 일어나는 정신 활동이 의식 상태에서의 생각과 말과 행동을 유발하는 것이다. 그러므로 우리가 사용하는 모든 언어와 행위의 뿌리는 무의식 속에 담겨 있다고 할 수 있다. 그런데 이 뿌리가 어떻게 자랄지는(어떤 말, 어떤 행동으로 열매를 맺게 될지는) 당신의 선택에 달렸다.

이러한 뇌와 몸의 '기능적 통합 구성'은 에베소서 4장 16절 말씀에서 힌트를 얻을 수 있다. "그에게서 온 몸이 각 마디를 통하여 도움을 받음으로 연결되고 결합되어 각 지체의 분량대로 역사하여 그 몸을 자라게 하며 사랑 안에서 스스로 세우느니라." 이 말씀은 머리이신 그리스도와 몸 된 교회의 기능적 통합 구성을 설명해준다. 이것을 우리의 뇌와 몸의 관계에도 적용해볼 수 있지 않을까?

무의식 속에서 '쉼 없이 진행되는' 뇌의 본연적 행위가 우리의 언어와 행동에 영향을 미치는 과정에 대해서는 다음의 말씀을 비추어 확인해볼 수 있다. "대저 그 마음의 생각이 어떠하면 그 위인도 그러한즉" (잠언 23:7).

우리는 과학적 연구를 통해 안식 연습으로 '훈련된 안식' 상태(고도로 집중하여 내면을 성찰하는 상태)로 들어갈 경우, 무의식의 영역에서 진행되는 다양한 정신 활동의 효율성이 높아진다는 것을 알 수 있다. 훈련된 안식 상태로 들어가면 감마파가 증가한다는 연구 결과가 있다. 감마파는 주의를 집중할 때, 무언가를 암기할 때, 무언가를 배울 때, 행복, 즐거움 등 긍정적 감정과 연계된 활동 중에 많이 발산되는 뇌파이다. 또한 PET 스캔(양전자 방사 단층 촬영)과 EEG(뇌파도) 기록은 안식 상태에서 행복과 평안을 주관하는 뇌의 일부분이 크게 부풀어 오르는 것을 보여주었다.[1] 안식의 유익, 이것은 우리가 시편 46편 10절에서 얻을 수 있는 지혜이다. "너희는 가만히 있어 내가 하나님 됨을 알지어다."

뇌 속 신경네트워크 조직

우리의 뇌는 바쁘게 움직이지만, 일사분란하게 그리고 균형 잡힌 상태에서 제 기능을 발휘한다. 이처럼 1년 365일, 하루 24시간 내내 쉬지 않고 바쁘게 움직이는 뇌를 '잘 돌아가도록' 도와주는 것이 신경네트워크이다.

이제 우리의 뇌 속으로 들어가 '기능적으로 통합 구성된' 신경네트워크를 좀 더 자세히 들여다보자. 신경네트워크는 초기화 모드의 신경망_{DMN}으로 뇌의 활동을 관장한다. 만일 우리가 내면을 성찰하거나 깊은 사색에 빠지는 등 훈련된 안식 상태로 들어가면 DMN이 활성화된다.

DMN은 오케스트라의 지휘자와 같다. 적절한 타이밍에 신호를 주고 뇌 속의 여러 부위와 서로 다른 네트워크들의 활동을 질서정연하게 통합한다. 또한 의식 상태에서 뇌가 제대로 반응할 수 있도록 준비시킨다. 이 정도면 오케스트라 지휘자로서 손색이 없지 않은가?

- 정신적인 활동을 수행할 때, 뇌 속에서 활발하게 움직이는 신경네트워크들이 있다. DMN은 이들 네트워크를 조정한다.

- 기억이 생성되거나 우리가 무언가에 집중할 때, 뇌 속에서 활발하게 움직이는 신경네트워크들이 있다. DMN은 이들 네트워크를 조정한다.
- DMN은 우리가 어떤 일에 집중할지를 결정하는 데 필요한 '돌기'(돌출부) 신경네트워크의 활동을 조정한다.
- 감각적 자극이 있을 경우, 이에 대한 반응으로 뇌의 감각운동 sensory-motor 네트워크가 활발해진다. 감각운동 네트워크는 신체의 움직임을 주관하고, DMN은 감각운동 네트워크의 활동을 조정한다.

당신의 마음이 '본연의 활동'(훈련된 안식, 이를테면 내면의 성찰, 숙고, 깊은 사색, 몽상, 수면, 혹은 마취 상태 등)으로 분주할 때, 뇌 속 신경네트워크와 마음속의 무의식 사이에 끊임없는 교류(재잘거림)가 오간다. 뇌와 무의식 사이에서 쉼 없이 진행되는 적극적인 의사소통과 사고思考 구성 과정에는 엄청난 에너지가 소비된다. 이때 소비되는 에너지의 양은 '의식' 상태에서 소비되는 양보다 20배나 더 많다.

이후 무의식 상태에서 각성 상태로 돌입하면 뇌의 에너지 소비량은 5퍼센트 증가한다. 사실 뇌의 신경회로는 뇌가 사용하는 전체 에너지의 60-80퍼센트를 소비하는데, 외부 신호가 연계되지 않는 상태, 즉 무의식의 상태에서 소비한다. 다시 말하면 DMN의 활동이 에너지 소비의 주체인 것이다.[2]

유연성

뇌의 신경네트워크가 지닌 중요한 특징은 '안티코럴레이션'anticorrelation(직역하면 '반(反)상관성'-역주)이다. 뇌 속의 여러 네트워크 사이를 '왔다 갔다'하는 일이 가능하다는 뜻이다.[3] 예를 들어 우리가 유연하고 창조적인 생각을 한다고 해보자. 이때 우리는 이 생각에서 저 생각으로 자유롭게 넘나들며 여러 가지 부정적인 생각들을 사로잡아 제거하고 통제하기도 한다. 이것은 좋은 일이고, 우리가 원하는 바이기도 하다.

인생을 살아가는 동안 우리에겐 이러한 유연성이 필요하다. 우리는 앞으로 부딪히게 될 사건과 삶의 환경을 통제하지는 못한다. 하지만 이에 대해 어떻게 반응할지는 선택할 수 있다. 그런데 올바른 반응을 선택하기 위해선 무엇보다 생각이 유연해져야 한다. 즉, 다양한 생각들 사이를 쉽게 넘나들 수 있어야 한다는 뜻이다.

감사하게도 하나님께서는 우리의 뇌 안에 서로 상이하고 다양한 여러 신경네트워크를 만들어 놓으셨다. 이로써 우리는 생각의 유연성을 선물로 받았다. 하나님의 디자인대로라면, 우리의 뇌는 우리를 위해 움직여야 한다. 하나님은 뇌가 우리를 조종하도록 만들지 않으셨다.

스위치를 올리기 위해 스위치를 내려라

하나님과 만나고 지혜와 통찰을 얻으려면 특별한 '생각 모드'로 들어가야 한다. 그런데 이를 위해서는 일반 상식과 달리, 먼저 스위치를 내려야 한다. 스위치를 올리기 위해 스위치를 내려야 하는 것이다. 외부환경에 대해서는 스위치를 내리고, 내면의 스위치는 올리는 것이라고 말할 수 있다.

재미있는 사실은 우리의 뇌가 초기화 모드 네트워크DMN로 전환하여 '안식'을 취한다 하더라도 뇌는 쉬지 못한다는 것이다. 아니, 오히려 더욱 활발해진다. 엄밀히 말하면 이것은 고도의 지적 흥분 상태이다. 왜 그런가? DMN모드에 연계된 모든 네트워크가 활발해지기 때문이다. 그러므로 신경신호들이 네트워크 사이를 오가는 일도 빈번해진다. 그래서 흥분 상태인 것이다.

그런데 이때의 네트워크 활동은 비범하다. 여느 두뇌 활동보다 훨씬 더 '집중된' 양상을 보인다. 게다가 '내면 성찰'의 성격이 두드러진다. 뇌가 안식 모드에 돌입하더라도 문자 그대로의 '쉼'은 없다. 오히려 고도의 지적 흥분 상태가 유지되고 자아성찰 활동이 활발하다. 그냥 '안식'이 아니라, 이른바 '훈련된 안식'이기 때문이다. 이러한 상태에 자주 돌입하면 할수록, 우리는 내면으로 점점 더 깊이 들어가 자신의 영혼을 살필 수 있게 된다.

여기서 잠시, 하나님께서 '훈련된 안식'을 설계하신 까닭은 무엇일까? 그렇다. 우리를 더 자주 만나시기 위해서이다! 하나님께서는 우리가 그분의 임재를 더 자주 체험할 수 있도록 우리를 훈련시키신다. "시험에 들지 않도록 깨어(경각하고 주의를 기울여) 기도하라. 영은 이렇게 하길 원하지만 육체가 연약하다"(마태복음 26:41, 확대역성경).

외부 세계의 스위치를 끄고 무언가에 집중할 때, 우리는 DMN 상태에 들어간다. 이후 우리는 끊임없이 떠오르는 생각을 걸러낸다. 보다 조직된 형태로 몽상, 공상, 자아성찰을 시도한다. 이때 DMN은 좀 더 높은 차원으로 활성화된다. 이것은 외부 세계에 대한 생각활동의 휴지休止, 곧 외부 정보의 유입을 차단하고 내면에 집중하는 '훈련된 안식'의 상태이다. 쉽게 말해 세상의 스위치를 내리고 하나님께만 집중하는 '뇌의 안식일'이라고 할 수 있다.

훈련된 안식 상태에서 당신은 자신의 내면에 집중하며 자아를 성찰한다. 이때, 몸의 움직임은 아예 없거나 매우 느리다. 하지만 당신의 정신 영역에서는 모든 활동이 바쁘다. 생각은 더 높은 차원으로 재빠르게 움직인다. 그러므로 의식과 인식의 '제한'(한계)을 받을 때, 모든 활동을 멈추고 훈련된 안식 상태로 들어갈 때, 당신은 훨씬 더 많은 일을 이뤄내게 된다. 이것이야 말로 '가만히 있어 그가 하나님이심을 아는'(시편 46:10) 상태 아니겠는가?

한때, DMN은 뇌 속 '어둠의 에너지'로 인식되었다. 하지만 더 이상은 아니다. 당신이 자아성찰을 시행할 때 DMN은 가장 활발해진다. 훈련된 안식 상태에 들어가더라도 뇌 안에서의 활동이 활발하게 전개된다는 사실은 뇌 화상 실험을 통해 밝혀졌다.[4] 훈련된 안식 중 추억, 회고, 반추, 상상, 자아성찰 등의 활동이 이뤄진다. 여기에 과거의 특별한 기억을 집중 조명해내는 능력이 관여한다. 뿐만 아니라 해결책을 염두에 둔 채 다양한 각도로 사건을 해석해내는 능력 역시 이러한 과정에 관여한다. 이것은 앞날의 계획을 세우는 데 매우 중요한 역할을 한다.[5]

잘못 연결된 신경회로 또한 DMN과 관련이 있다. 잘못 연결된 신경회로는 DMN의 부침浮沈으로 이어지고, 심지어 알츠하이머부터 조현병에 이르는 다양한 신경장애를 일으키기도 한다. 뇌의 위축된 부분과 알츠하이머로 인해 '죽은' 부위는 DMN의 핵심부와 깊게 연관되어 있다.

우울증 환자의 경우도 마찬가지다. 그들의 뇌를 살펴보았더니 감정을 담당하는 뇌의 중추와 DMN 사이의 연결고리가 끊어져 있었다. 그리고 조현병 환자의 경우 DMN의 다양한 부위가 과도하게 활성화된 것이 관찰되었다.[6]

정기적으로 묵상하는 사람들(훈련되고 집중하는 자아성찰의 삶을 실천하며 모든 생각을 사로잡아 통제하는 사람들을 뜻한다)의 DMN은 그렇지 않은 사람들의 DMN보다 활발한 움직임을 보인다. 네트워크 사이를 이동하는 신호의 속도도 훨씬 빠르다.[7] 말하자면 여느 일반인의 뇌보다 더욱 활성화되어 있다고 할 수 있다. 그들의 뇌는 일반인의 뇌보다 더 많은 분지分枝를 형성하기 때문에 더 많은 생각들을 조합하고 연결해낼 수 있다.

이러한 능력은 결국 지식과 지혜의 증가로 이어진다. 또한 활발한 DMN은 그들에게 '놀라운 평안의 상태'를 선사한다. 그뿐만이 아니다. 하나님께서는 정기적으로 묵상하는 사람들에게 '면역력 증가'와 '심혈관의 건강'이라는 선물까지 허락해주신다.

기도할 때, 생각을 사로잡을 때, 성경말씀을 암송하고 읊조릴 때, 우리는 '깊은 묵상'의 단계에 돌입한다. 그런데 우리가 어떤 정보(혹은 공부하는 내용이나 직업을 통해 계발하려는 기술 등)을 심도 있게 다루며 지적 사유를 시행할 때에도 이처럼 놀라운 정신 상태에 도달할 수 있다.

하나님이 고도의 지적 능력을 소유하셨기 때문에 그분과 교제하도록 지음 받은 우리 역시 고도의 지적 능력을 소유한 존재이다. 자신을 과소평가하지 말라. 당신이 얼마나 놀라운 존재인지 알고 있는가? 우리는 오직 자기 자신에 대한 관점에 의해 제한을 받는다. 이 점 또한 과소평가해선 안 된다.

그분의 놀라운 사랑 안에서

성령의 인도하심을 따라 자신의 영혼을 깨어 있는 상태로 유지하기 원하는가?(히브리서 4:9-10) 이를테면, 아등바등 살아가는 분주한 노력을 멈추고 '묵상'의 시간을 누리기 원하느냐는 말이다.

우리의 '영혼'이 어떤 정보를 알게 되었다고 하자. 그래도 그것을 '마음'이 알아차리기까지는 어느 정도의 시간이 소요된다. 따라서 우리는 자주 묵상하는 시간을 가져야 한다. 그리고 이를 위해선 정기적으로 DMN 상태에 들어가야 한다. 감사하게도 하나님께서는 '묵상'을 돕는 신경회로들이 DMN에 의해 활성화되도록 우리의 뇌를 디자인해놓으셨다. 감사한 일 아닌가?

분주한 생활과 홍수 같은 일과 속에서 우리의 두뇌는 신경화학적·전자기적 혼돈을 겪게 된다. 그 결과 우리의 마음은 언제든 무질서 상태로 전락해버릴지 모른다. 꼬리에 꼬리를 물 듯, 통제 불능의 생각들이 끝없는 고리를 이루어 악순환의 늪으로 점점 깊게 빠져 들어가는 것과 같다. 그러나 DMN을 활성화할 경우, 우리의 복잡한 뇌 속에 일종의 '안식일'이 도래한다. 바삐 돌아가는 일상에 '멈춤' 푯말을 꽂은 후 내면 깊은 곳으로 한 발자국 후퇴하는 것이다. 이것은 구세주와 만나는 시간이며, 진정한 자아와의 재결합을 위해 우리의 뇌를 잠시 재부팅하는 시간이다. 이때 어떤 변화가 일어나는가? 또 다시 일상으로 돌아가지만, 새로운 관점으로 자신의 삶을 바라보게 된다.

뇌의 안식일

바쁜 일상을 늦추지 못하고 '뇌의 안식일'을 자주 경험하지 않으면, 뇌기능에 문제가 생긴다. 훈련된 안식과 집중된 자아성찰은 DMN을 활성화한다. 그런데 연구 결과 밝혀진 사실은 이러한 훈련이 결여된 경우 건강하지 못한 자아상을 갖게 되기 쉽다는 것이다. 그뿐만이 아니다. 우울증을 앓거나 근심, 염려에 휩싸이게 되고 건강상의 문제를 겪을 수도 있다.

단기 기억으로 쉽게 처리할 소소한 일에도 과도한 집착을 보인다. '문제'에만 집중하는 성향이 나타나 '해결책'을 떠올리지 못한다. DMN에서의 정보처리 과정에 오류가 발생한다. 그러므로 뇌의 또 다른 네트워크에 잘못된 정보 해석이 전달된다. 이외에도 수많은 문제가 추가적으로 발생하는데[8] 여기에는 기억력 감퇴, 흐릿한 생각, 염려, 우울증을 비롯하여 신경장애와 연계된 수많은 증상들이 포함된다.

작업신경망 Task Positive Network, TPN

하나님이 만드신 모든 것에는 질서와 균형이 내재한다. 뇌 속 DMN(초기화신경망)도 마찬가지이다. DMN의 균형은 TPN(작업신경망)이 잡아준다. TPN은 우리가 어떤 결정을 내리는 데 도움을 준다. 무언가를 결정하려면 능동적 생각을 해야 하는데, 이때 TPN이 능동적 생각을 지원해주는 것이다.[9]

우리가 집중하는 동안에는 DMN이 활성화된다. 그런데 집중하는 과정 중 우리는 능동적인 생각을 통해 무언가를 결정하게 된다. 바로 이때

TPN이 활성화된다. 우리는 이러한 결정 과정을 하나의 '행동'으로 인식하게 된다. 책의 후반부에 소개할 '21일 두뇌 해독 플랜'을 보면 알겠지만, 나는 이러한 '행동'을 '적극적인 발돋움'_active reach_이라고 부른다. 뇌 연구(특히 '생각의 과학'[10])를 통해 밝혀진 사실은 '행동'이 생각의 조직과 해체 과정을 종결짓는다는 것이다. 생각의 끝자락에는 '행동'이 자리하고 있다. 우리는 이 사실을 성경에서도 확인한다. "행함이 없는 믿음은 죽은 것이니라"(야고보서 2:26).

여기 매우 흥미로운(그러나 깜짝 놀랄 만한) 사실이 있다. 그것은 우리가 유해한 생각을 선택할 경우 DMN과 TPN의 균형이 깨져버린다는 것이다. 유해하고 부정적인 생각은 DMN의 활동성을 과도하게 높이는 반면 TPN의 활동은 억제한다. 그 결과 우울한 생각이 깊어지고 '부적응성'이 나타나며 문제 해결 능력은 현저히 감소한다. 이때 우리의 기분은 '몽롱한', '혼란스러운', '부정적인', '우울한' 등의 형용사로 묘사할 수 있다.

하나님은 질서와 균형의 하나님이시다. 하나님은 인간의 영·혼·육을 질서 있고 균형 잡힌 모습으로 창조하셨다. 그러므로 우리의 영·혼·육은 단순한 이치를 따라 하나님의 질서와 균형을 무너뜨릴 경우 그에 대한 대가를 치르게 된다. 뇌는 불균형 상태에 돌입하여 신경화학물질의 균형이 무너지고 전자기적 혼돈이 유발된다. "시기와 다툼이 있는 곳에는 혼란과 모든 악한 일이 있음이라"(야고보서 3:16).

뇌는 마음의 명령을 따른다

뇌 화상 진단 결과 우울증 환자의 경우 DMN의 활동이 활발하다는 사실을 알게 되었다[11]. 또 다른 연구를 통해 우울증 환자의 뇌 중전반부_{내측 전방 피질, anterior medial cortex}가 크게 활성화된 것을 확인했다.[12] 이러한 연구 결과가 말해주는 사실은 무엇인가?

내면의 성찰 및 묵상 등 뇌의 반추활동으로 인해 DMN이 활성화되더라도 뇌의 중후반부_{내측 후방 피질, posterior medial cortex} 활동이 감소하면 뇌는 무질서 상태로 전락해버린다. 내측 후방 피질에서의 활동 위축은 끔찍한 결과로 이어지는데, 이때 일종의 조현병 현상이 나타나기도 한다. 큼직한 사건들은 명확하게 떠올리지 못하는 반면, 쉽게 잊어도 될 소소한 일에 과도한 집착을 보이는 사람도 있다.[13]

반추활동의 결과 유해한 감정과 부정적인 생각이 많아질 경우 뇌는 치명적인 손상을 입는다. 따라서 행복한 삶을 선택할 여지는 점점 좁아진다. 건강한 반추활동으로 DMN이 활성화될 때, 우리는 적극적으로 또 긍정적인 마음자세로 문제 해결 방안을 궁리하게 된다. 이와 반대로 유해한 반추활동을 통해 DMN이 활성화되면, 우리는 부정적인 결말을 상정해놓고 근심, 걱정, 염려의 파도에 휩쓸린다. 이 경우 우리의 생각 패턴엔 부적응성과 수동성이 뚜렷하게 나타난다.

이러한 연구는 빌립보서 4장 8절 말씀을 뒷받침해주는 과학적 근거이다. "끝으로 형제들아 무엇에든지 참되며 무엇에든지 경건하며 무엇에든지 옳으며 무엇에든지 정결하며 무엇에든지 사랑 받을 만하며 무엇에든지 칭찬 받을 만하며 무슨 덕이 있든지 무슨 기림이 있든지 이것들을 생각하라"(빌립보서 4:8). 우리에겐 이러한 마음 자세가 필요하다.

혹 부정적인 생각으로 인해 뇌가 해를 입었다고 해도 크게 걱정할 것은 없다. 위 구절에 제시된 말씀의 온전한 충고를 따를 때, DMN과 TPN

• 7가지 종류의 사고 •

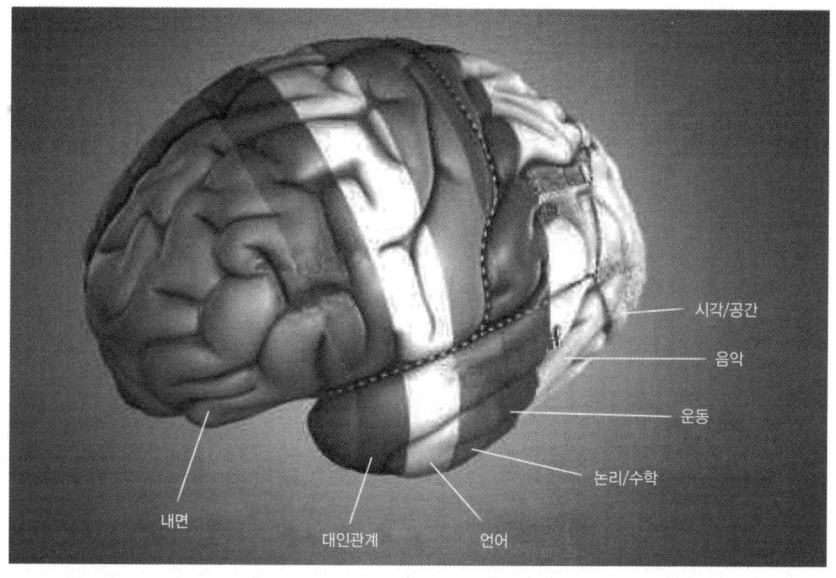

시각/공간
음악
운동
논리/수학
내면　대인관계　언어

은 다시금 균형 상태로 돌아갈 테니 말이다!

여기, 더 좋은 소식이 있다. 당신이 긍정적인 생각을 품고 올바른 방향으로 묵상하기 시작하면 DMN과 TPN은 매우 빠른 속도로 균형을 잡을 것이다.[14] 그런데 이처럼 감정과 뇌기능의 빠른 회복이 가능한 까닭은 단지 DMN과 TPN이 균형 상태로 들어가기 때문만은 아니다. 더욱 중요한 요인은 우리의 뇌가 복잡다단한 신경회로를 통해 기능한다는 데 있다. 뇌의 다양한 부위와 다중적인 구조를 아우르는 신경회로 덕분에 두뇌 곳곳에 긍정적인 영향력이 급속도로 퍼지게 된다. 이러한 이유로 우리의 뇌가 빠른 회복을 보이는 것이다. 여기서 다시 한 번 하나님의 은혜를 발견한다.

유해한 생각의 결과

이 책을 관통하는 하나의 커다란 주제는 '부정적인 생각은 우리의 뇌 속에서 불규칙한 반응을 일으켜 불규칙한 증상을 양산해낸다'는 것이다. 이것은 수많은 연구를 통해 입증된 과학적 사실이다. 과학자들은 다양한 형태의 우울증으로 고생하는 환자들의 뇌를 검진해보았다. 그 결과 '사회적으로 용납될 수 있는 행위'전방 측두엽, anterior temporal lobe 또 '옳지 않은 행위'슬하부, subgenual region of the brain를 지각하는 뇌의 회로에서 이상異狀을 발견했다.15) 그들의 생각과 결정은 뇌를 부정적인 방향으로 변질시켰다. 그래서일까? 그들은 옳지 않은 행위를 반성하고 이를 개선하기 위해 노력하는 대신 죄책감과 자기비난에 빠져버렸다.16)

어떤 과학자들은 강박장애OCD17)와 조현병18)을 대상으로 뇌 연구를 진행했다. 그들은 우리가 생각을 제어할 때 우리의 뇌가 '부정성'에서 '긍정성'으로 변화한다는 사실을 밝혀냈다. 이러한 신경정신 현상에 대해 다음과 같이 묘사하는 과학자도 있다. "유해한 생각은 부정적인 감정을 불러일으키는 커다란 출입구와 같다. 부정적인 감정은 그 문을 통해 들어와서 사람을 잠식해버린다." 기억하라. 정신이 물질을 지배한다. 부정적인 생각은 뇌의 구조를 변질시킨다.

조현병 환자를 대상으로 일련의 연구가 진행되었다. 그들의 경우 간뇌thalamus와 전전두피질prefrontal cortex 사이에서의 활동이 매우 침체되어 있었다. 이러한 양상은 '기억'과 '행위의 유연성'에 악영향을 미친다. 그뿐만이 아니다. 그들의 의사 결정은 부정확했다. 또 그들의 감정을 주관하는 뇌 부위의 활동 역시 이상 증후를 나타냈다.

과학자들은 조현병 초기 증세를 보인 일단의 청소년을 대상으로 연구를 진행했다. 그들의 뇌는 유해한 스트레스에 대한 반응으로 과도하게 활성화되었다. 그러나 그것도 잠시, 간뇌와 전전두피질 사이에서의 활발한 활동은 이내 사그라졌고 뇌손상이 나타나기 시작했다. 만일 우리의 자녀와 청소년들에게 올바른 스트레스 해소법을 가르치지 않는다면, 그것은 그들에게 잠재적 뇌손상을 끼치는 것과 같다. 그 결과 우리 사회에는 더 심각한 문제들이 더 많이 야기될 것이다.[19]

성적 학대를 당한 여성이 자폐아를 낳을 확률은 그렇지 않은 여성의 경우보다 60퍼센트나 더 높다는 연구 결과가 나왔다. 이에 연구자들은 성적 학대가 여성의 생체(이를테면 면역체계나 스트레스 반응 체계 등)에 끼치는 장기적 영향 때문에 자폐아 출산 확률이 높아지는 것이라고 결론 내렸다.[20] 물론 이 여성들은 희생자이다. 문제는 그들이 받은 성적 학대가 유해한 생각과 스트레스로 이어져 다음 세대에까지 악영향을 미친다는 것이다. 어쩌면 이러한 악영향이 세대를 거쳐 이들의 증손에게까지 닿을지도 모른다. 이러한 이유로 종종 자폐 가족력이 생기는 것이다.

내가 이러한 연구 결과를 소개하는 이유는 우리가 감당해야 할 책임을 부각시키기 위해서이다. 우리는 자신의 마음을 추스르는 것은 물론, 다른 사람들을 도와줘야 한다. 특히 치명적인 외상 피해자들을 도와야 한다. 그들이 올바른 마음가짐을 갖도록 말이다.

뇌의 스위치를 켜라

생각을 사로잡아 하나님께 집중하며 DMN과 TPN의 균형 잡힌 활성화를 도모할 때, 당신은 다시금 하나님의 뜻에 부합되는 삶으로 회귀할 수 있다.

'21일 두뇌 해독 플랜'을 보면 알 수 있듯, 나는 '뇌의 스위치를 켜라-5단계 학습 과정'을 이용하여 어떻게 하면 한 가지 요소에 생각을 집중시킬 수 있는지에 대해 이야기할 것이다. 일을 하다가 잠시 멈추는 '조용한 시간'이야말로 당신의 참된 영적 자아에 집중하여 내면을 살필 수 있는 최적의 시간이다. 이때 당신은 영혼이 알고 있는 바를 마음으로 깨닫기 시작한다. 성령 앞에 자신을 내어드리며, 마음을 다하여 여호와를 신뢰하고 자신의 명철을 의지하지 않으며 범사에 그분을 인정할 때(잠언 3:5-6), 성령께서 당신의 영혼에 진리를 주입해주신다. 성령께서 당신의 길을 지도해주실 것이다.

생각을 훈련시키고 집중하는 연습을 통해 자아를 성찰할 경우, 우리의 뇌에 건강한 신경 부동산이 조성될 것이다. 신경 부동산에서는 생각을 사로잡아 훈련하는 일, 현대 사회의 다양한 요구에 대응하는 일이 훨씬 수월하다.

당신이 의지를 갖고 생각을 이끌어나가는 동안, 당신의 마음은 강력하게 작동하여 당신의 뇌에 긍정적인 변화를 일으킬 것이다. 뇌를 개선하는 최고의 방법은 매일매일, 그리고 천천히, 생각의 습관을 바꿔나가는 것이다. 생각을 통해 당신의 뇌가 더 나은 기능을 수행하도록 만들라. 그러면 당신이 기대한 그대로 실현될 것이다. "대저 그 마음의 생각이 어떠하면 그 위인도 그러한즉"(잠언 23:7).

생각, 지식, 의지, 감정은 당신의 뇌를 '항상' 그리고 '어떤 식으로든' 변형시킨다. 그러므로 올바른 것을 선택하도록 생각을 훈련하라. 그래야만 뇌의 스위치를 켤 수 있다. 이것이 핵심이다.

• 요약 •

1. 우리의 뇌에는 수많은 네트워크들이 질서정연하게 통합되고 조직되어 작동한다. 이러한 뇌 속 신경네트워크와 무의식 사이에는 끊임없는 교류(재잘거림)가 오간다.

2. 우리의 뇌는 1년 365일, 하루 24시간 쉬지 않고 바쁘게 움직인다. 신경네트워크는 초기화 모드의 신경망$_{DMN}$으로 뇌의 활동을 관장한다. 그런데 만일 우리가 내면을 성찰하거나 깊은 사색에 빠지는 등 훈련된 안식 상태로 들어가면 DMN이 활성화된다.

3. 네트워크가 제대로 기능할 때, 우리는 보다 깊은 사색과 자아성찰의 상태로 들어가게 된다. 이때 우리의 지적 능력이 향상되고 건강도 좋아진다.

4. 우리의 생각이 뇌 속의 여러 네트워크들 사이를 '왔다갔다'할 때(예를 들어 우리가 유연하고 창조적인 생각을 할 경우), 우리는 이 생각에서 저 생각으로 자유롭게 넘나들며 생각들을 사로잡고 통제하기도 한다.

5. 자아 반성과 내면의 성찰 그리고 기도를 통해 안식을 연습할 때, 부정적인 생각을 사로잡을 때, 성경말씀을 암송하고 읊조릴 때, 지적 훈련을 통해 생각을 계발할 때, 우리 뇌의 신경네트워크가 초기화 모드$_{DMN,\ Default\ Mode\ Network}$로 전환될 확률이 높아진다. 초기화 모드로 전환될 경우 뇌의 기능은 증진된다. 이로써 우리는 정신적·육체적·영적 건강도 꾀할 수 있다.

6. DMN의 균형은 TPN(작업신경망)이 잡아준다. TPN은 우리가 어떤 결정을 내리는 데 도움을 준다. 무언가를 결정하려면 능동적 생각을 해야 하는데, 이때 TPN이 능동적 생각을 지원해주는 것이다. DMN과 TPN의 균형이 정확할수록 우리의 사고와 의사 결정에 '지혜'가 깃들 확률이 높아진

다. 그러므로 TPN의 활동은 효과적인 사고와 뇌의 변화에 필수적이라 하겠다.

7. DMN에 잘못 연결된 신경회로는 DMN의 부침(浮沈)을 유발한다. 이는 알츠하이머부터 조현병에 이르는 다양한 신경장애를 일으키기도 한다.

8. 유해한 생각은 신경회로의 '연결오류'를 유발한다. 이때 DMN의 활동은 과도해지고 TPN의 활동은 저해된다. 이러한 DMN과 TPN의 불균형으로 인해 부적응과 우울증 증세가 나타날 수 있다. 문제 해결 능력이 떨어지는 것은 당연한 일이다. 이러한 상태에서 우리의 생각은 혼탁해진다. 혼란스런 상태가 지속되는 것은 물론 부정적인 마음과 우울한 생각이 일어나기도 한다.

9. 당신이 굳게 마음먹고 생각과 집중력을 제어할 때 당신의 뇌는 강력한 변화를 경험한다.

6장

'밀크셰이크-멀티태스킹'을 멈추라

중심 성구 친구여, 내 말을 잘 듣고, 내 목소리에 귀를 기울여라. 내 메시지를 항상 잘 보이는 곳에 두고 거기에 집중하여라! 힘써 외워라! 이 말을 깨닫는 사람은 참으로 제대로 살고 몸과 영혼이 건강해질 것이다. 두 눈을 부릅뜨고 네 마음을 지켜라. 마음은 생명의 근원이다. (잠언 4:20-23, 메시지)

연관 과학 지식 멀티태스킹(한 번에 여러 가지 일을 수행하는 것-다중 작업)은 쉽게 죽지 않는 허구이다. 지금도 수많은 사람들이 이것을 사실인 양 믿고 있다. 그러나 한 번에, 한 가지 일에만 집중하는 것이 옳다.

현대에 실존하는 질병 중 하나는 '멀티태스킹'이다. 멀티태스킹 바이러스는 '빨리빨리' 병을 퍼뜨린다. 이 병에 걸린 사람은 '시간 관리'에 과도한 집착을 보인다.

그러나 멀티태스킹은 사실 '허구'이다. 동시에 여러 가지 작업을 수행하는 것이 가능한 것처럼 보이지만, 실은 하나의 일에서 다른 일로 우리의 집중력을 빠르게 이동시키는 것뿐이다. 멀티태스킹은 두 가지 부정적인 결과를 수반한다. 첫째, 어떤 사건이나 작업, 또는 정보에 쏟아야 할 특별한 집중과 관심이 분산된다. 둘째, 집중의 질이 현저하게 떨어진다. 이러한 이유로 나는 이것을 가리켜 '밀크셰이크-멀티태스킹'이라 부른다.

멀티태스킹은 쉽게 죽지 않는 허구이다

집중력 저하, 저급한 사고를 아우르는 멀티태스킹은 하나님께서 창조하신 뇌 본연의 기능과 정반대라고 할 수 있다. 심지어 멀티태스킹으로 인해 뇌가 손상되기까지 한다. 불완전한 생각, 집중력이 저하된 생각을 급하게 옮겨 다니는 일은 마치 뇌세포와 신경화학물질을 마구 섞어 밀크셰이크를 만드는 것과 같다. 허울이 좋아 멀티태스킹이지 사실은 밀크셰이크 제조법과 크게 다르지 않다. 이것은 결과물을 보면 알 수 있다.

멀티태스킹으로 우리의 뇌가 얻는 것은 일종의 '변덕' 성향과 '집중력 저하'뿐이다. 안타까운 것은 밀크셰이크-멀티태스킹으로 인한 집중력 저하 현상이 ADD(주의력 결핍 장애) 혹은 ADHD(주의력 결핍 과잉행동 장애)로 잘못 명명된다는 것이다. 더 안타까운 일은 이러한 현상이 나타날 때, 의약계에서 불필요한 약물 처방을 내린다는 것이다. 이것은 불난 집에 부채질하는 격이다. 만일 우리의 뇌가 깊은 집중력 및 지적인 생각 패턴으로 회귀하지 않을 경우, 상황은 더욱 빠른 속도로 악화될 것이다.

밀크셰이크-멀티태스킹과 비교해볼 때, 깊은 집중력 및 지적인 생각 패턴은 어떤 점이 다른가? 모범 답안은 잠언 4장 20-23절에 제시되어 있다. "친구여, 내 말을 잘 듣고, 내 목소리에 귀를 기울여라. 내 메시지를 항상 잘 보이는 곳에 두고 거기에 집중하여라! 힘써 외워라! 이 말을 깨닫는 사람은 참으로 제대로 살고 몸과 영혼이 건강해질 것이다. 두 눈을 부릅뜨고 네 마음을 지켜라. 마음은 생명의 근원이다"(잠언 4:20-23, 메시지).

우리 몸의 모든 세포가 심장에 연결되어 있다는 사실은 참으로 흥미롭다. 또한 뇌가 심장을 제어하고, 마음이 뇌를 제어한다는 사실도 놀랍기 그지없다. 그러니까 마음의 생각이 뇌에 영향을 미치고, 뇌는 심장에 영향을 끼치고, 심장은 온몸의 세포에 영향을 끼친다. 결국 생각이 몸속 모든 세포에 영향을 미치는 것이다.

앞에서 살펴 본대로 우리는 깊은 지식을 소유한 지적인 존재이다. 하나님께서 그분의 형상대로 우리를 창조하셨기 때문에 그분의 설계에 따라 우리는 모든 생각을 사로잡아 제어할 수 있다. 당신은 '생각을 사로잡을 수 있다'는 사실이 놀랍지 않은가? 그런데 하나님은 우리가 한 번에 한 가지 일에만 집중하도록 만드셨다. 한 번에 한 가지 일에만 집중할 때, 우리는 고도의 집중력을 기울여 보고 들을 수 있다. 그렇게 일하기 때문에 업무성취도는 매우 높아진다.

140글자 트윗

앞에서 언급한 하나님의 설계는 오늘날 일반적인 현대인의 삶과는 정반대의 모습이다. 우리는 트위터, 인스타그램, 페이스북에 지나친 에너지를 쏟는다. 이들 소셜네트워크에 정신이 팔린 나머지 인생의 매 순간을 즐겨야 한다는 생각까지 잊어버린 듯하다. 소위 미디어 전문가라 불리는 사람들은 이렇게 말한다. "방금 전의 정보가 미처 소화되기 전, 새로운 정보가 홍수처럼 밀려들어오기 때문에 정보는 한 입에 삼킬 수 있는 크기로 줄어야 한다."

이것은 결코 고무적인 발언은 아니다. 오히려 충격적이랄까? 그동안 우리의 삶은 글자수를 140글자로 축소되어왔다(글자수를 140자로 제한한

트위터를 소셜네트워크의 상징적인 예로 표현함 - 역주). 작은 크기의 정보들이 빠른 속도로 흡수된다. 속도에 중독되었으므로 정보의 유입이 늦어지면 금단현상까지 나타난다. 교실에서 학생들은 가만히 앉아 있지를 못한다. 머릿속에 끊임없이 떠오르는 잡생각 때문에 책 읽기의 즐거움을 맛볼 수 없다.

이러한 밀크셰이크-멀티태스킹의 악영향을 이야기하기 전, 일러둘 것이 하나 있다. 나는 앞에서 언급된 소셜미디어가 우리 사회와 경제와 개개인의 삶에 중요한 역할을 한다고 믿는다. 우리가 이것을 올바르게 또 적절하게 사용할 수만 있다면 소셜미디어는 아주 멋진 의사소통 수단일 것이다. 나는 이러한 과학적 진보에 대찬성이다. 그러나 올바르게 사용하지 않으면, 이 멋진 의사소통 수단은 금세 '악'으로 돌변할 것이다.

문제는 균형이다

문제는 '균형'이다. 깊은 사색에 잠길 때, 우리의 뇌는 건강한 회로를 구축하고 건강한 신경화학물질을 발산한다. 그러나 여러 조각의 소소한 정보들을 수박 겉 핥기식으로 다룰 때 상황은 달라진다.

확대역성경 Amplified Bible 으로 골로새서 3장 15절을 보면 '평강'이란 단어가 '그리스도로부터 기인한 영혼의 조화'로 번역되어 있음을 알 수 있다. 영혼의 조화는 마치 운동경기의 심판처럼 활약하여 우리가 생각하고 선택하고 결정할 수 있도록 도와주며, 마음에 일어나는 모든 의문점에 해답을 제시해준다. 그러나 밀크셰이크-멀티태스킹은 뇌 속에 '혼란'만 주입할 뿐이다. 심지어 영혼의 조화마저 깨뜨려버린다.

과학자들이 미국의 청년층을 대상으로 연구를 진행한 결과, 지난 10년 동안 밀크셰이크-멀티태스킹 성향을 보이는 사람이 120퍼센트나 증가한 것으로 나타났다. 일반 정신의학 연구보고서 Archives of General Psychiatry에 발표된 자료에 의하면 십대 시절에 여러 전자 미디어에 동시 노출된 경험(이를테면 TV를 보면서 동시에 컴퓨터 게임을 하는 등)이 잦은 사람은 청년기에 이르러 우울증 증상이 깊어지고 근심과 걱정이 많아진다고 한다. 특히 남성의 경우 이러한 증상이 더욱 뚜렷하게 나타났다.[1]

오늘날 십대 청소년은 하루 평균 8시간 30분 정도 다양한 전자 미디어에 이중, 삼중으로 노출된다. 이 사실을 생각한다면, 지금 우리는 무언가 시급한 대책을 마련해야 한다.[2]

소셜미디어 열광자인가? 아니면 중독환자인가?

이와 관련된 또 다른 이슈는 이것이다. 당신 또는 당신의 십대 자녀는 단지 소셜미디어에 열광하는 지지자일 뿐인가? 아니면 소셜미디어에 중독된 환자인가? 과연 당신을 소셜미디어의 열렬한 사용자로 봐야 하는가? 아니면 중독환자로 봐야 하는가? 이것은 매우 현실적인 문제이다.

그래서일까? 한 노르웨이 출신의 연구자는 페이스북 중독 상태를 측정할 수 있는 도구를 개발했다. '베르겐 페이스북 중독 척도' Bergen Facebook Addiction Scale가 그것이다(베르겐은 노르웨이 남서부 해안에 위치한 항구도시이다 – 역주).[3] 그들의 연구 결과 한꺼번에 여러 종류의 소셜미디어를 사용하는 것은 마약, 알코올, 화학약품만큼이나 중독성이 강한 것으로 나타났다. 이렇다 보니 소셜미디어가 과거의 TV처럼 언제 어디서나 접할 수 있는(유비쿼터스) 도구로 발전해버린 현실이 두려울 뿐이다.

 소셜미디어가 등장하자 사람들은 열광했다. 하나의 매개체로 다수의 '친구'가 연결된다는 사실이 꽤나 인상적이었기 때문이다. 하지만 그것도 잠시일 뿐이다. 새로 발표된 연구보고서에 의하면 가입한 소셜미디어 그룹의 수가 많을수록 소셜미디어가 스트레스의 원인으로 작용할 확률이 높아진다고 한다.[4]

 소셜미디어 중독은 우리 삶에 심각한 악영향을 끼친다. 밀크셰이크-멀티태스킹 때문에 맑은 생각과 정확한 의사 결정이 어렵다. 이로 인한 자기 통제 저하는 무절제한 구매 및 식습관 악화를 불러온다. 소셜미디어에 친한 친구가 많이 가입해 있는 경우, 이용자는 해당 그룹에 많은 시간을 할애하는데, 이때 폭식 빈도 증가, 몸무게(체질량) 증가 현상이 나타나고 신용 점수 하락 및 신용 카드 대출 증가가 나타나기도 한다. 이 모든 것은 그들 스스로가 자기 자신을 통제할 수 없기 때문이다.[5]

피상적인 사고

 밀크셰이크-멀티태스킹은 집중력을 감퇴시키므로 이에 젖어 있는 사람은 무언가를 골똘히 생각하기가 어렵다. 그러므로 그의 판단과 의사 결정은 피상적인 성격을 띨 수밖에 없다. 결국 그는 수동적이고 부주의한 사고 패턴에 길들여진다. 그러나 골로새서 3장 15절 말씀처럼 깊고 지적인 생각은 '교류'를 기반으로 능동적이며 주의 깊은, 영혼의 조화를 이루는 사고 패턴을 낳는다. 깊고 지적인 생각은 세상과의 열정적인 소통을 요구한다. 따라서 우리 각 사람은 시간을 내어 자신의 생각을 주의 깊게 살피고 이해하며 성찰해야 한다.

밀크셰이크-멀티태스킹 사고 패턴을 벗고 깊고 지적인 사고 패턴을 꾀할 때 우리의 삶에 어떤 효과가 나타나는지 살펴보겠다. 이와 관련된 몇 가지 연구를 아래에 소개한다.

2012년, 워싱턴 대학의 한 연구팀은 '묵상 훈련이 멀티태스킹에 미치는 영향'을 주제로 실험을 진행했다. 연구 결과는 흥미로웠다. 먼저 피실험자들이 느끼는 부정적 감정의 수치가 현저히 줄었다. 반면 집중력은 향상되었다. 그들은 오랜 시간 집중하여 과제를 수행했다. 업무 전환 시(어떤 일을 하다가 다른 일로 전환할 때)에도 집중력은 흐트러지지 않았다. 업무 전환이 체계적이고 효과적으로 이뤄진 것이다. 되는 대로 이 일 저 일에 손대는 과거의 모습과는 정반대이다. 시간도 매우 효율적으로 사용했다.[6] 이러한 연구 결과를 보며 나는 적잖이 흥분했다. 나 또한 연구를 통해 이와 비슷한 결과를 도출했기 때문이다.[7]

내가 진행했던 연구

나는 급성 외상성 뇌손상[TBI] 환자와 학습장애, 감정기능 장애를 앓는 학생 및 성인을 대상으로 연구를 진행하며, 그 모든 과정을 문서로 남겼다. 연구를 통해 나는 그들이 깊고 지적인 사고 패턴을 시행하도록 했다. 이후의 변화에 나는 깜짝 놀랐다. 그들의 인지능력과 감정기능에 변화가 생겼기 때문이다.

이에 나는 과거의 모든 전통적 치료법을 내려놓고 내가 개발한 새로운 방법으로 그들을 훈련하기 시작했다. 또 어떻게 하면 그 방법을 일상 생활에 적용할 수 있는지도 가르쳐주었다. 효과는 즉각적이었다. 집중력과 이해도가 높아졌다. 업무 전환 효율성도 높아졌고, 전반적인 작업 성취도 역시 향상되었다. 그들의 감정 또한 긍정적인 방향으로 변화되었는데, 특히 자존감과 자발성에서 뚜렷한 변화를 나타냈다. 여기서 끝이 아니다. 인식능력과 감정기능의 향상이 지속되었다. 일단 '건강한 생각'의 길로 접어드니 모든 영역이 '향상' 일로에 있게 되었다. 그것도 엄청난 속도로 말이다!

지난 20여 년 동안 나에게 치료를 의뢰한 수천 명의 환자들이 이와 같은 긍정적인 변화를 나타냈다. 이 모든 것은 하나님의 은혜였다. 하나님께서 이 길로 나를 인도하셨기에 이처럼 놀라운 결과를 얻을 수 있었다. 사실, 이 길을 가는 것은 내가 학생시절에 교육받은 내용과 정반대였기 때문에 내 의지만으로는 이 길을 선택할 수 없었다.

나는 본능적으로 성경을 붙잡았다. 성경으로 시작했고, 계속해서 성경을 사용하였다. 성경은 '생각의 과학'이라는 내 연구의 지침서로 적격이었다. 특히 잠언에서 중요하게 다루는 '의지'와 '집중'에 주목했다.

연구 결과 탄생한 것이 '뇌의 스위치를 켜라 - 5단계 학습 과정'이다. 이것은 '훈련된 집중력'을 사용하여 새로운 생각 패턴을 장착시키는 데 도움을 준다. 이를 통해 집중력을 향상시킬 수 있고, 또 정신이 분산되는 것을 방지할 수 있다.

인지신경과학을 연구하는 의사소통 병리학자로서 나는 '집중된 생각'과 '훈련된 집중'의 유익이 단지 인간의 행동에만 국한되지 않는다는 사실을 알게 되었다. 당신이 말하고 행하는 모든 것은 뇌의 '생각'에 기반을 두고 있다. 생각은 행동으로 이어진다. 그리고 행동은 생각에 영향을 끼치며 생각을 변화시킨다. 그렇게 생각과 행동은 역동적 유대를 이루며 서로서로 영향을 주고받는다.

만일 당신의 생각 스위치가 꺼진다면(과학적으로 설명하자면, 유해한 생각이나 병적인 생각을 하게 될 경우), 말과 행동으로 이어질 의사소통의 길이 막히게 된다. 물론 행동의 스위치가 꺼질 때에도 마찬가지이다. 성경은 이렇게 말한다. "대저 그 마음의 생각이 어떠하면 그 위인도 그러한즉"(잠언 23:7).

과학자들은 무엇이 다른지를 안다

과학자들은 여러 가지 증거를 통해 깊고 지적인 생각과 뇌의 밀크셰이크-멀티태스킹의 차이를 인지하기 시작했다.[8] 깊은 지적 사고는 전전두피질 prefrontal cortex, 눈썹 바로 위에 자리한 뇌의 부위을 긍정적인 방향으로 활성화하여 집중력을 향상시킨다. 이를 통해 정신 분산은 줄어들고 생각의 전환도 잦아들며 감정의 기복도 약화된다. 전반적으로 작업 성취도가 높아진다.

깊고 지적인 생각은 신경네트워크의 상호 연계성을 증진시킨다. 특히 뇌의 전반부에서 신경네트워크의 활성화가 두드러졌고, 뇌의 앞부분과 중간 부위의 신경네트워크 역시 활발한 연계성을 나타냈다.[9] 어떤 자극에 주의를 기울일 때 대뇌피질의 뉴런들에서 향상된 집중력이 나타난다는 연구 결과도 있었다.[10] 우리는 집중력을 높임으로 이러한 뇌의 활동 패턴을 바꿀 수도 있다. 이때 피질의 지도가 바뀌게 된다.

결심이 열쇠이다

1990년대, 수많은 신경과학자들이 '집중력의 효과'에 대한 저마다의 연구논문을 발표했다. 우연인지 몰라도 그때는 내가 수많은 환자들에게서 놀라운 변화가 나타나는 것을 목격하던 때였다. 그런데 이러한 환자들의 공통점은 그들 모두 굳은 의지로 회복될 것을 믿으며 자신의 상태를 호전시키는 데 끈질기게 집중했다는 것이다.

그 중 고등학교 2학년 때 교통사고를 당해 심각한 뇌손상을 입은 여성 환자가 있었다. 신경과 주치의와 여러 다른 의사들은 하나같이 입을 모아 그녀의 부모에게 이렇게 말했다. "희망을 갖지 않는 게 좋을 겁니다. 따님의 경우 아무리 기대해도 '식물인간' 이상으로 호전되기 어렵습니다." 그런데 그들의 부정적 견해와 달리 이 환자의 상태는 점점 나아졌다. 물론 초등학교 4학년 수준의 지적 능력이긴 해도 '식물인간'은 아니었다. 그럼에도 의사들은 거기까지가 그녀의 한계라고 말했다.

불행 중 다행이랄까? 그녀의 부모는 더 이상 의사들의 말에 신경쓰지 않기로 결심했다. 대신 딸이 자신의 생명에 집중한다는 사실을 알고 그녀의 반응에 신경쓰기로 결심했다. 그녀는 끔찍한 사고로 생긴 장애를 이겨내기로 결심했다. 그뿐만이 아니다. 동년배의 학과 과정을 따라잡기로 굳게 결심했다. 친구들과 함께 고등학교를 졸업하기 위해서이다. 이러한 다짐과 함께 그녀의 뇌에는 새로운 신경네트워크가 구축되었다. 그녀는 자신이 어디로 가야 하고 또 어디에 있기 원하는지 확실히 알고 있었다. 그리고 이를 실현하기 위해 끈질기게 노력했다. 이러한 마음이 반영된 새로운 신경네트워크가 만들어지기 시작했다.

그녀는 자신의 목표와 꿈을 나에게 수시로 말해주었다. 이렇게 그녀의 회복 과정이 시작되었다. 나는 그녀와 함께 조금씩 전진하며 그녀의 꿈이 성취되기까지 쉬지 않고 회복 과정을 밟아나갔다. 물론 포기하려 했던 순간도 많았다. 하지만 그녀는 곧 마음을 추스르고 다시금 회복의 과정을 이어나갔다.

효과는 놀라웠다. 그녀는 동년배의 학과 과정을 따라잡았다. 뿐만 아니라 12학년 전 과정을 완수했고, 대학에도 진학했다. 치료 과정을 종료한 후 나는 그녀에게 다양한 행동영역 테스트, 신경정신영역 테스트를 시행해보았다. 그리고 테스트한 결과를 사고 당하기 이전의 상태와 비교·분석했다. 결과는 놀라웠다. 그녀는 사고 이전의 상태로 회복된 것이 아니라 그보다 훨씬 더 향상된 상태였다![11]

이 환자에게 일어난 일은 두 개의 성경 구절에 잘 요약되어 있다. "그들이 생각하여 계획하는 일 중 불가능한 것은 없다"(창세기 11:6, 확대역성경). "믿음은 바라는 것들의 실상이요 보이지 않는 것들의 증거니"(히브리서 11:1).

미래를 긍정적으로 전망하려면, 더 나은 앞날을 상상할 수 있어야 한다. 물론 우리의 뇌에는 '과거'라는 도장이 짙게 찍혀 있을지도 모른다. 그러나 미래에 대한 소망이 과거의 낙인을 제거하고 그 자리에 새로운 신경회로를 구축해줄 것이다. 앞날에 대한 소망은 고통스런 옛 일로 인한 상처를 아물게 한다. 믿음은 이러한 결승점을 향해 달려가도록 우리를 채근한다. 소망은 행복한 기대감으로 이어지고, 행복한 기대감은 평안과 기쁨과 건강한 마음을 낳는다. 그 결과 우리의 뇌와 몸이 건강해질 것이다.

추가적인 유익

깊은 사고의 추가적인 유익으로는 '자이리피케이션'~gyrification~의 향상을 꼽을 수 있다. 자이리피케이션은 뇌의 피질에 더 많은 주름이 생긴다는 뜻을 지닌 멋진 단어이다. 추가로 생겨난 피질의 주름 덕에 우리의 뇌는 많은 정보를 빠른 속도로 처리하게 된다. 신속한 의사 결정 및 기억력 증진 역시 이로 인한 유익이다.[12] 특히 뇌섬에 주름이 많이 생기는데, 뇌섬은 생각, 감정, 자기규제 기능을 총체적으로 담당하는 놀라운 뇌 구조물이다.[13] 이 연구 역시 우리가 깊은 사색에 잠길수록 뇌의 구조가 더욱 발달하게 된다는 사실을 입증해준다. 확실히 깊고 지적인 생각을 통해 우리는 집중력과 기억력을 담당하는 뇌의 부위~배외측 전전두엽, dorsolateral prefrontal cortex~와 생각과 감정을 검토하는 뇌의 부위(뇌섬)를 크게 발달시킬 수 있다.[14]

결론

앞에 소개한 몇 가지 보고서 외에도 우리가 생각을 훈련할 때 뇌가 긍정적인 방향으로 변화된다는 사실을 알려주는 연구 자료는 수없이 많다. 생각을 훈련하는 것은 하나님의 뜻에도 부합하는 일이다. "너의 행사를 여호와께 맡기라 그리하면 네가 경영(생각)하는 것이 이루어지리라"(잠언 16:3). 생각을 훈련한 후에야 올바른 방법의 업무 전환이 가능하다. 또한 그것을 통해 우리 마음의 의도와 감정과 생각을 검토할 수 있게 된다. 이때 우리의 뇌는 보다 높은 차원의 기능을 수행한다.

감사하게도 하나님께서 우리에게 주신 모든 지침에는 보너스가 있다. 만일 우리가 하나님의 말씀대로 산다면 그것 자체가 복이겠지만, 물리적·정신적 보너스를 덤으로 받게 된다. 당신은 하나님의 말씀대로만 행하라. 그러면 평안과 행복과 지식이 덤으로 주어질 것이다.

• 요약 •

1. 멀티태스킹은 끈질기게 살아남은 '허구'에 불과하다.

2. 그것은 동시에 여러 가지 일을 하는 것이 아니다. 사실은 이 일에서 저 일로 우리의 집중력이 빠르게 이동하는 것뿐이다. 이러한 멀티태스킹에는 두 가지 부정적인 결과가 나타난다. 첫째, 특정한 업무와 활동 혹은 정보에 필요한 만큼의 주의를 기울이지 못한다. 둘째, 집중력의 질이 떨어진다. 그래서 나는 이것을 밀크셰이크-멀티태스킹이라 부른다.

3. 이러한 밀크셰이크-멀티태스킹은 일종의 '변덕' 성향을 부추기며 집중력 저하를 일으킨다. 안타까운 것은 밀크셰이크-멀티태스킹으로 인한 집중력 저하 현상이 자주 ADD(주의력 결핍 장애) 혹은 ADHD(주의력 결핍 과잉행동장애)로 잘못 인식된다는 것이다. 더 안타까운 일은 의사들이 이러한 현상에 너무나 자주 불필요한 처방을 내린다는 것이다. 그것은 불 난 집에 부채질하는 격이다.

4. 오늘날 현대인들은 트위터, 인스타그램, 페이스북에 지나치게 에너지를 쏟는다. 이들 소셜네트워크에 정신이 팔린 나머지 인생의 매 순간을 즐겨야 한다는 생각까지 잊어버린 듯하다.

5. 소위 미디어 전문가라는 사람들은 이렇게 말한다. "방금 전의 정보가 미처 소화되기 전, 새로운 정보가 홍수처럼 밀려들어오기 때문에 정보는 한 입에 삼킬 수 있는 크기로 줄어야 한다." 이것은 고무적이라기보다 재앙에 가까운 발언이다.

6. 밀크셰이크-멀티태스킹은 집중력을 감퇴시키므로, 이에 젖어 있는 사람은 무언가를 골똘히 생각하기가 어렵다. 그러므로 그의 판단과 의사결정은 피상적인 성격을 띨 수밖에 없다. 결국 그는 수동적이고 부주의한 사고 패턴에 길들여진다.

7. 과학자들은 깊고 지적인 생각과 뇌의 밀크셰이크-멀티태스킹의 차이를 인지하기 시작했다.

8. 지난 수년간 굳은 의지로 회복될 것을 믿으며 자신의 상태를 호전시키는 데 끈질기게 집중했던 수많은 환자들에게서 놀라운 변화가 나타나는 것을 목격할 수 있었다.

7장

생각, 하나님 그리고 양자물리학

중심 성구 내가 오늘 하늘과 땅을 불러 너희에게 증거를 삼노라 내가 생명과 사망과 복과 저주를 네 앞에 두었은즉 너와 네 자손이 살기 위하여 생명을 택하고
(신명기 30:19)

연관 과학 지식 생각과 사고하는 능력은 온 우주에서 하나님 다음으로 강력한 힘을 지녔다고 할 수 있다. 이것은 하나님이 우리에게 주신 엄청난 선물이므로, 우리는 귀하게 여기고 올바르게 사용해야 한다. 양자물리학의 기초 구성 단위는 집중, 생각, 선택, 그리고 이에 따른 결과이다.

앞선 여러 장들에서 살펴보았듯이 '마음의 활동'(구체적으로 말하면, 감정의 힘에 이끌리는 생각들)은 우리의 뇌 지형도를 변형시키는 설계사이다. 하나님께서 만드신 인간 존재 안에서 '생각'과 '선택'은 주된 역할을 담당한다. 요즘, '생각'과 '선택'과 '과학'을 연결하는 양자이론이 세간의 화제이다.

생각이 선택으로 이어지는 과정은 온 우주에서 하나님 다음으로 강력한 힘을 발휘한다. 생각과 선택은 하나님이 우리에게 선사하신 엄청난 능력이므로, 우리는 이것을 소중히 다루고 올바르게 사용해야 한다.

서로 다른 세 가지 세계

우리의 오감으로 인지하는 감각의 세계가 있다. 그리고 전자기와 원자의 세계가 있다. 마지막으로 아원자subatomic와 양자의 세계가 있다. 양자의 세계는 물리학자들의 인식 속에 자리잡고 있던 선형의 시간linear time, 질서 잡힌 공간orderly space, 고정된 실체fixed reality의 개념을 뒤엎어버렸다. 그리고 인간을 '부품 교환 가능한 기계'처럼 바라보았던 데카르트-뉴턴식의 세계를 뒤집어 생각해보는 계기를 마련했다.

하나님의 방식은 이렇다. 그분은 인간 스스로 "난 엄청 똑똑해. 다 알아"라며 자만할 때까지 내버려두셨다가 갑자기 새로운 정보를 쏟아내신다. 이전의 공식을 무효화하고 모든 것을 뒤엎어버리신다. 양자물리학과 양자역학 성립의 공헌으로 1918년 노벨상을 수상한 독일 출신의 이론 물리학자 막스 플랑크는 이렇게 말했다. "과학의 진보는 연이은 장례를 통해 이뤄진다."[1)]

양자물리학은 하나님을 경외하는 또 다른 방법이 되었다

양자물리학은 원자를 구성하는 물질들이 어떻게 작동하는지를 설명하는 학문이다. 즉 이 세상에서 가장 작은 단위의 물체(입자)가 어떤 활동을 하는지 설명해주는 것이다. 양자로 번역한 '퀀텀'quantum의 뜻은 '에너지'이다. 그러므로 양자물리학은 전자기파와 입자들이 어떻게 움직이는지를 설명해준다. 그리고 양자역학은 이 에너지의 움직임을 설명하기 위해 사용하는 수학적 틀이다.

오늘날 과학자들은 우리가 여러 가지 선택사항 중 어떤 것을 고를지 양자물리학을 통해 예견하고, 그 방법을 계량하여 설명한다. 쉽게 말해 수학 공식을 사용하여 인간의 자유의지를 계측하고 설명하는 방법인 것이다. 본질적으로 양자물리학은 다음과 같이 결론을 내린다.

- 당신의 의식은 소립자(아원자)의 운동에 영향을 준다.
- 시간 속에서 소립자는 전후로 움직이며 가능한 모든 공간에 동시에 나타나기도 한다.
- 우주는 빛보다 빠른 속도의 정보 전송을 통해 연결된다.

성경에 부합하는 양자물리학

과학은 인간을 거대한 기계 속에 들어 있는 작은 부품으로 인식해왔다. 그런데 양자이론은 이러한 인식을 바꿔놓았다. 이제 과학은 인간을 '자유롭게 생각하는 존재'로 인식한다. 게다가 인간의 의식적 선택이 물질세계에 영향을 미친다는 점도 인정하기 시작했다.[2] 이것을 '관찰자 효과'라고 부른다. 관찰자는 '가능성이 사라지는' 방향으로 결정한다(원하는 바가 실현되면 해당 사안의 가능성은 0이 된다. 실현된 순간 더 이상 '가능성'이 아니기 때문이다. 그래서 '가능성이 사라진다'라고 말한 것이다-역주). 양자의 우주 속에서 관찰자인 우리는 우리 주변의 현상, 공간, 시간에 영향을 끼친다. 우리는 '가능성'을 '현실'로 바꿀 수 있다. 기억하라. 생각이 물질을 통제한다.

'관찰자 효과'를 좀 더 쉽게 설명해보겠다. 매일매일 당신은 삶 가운데 여러 가지 사건을 체험하면서 수많은 가능성과 마주하게 된다. '무엇을 입고 외출할까' 하는 선택의 가능성부터 '방금 수신한 이메일에 어떻게 답신을 쓸까' 하는 선택의 가능성까지, 당신이 맞닥뜨릴 가능성은 참으로 다양하다. 그런데 그 모든 가능성 중 하나를 선택하는 주체는 당신이다.

이제 당신은 생각의 능력을 발휘하여 여러 가지 가능성 중 한 가지를 선택한다. 이때 나머지 모든 가능성은 사라진다. '아침으로는 달걀 요리를 먹어야지.' '이 이메일에는 화난 어조로 답하지 않는 것이 좋겠군.' '오늘은 못 하겠다는 말을 하지 않겠어.' 그렇게 결단을 내리는 동안 가능성은 0이 되고 그곳에 '실현'이 자리하게 된다.

거짓의 아비인 사탄(요한복음 8:44)은 수천 가지 부정적인 가능성을 대동하여 당신 앞에 나타날 것이다. 그러나 기억하라. 가능성에는 아무 힘이 없다. 그저 가능성일 뿐이다. 가능성이 힘을 발휘할 때는 당신이 그 가능성을 선택하여 '현실'로 만들 때뿐이다. 마찬가지로 당신이 사탄의 거짓말을 믿기로 선택할 때, 거짓말의 내용(가능성)은 '현실'이 된다. 이렇게 하여 '악'이 탄생했다.

자유의지 - 양자물리학의 기본 요소

양자물리학은 '자유의지', '방향 잡힌 집중력'(선택의 결과), 그리고 '선택의 효과와 결과'를 기본 재료로 삼는다. 잠언 4장 20-27절을 예로 들어보겠다. 만일 우리가 하나님의 말씀에 주의를 기울이면 우리의 생각이 하나님의 뜻에 일치되기 때문에 그에 따른 선택 역시 하나님의 뜻에 부합하게 된다. 그 결과는 치유와 건강이다.

하나님의 말씀에 집중하고, 그 말씀을 듣고 암송하는 등의 의도적인 행동은 우리의 육체에 건강이라는 효과를 전달할 것이다. 신명기 30장 19절 말씀 "내가 생명과 사망과 복과 저주를 네 앞에 두었은즉 너와 네 자손이 살기 위하여 생명을 택하고"도 이와 같은 방식으로 분석할 수 있다. "내가 생명과 사망과 복과 저주를 네 앞에 두었은즉"은 우리가 선택할 수 있는 여러 가능성들이다. "생명을 택하고"는 여러 선택 가능성들을 평가해보고 의지를 다하여 '생명'이라는 가능성을 택하라는 명령이다. "너와 네 자손이 살기 위하여"는 의지를 다해 생명을 선택할 경우 당신이 마주하게 될 결과물이다.

이제 양자물리학의 기본 재료들인 '주의 집중', '생각과 선택', '선택의 결과'를 응용해보자.

1. 정보: 전화기의 '부재중 음성수신 메시지' 버튼을 눌렀다. 병원에서 온 전화였다. "혈액 검사 결과가 나왔습니다. 이 메시지를 확인하는 즉시 병원으로 전화해주십시오."

2. 생각: 당신의 머리엔 수많은 생각이 오간다. 첫 번째 선택 가능성은 '두려움'이다. '즉시 병원으로 전화해달라고? 그렇다면 나쁜 소식이란 뜻인데….' 생각은 꼬리에 꼬리를 물고 이어진다. 심지어 자신의 장례식에 사용할 노래를 선정하기에 이른다. 두 번째 선택 가능성은 '부인'이다. "별일 아니야. 시간 나면 전화하지 뭐." 세 번째 선택 가능성은 '신뢰'이다. "좋은 소식이리라 믿어. 나는 의사의 말에 좌우되지 않아!"

3. 선택: 당신은 하나의 가능성을 선택한다. 만일 '두려움'을 선택한

다면 '나는 병들었어'라는 생각이 당신의 뇌에 접속될 것이다. 이후 당신의 뇌는 이 생각을 바탕으로 반응하기 시작한다. 그리고 당신의 삶은 이 생각이 실현되는 무대로 바뀐다.

 4. 결과: 갑자기 아픈 느낌이 든다. 당신은 '맞아. 나는 곧 죽게 되겠지'라는 확신을 갖는다.

 5. 새로운 결과: 의사에게 전화를 건다. 혈액 검사 결과 아무 이상이 없는 것으로 나왔다. 갑자기 기분이 좋아진다('난 참 미련해'라는 생각이 들 수도 있다).

 당신이 집중하는 대로 뇌가 변화된다. 왜냐하면 우리의 몸은 영과 혼의 뜻을 이행하기 때문이다. 변화된 뇌는 당신의 말과 행동, 몸과 혼의 느낌과 감정에 영향을 미친다.[3]

 양자물리학은 다양한 방식의 설명으로 정의내릴 수 있다. 하지만 1927년 코펜하겐대학의 닐스 보어가 만든 '양자이론 코펜하겐 공식'은 그 모든 정의들의 '원조'元祖로 인정받고 있다.[4]

 이 공식에서 인간의 자유의지 결정은 통제 가능한 '변수'로 설명된다. 간단히 말하자면, 당신은 자신의 선택을 자유로이 통제할 수 있다는 것이다. 그리고 이러한 생각과 선택이 물리적 실체로서 계측이 가능하다는 사실을 입증하기 위해 양자역학이 사용된다.[5] 감정을 느끼는 방식, 생각을 하나로 잇는 방식, 그리고 감정과 생각에 집중하는 방식은 뇌의 작동 방식을 변화시킨다.

 이 원칙을 적용한다면, 당신은 부정적인 생각과 행동, 잘못된 습관을 올바른 방향으로 수정할 수 있다.

양자 제논 효과 Quantum Zeno Effect, QZE

나는 양자물리학을 좋아한다. 특히 '양자 제논 효과'$_{QZE}$로 불리는 물리 원칙이 내 마음을 사로잡았다. 쉽게 설명하자면, 양자 제논 효과는 '학습'을 가능하게 하는 '반복된 노력'이라고 할 수 있다.

당신이 무언가를 반복해서 읽거나 생각하거나 혹은 골똘히 생각하며 글을 쓴다고 하자. 그러면 지식은 깊어지고 이해의 폭이 넓어지며 집중력 또한 강화된다. 그 결과 당신의 뇌 속 신경세포가 자란다. 이때 뇌의 시냅스가 점화방식에 의해 여러 차례 흥분하게 된다. 그 결과 당신의 뇌 속 뉴런들은 정렬된 상태를 이루고 일시에 점화하여 흥분하게 된다. 이러한 과정을 통해 유전자 발현이 진행되므로 뇌 속 시냅스가 더욱 견고해지고 형성된 단백질의 질도 높아진다. 이처럼 깊이 있고 집중된 지적 활동의 반복에 의해 생긴 뇌의 변화는 뇌 화상 촬영으로도 확인해볼 수 있다.[6]

양자 제논 효과가 우리의 뇌에 대해 말하는 바는 "당신이 무엇에 집중하고 또 어떻게 집중하느냐에 따라 당신의 뇌가 변화된다"는 것이다. 이때 변화는 총체적이다. 우리가 우리의 뇌 속에 무엇을 쌓든지, 우리의 행동은 뇌의 변화를 그대로 따른다. 결국 뇌의 구조적 변화가 행동양식에도 영향을 미치는 이른바 '총체적 변화'로 이어지는 것이다. 오감$_{五感}$을 통해 인지한 정보 중 몇 가지만 선택하여 집중하기로 결심할 때, 뇌의 물리적 구조가 변화된다. 특별히 뇌 회로의 활동이 활발해진다.

임상실험을 진행하면서 나는 여러 교사와 학생들에게 우리의 뇌가 어떻게 생각을 만들어내는지 알려주었다. 그리고 조직적·체계적·논리적으로 집중하는 방법을 알려주었다. 여기에는 정보 수집, 수집된 정보를 반복해서 읽기, 읽은 내용을 생각하기, 생각을 글로 옮기기, 글로 정확하게 표현했는지 다시 한 번 확인하기, 다른 사람에게 이 내용을 큰 소리로 가르쳐보기, 그리고 자신에게 적용해보기의 과정이 포함된다. 나는 이것을 '뇌의 스위치를 켜라 - 5단계 학습 과정'이라고 이름 붙였다.

박사 학위를 위한 실험연구에서 나는 전통적인 학문체계를 그대로 답습하는 모집단을 선택했다. 그들은 기본적인 학습 방법 및 전통적인 교수법과 수학受學법을 사용했다. 그런데 내가 그들 중 일부 학생에게 '뇌의 스위치를 켜라'를 시행하자 그들의 학업 성취도가 눈에 띄게 향상되었다. 영어, 수학, 역사, 과학, 이렇게 네 과목의 수학능력을 평가한 결과 상위인지metacognitive 능력과 인지능력cognitive에서 35-70퍼센트 정도가 개선된 것으로 나타났다.[7]

이 학생들은 끈기와 노력이 마침내 좋은 결과로 이어지리라는 생각을 품고 가능성을 열어둔 채 생각을 넓혀가며 어려운 목표에 도전하기 시작했다. 이러한 태도가 변화를 이뤄냈다. 그들은 나와 함께 이 과정을 진행하며 배후에 숨어 있는 과학적 원리를 배웠다. 그리고 배운 교훈을 자신의 학습에 적용했다. 이것은 양자 제논 효과가 작용한 결과이다.

나는 여러 다른 연구에서도 이 사실을 다시 확인할 수 있었다. 뿐만 아니라 내가 치료했던 환자들의 삶과 나의 자녀들의 삶 그리고 내 삶에서도 양자 제논 효과의 위력은 강력했다. 나와 함께 이 과정을 수행했던 의뢰인들의 나이는 적게는 3살, 많게는 78살로 연령대는 매우 다양했다. 어떤 비행기 조종사는 직업을 바꾸기 위해 이 과정을 밟았는데, 현재 공인회계사로 일하고 있다.

이 학생들과 처음 만났을 때, 나는 그들에게 이렇게 말했다. "지능은 끊임없이 쌓이고 개발됩니다. 그래서 여러분은 원하는 만큼 지적인 사람이 될 수 있습니다. 물론 뇌를 어떻게 사용하느냐에 달려 있지요." 이 과정에는 무언가를 배우고 기억할 때 뇌가 어떻게 작동하고 변화되는지(뇌가소성)를 알려주는 기초 수업도 포함되었다. 첫 시간에 내가 그들에게 힘을 주어 설명한 내용은 "뇌의 개발은 전적으로 여러분의 책임입니다"였다. 열심히 노력하고 도전할 때 우리의 뇌 속에 더 많은 뇌세포가 자란다는 사실도 잊지 않았다. 자신의 학습에 대해 책임을 지려는 그들의 열정은 실로 대단했다.

스탠포드대학의 심리학자인 캐롤 드웩 박사 역시 이와 유사한 연구 결과를 얻었다. 그녀는 이렇게 말했다. "지능도 성장할 수 있다고 믿은 학생들은 놀라운 수학 성적 향상을 나타냈습니다. 반면, 지능은 고정되어 있다고 믿은 학생들은 수학 성적이 떨어졌어요."

이후 드웩 박사는 학생들을 두 그룹으로 나누었다. 그리고 한 그룹에는 우리가 새로운 지식을 습득하고 또 어려운 과제에 도전할 때 이에 대한 반응으로 우리의 뇌가 성장한다는 사실을 알려주었다. 다른 한 그룹의 학생들은 전통적 학습법을 그대로 답습했다. 학기 말에 이 두 그룹을 비교하자 차이는 현격했다. 소규모이긴 하지만 나름 '신경과학'을 적용했던 학생들은 그렇지 않은 학생들에 비해 월등한 성적을 거두었다.[8]

얽힘의 법칙

양자물리학이 말하는 '얽힘의 법칙'은 "시간과 공간 안에 존재하는 모든 것의 성격은 '관계'에 의해 정의된다"는 것이다. 자연은 상호 간에 얽혀 있는 소립자들로 만연해 있기 때문에 '관계'는 거리에 영향을 받지 않는다. 물리적 연결 또한 필요하지 않다. 상호 간의 거리가 멀어도, 가시적인 연결고리가 없어도 모든 것은 연결되어 있다. 모든 사람 또한 연결되어 있다. 우리는 서로서로 영향을 주고받는다.

얽힘의 법칙은 성경과도 맥을 같이한다. "이와 같이 우리 많은 사람이 그리스도 안에서 한 몸이 되어 서로 지체가 되었느니라"(로마서 12:5). 하나님께서 당신에게 어떤 사명(당신의 영적 감각으로 깨달을 수 있는 삶의 목적, 전도서 3:11)을 주셨는데, 당신이 그것을 수행하지 않는다고 가정해 보자. 비록 내가 당신이 누군지 알지 못한다 해도 당신의 사명 불이행은 내 삶에 영향을 미칠 것이다.

우리는 모두 하나님께 속한 사람들이다. 그러므로 우리는 서로서로 연결되어 있다. 이와 같은 내적 연계는 결코 놀랄 일이 아니다. 얽힘의 법칙 때문에 다른 사람을 향한 당신의 생각, 중보기도, 말 등은 매우 큰 힘을 발휘한다. 이 사실 또한 성경과 맥을 같이한다. "의인의 간구는 역사하는 힘이 큼이니라"(야고보서 5:16). 나는 이 얽힘이 매우 강력하기 때문에 나의 생각이 나 자신의 DNA 분자구조뿐 아니라 다른 사람의 DNA 분자구조까지 변화시킨다고 생각한다.

하트매스HeartMath 연구소에서는 재미있는 실험을 진행했다. 이 실험에서 피실험자는 누군가를 향해 긍정적이든 부정적이든 의도적으로 어떤 감정을 불러일으켜야 했다. 그의 감정 변화는 '심장 박동 횟수 변화' 측정을 통해 알 수 있었다. 관찰 결과는 매우 흥미롭다. 다른 사람을 향해 특정한 감정을 불러일으켰을 때 피실험자의 DNA 이중나선 끈이 꼬이

기도 하고 풀리기도 한 것이다. 이러한 현상은 긍정적인 감정과 부정적인 감정 모두에서 동일하게 나타났다.[9] 또 다른 흥미로운 연구도 진행되었다. 매일 30초 동안 진심 어린 의도로 어떤 감정을 품었을 때, 그 사람은 물론 다른 사람의 삶도 변화된 것을 알 수 있었다. 그의 주변 사람과 적어도 3대에 이르는 후손에 이르기까지 말이다![10]

이제 성경을 펼치고 12년 동안 혈루증을 앓았던 여성의 이야기를 살펴보자(마태복음 9:20-22). 그녀는 치유받기를 간절히 원했다. 그래서 예수라는 치유자에 대해 들었을 때 자신이 갖고 있는 정보 조각들을 맞춰가며 치유를 소망하기 시작했다. 그렇게 긍정적인 감정이 축적되고 의지가 굳어갔다. 이제 그녀의 의식 속에는 치유에 대한 생각이 자리하게 되었다. 그녀는 치유될 것을 마음으로 믿었다.

이것은 창세기 11장 6절과 히브리서 11장 1절 말씀이 우리의 삶에 어떻게 적용되는지를 보여주는 일화라고 할 수 있다. 이렇게 그녀는 믿음을 키워갔고 하나님의 능력에 자신을 맡길 수 있었다. 치유에 대한 확신이 그녀의 생각 속에 뿌리내린 것이다(잠언 23:7). 이제 그녀는 생각을 행동으로 옮긴다. 치유를 위해 여타의 가능성들을 내려놓고 오직 한 가지 가능성만 붙들었다. "그분의 옷 솔기만 만져도 나는 치유될 수 있어." 그녀가 마음으로 믿고 입으로 고백했을 때, 그녀와 하나님과의 '얽힘'(골로새서 1:16)이 활성화되었다.

그날 그녀의 정신과 행동 사이에 불일치는 없었다. '생각 따로 행동 따로'의 모습은 없었다는 뜻이다. 과학은 우리가 하나님의 뜻을 받아들이고 그대로 살아갈 때 어떤 놀라운 일이 일어나는지를 보여준다. 때때로 하나님은 과학을 통해 우리가 그분께 속한 백성임을 알려주신다. 우리는 하나님께 속해 있기 때문에 그분의 법을 따를 때 유익을 얻는다.

우리는 지능을 개발하고 훈련시킬 수 있다. 이러한 지능을 활용하면, 어떻게 하나님의 임재를 체험하는지 더 잘 이해할 수 있다. 나는 이것을 진심으로 믿는다. 과학이 하나님과 나의 관계를 전혀 새로운 차원으로 이끌었던 사건이 있었다. 그때 나는 하나님을 실제적으로 또 인격적으로 체험할 수 있었다. 하나님은 모든 가능한 경위를 통해 자신을 계시하고자 하신다. 과학을 연구해보면 하나님께서 우리에게 자신을 나타내시기 위해 얼마나 노력하셨는지를 알게 될 것이다.

우리는 서로서로 얽혀 있다. 그리고 이 사실이 우리의 뇌 구조에 반영되어 있다. 곁에 있는 누군가가 웃거나 우는 것, 혹은 커피 한잔 마시는 것을 바라볼 때 당신의 뇌 속 '거울 뉴런'mirror neurons이 점화될 것이다. '거울 뉴런'은 1955년 지아코모 리졸라티와 그의 연구팀이 최초로 발견하였다.[11] 일반적으로는 감각-인지 사이클을 통과한 감각에 우리의 뇌가 반응을 보이지만, '거울 뉴런' 덕에 이런 복잡한 과정을 거치지 않고도 우리의 뇌가 활성화될 수 있다.

공감능력은 하나님께서 주신 놀라운 선물이다. 우리는 공감능력을 활용하여 다른 사람의 내면을 살필 수 있다. 이로 인해 대화는 진솔해지고 대화의 질 또한 높아진다.[12] 타인의 감정을 인지할 때 작고 미세한 거울 뉴런과 함께 우리 뇌의 수많은 부위가 활성화된다. 타인에 대한 동정심 혹은 긍휼의 마음은 우리 안에 견고한 프로그램으로 장착되어 있다. 그리고 동정심은 감각의 세계, 전자기의 세계, 양자의 세계를 모두 아우른다.

우리의 기도가 작동하는 또 다른 원리

소립자들이 서로 얽히는 현상은 '양자이론'을 통해 설명할 수 있다. 이를테면 멀리 떨어져 있는 두 개의 소립자가 얽혀 있어 마치 하나인 것처럼 활동하는 현상 말이다. 물리학자들은 이러한 소립자의 활동을 '비국소'nonlocal라고 부른다. 소립자의 위치(정지해 있는 상태)와 소립자의 운동을 동시에 포착하는 것은 물리적으로 불가능하다는 뜻이다. 또한 소립자 현상에는 시간-공간의 법칙이 적용되지 않는다는 뜻이기도 하다.

우리는 하나님이 시공을 초월하여 역사하신다는 사실을 안다. 기도의 능력 또한 시공의 제한이 없다. 지구 반대편에 있는 사람이 우리의 기도를 인지하고 또 기도의 효과를 체험한다는 간증은 수없이 많다. 전 세계의 크리스천이 전하는 수백만의 간증 외에도, 신경학계에는 기도의 능력에 대한 수많은 연구 결과가 문서화되어 있다.

오감 신호, 전자기 신호, 거울 뉴런, 뇌섬 활동을 모두 제거해도 우리는 서로의 마음과 뇌의 활동에 영향을 줄 수 있다. 이러한 내용의 혁신적인 연구가 진행되었다. 그런데 흥미로운 것은 상호 간에 연관을 맺은 '묵상하는' 사람들 사이에서 이러한 영향이 나타났다는 것이다. 서로를 알지 못하는 대조군에서는 이러한 영향력이 나타나지 않았다.

전자기장이 차단된 공간, 이른 바 '페러데이 상자' 안에 두 사람이 들어간다. 두 사람은 하나의 페러데이 상자 안에 나란히 앉아 묵상한다. 이후 그들 각 사람은 따로 떨어진 두 개의 페러데이 상자 속으로 들어간다. 거기에서도 그들은 묵상을 이어간다. 이때 두 개의 페러데이 상자 중 하나를 골라 그 안에 있는 사람의 한 쪽 눈에 불빛을 비춘다. 놀랍게도 이때 그 사람의 뇌의 점화된 부분과 다른 상자에 있는 사람의 뇌의 점화된 부분이 같았다. 감각적·전자기적 연계가 없음에도 이런 현상이 나타난 것이다.[13]

전통 물리학에서는 사전 조건이 만족될 때에만 이런 일이 가능하다고 말한다. 말하자면 "A가 발생해야 반드시 B가 발생한다"는 것이다. 시간과 공간의 차원에서 인과법칙에 대한 우리의 감각은 별 문제가 없어 보인다. 예를 들어 누군가가 심장 질환을 앓아 수술을 받아야 하는 상황이라면, 그냥 심장 수술을 받으면 된다. 수술 결과는 성공 또는 실패, 둘 중 하나이다. 여기까지가 전통 물리학이 설명하는 바이다.

그런데 심장 수술 환자 중 기도나 동정심 등의 형태로 영적 후원을 받은 사람은 그렇지 않은 사람보다 사망할 확률이 7분의 1밖에 되지 않는다는 연구 결과가 있다.[14] 또한 교회에 정기적으로 참석하고 강력한 믿음을 가진 환자의 경우 그렇지 않은 사람보다 수술 중 사망 확률이 적고 전반적으로 더 건강하다는 연구 결과도 있다.[15] 목적 있는 기도와 전반적인 건강 상태 및 장수의 연계성을 조사한 연구 결과 자료는 무려 1,200편이 넘는다.[16] 다양한 의학 저널에 발표된 메타 분석 자료만 봐도 기도가 치유에 현격한 영향을 미친다는 사실을 알 수 있다.[17]

현재 캘리포니아에서 신경외과 의사로 활동 중인 데이비드 레비 박사는 수술에 들어가기 전, 자신의 환자를 위해 기도한다. 이 기도의 효과는 대단하다. 이러한 이유로 대다수의 환자들은 그가 기도해주기를 바란다. 그의 기도는 그가 환자들을 인격적으로 대하고 또 그들의 건강에 대해 깊이 염려하고 있다는 표현이기 때문이다. 환자들은 영적인 이야기를 나누지 않는 의사보다 기도하는 의사를 선호한다.[18]

레비 박사는 종종 생사가 걸린 뇌수술을 집도하는데, 이러한 상황에 그가 어떻게 대처했는지 들어보자. 나는 그의 태도를 존경한다.

저는 꽤 오랫동안 이 직업에 몸담았습니다. 그래서 가장 최근에 회자되는 치료법이나 의학 도구, 또 시장에서 불티나게 팔리는 의약품에 대해 잘 알고 있습니다. 그 중 대다수가 아주 기발합니다. 저 또한 진료할 때 그러한 도구를 종종 사용합니다. 저는 몇몇 기업에 새로운 도구를 개발하도록 자문하기까지 했습니다. 그리고 세계를 돌아다니며 유용한 도구를 알리고 그것의 사용법을 가르칩니다. 저는 현대 의학 기술의 발전에 경의를 표하며 또 고마움을 느낍니다. 그러나 아무리 기술의 발전이 인간의 수명을 연장해주고 고통을 덜어준다 해도 딱 거기까지입니다. 기술은 결코 삶의 질을 높여주지 못합니다.

제가 경험한 바, 전인격으로서의 인간을 '잘 살게' 해주는 요소는 '영성'입니다. 만일 우리가 하나님을 믿고 그분의 일하심을 받아들인다면, 하나님께서 우리의 일상 속에 강력한 초자연적 역사를 일으켜주실 것입니다. 이러한 이유로 저는 환자와 상담하고 진단하고 수술할 때 하나님께서 개입해주시기를 기도합니다. 과학적이어야 하고 논리적이어야 하며 인간의 진보를 신봉해야 하는 신경외과 의사가 이처럼 굳건한 믿음으로 하나님을 선택하며 기적을 기대하다니! 이를 보며 참 많은 사람이 놀라곤 합니다. 그러나 그동안의 경험은 경이로움 그 자체였습니다.[19)]

위에 예시한 연구는 기도와 의지를 통해 우리들 서로서로가 어떻게 영향을 끼치는지 집중 조명해주고 있다. 우리의 기도는 다른 사람에게 긍정적인 영향을 미친다. 반면 우리와 관계를 맺고 있는 타인을 향해 부정적인 말을 내뱉을 때에는 부정적인 영향력이 전달될 것이다. 물론 성경말씀대로 까닭 없는 저주는 참새가 떠도는 것과 제비가 날아가는 것과 같이 이루어지지 않겠지만 말이다(잠언 26:2).

점점 더 작은 크기의 입자가 대두되다

물질은 분자에서 원자로, 원자에서 쿼크$_{quark}$로, 쿼크에서 렙톤$_{lepton}$으로 그리고 보손$_{boson}$으로 점점 작은 단위로 나뉜다. 오늘날 물리학자들은 쿼크의 구성단위로 프레온$_{preon}$이라 불리는 더 작은 개념의 극소립자를 이야기한다. 여기에 초끈이론이 가세한다. 거대한 물질 덩어리가 실제로는 프레온보다 더 작은 크기의 진동하는 끈$_{string}$으로 구성되어 있다는 이론이다. 어떤 과학자는 "프레온은 시간과 공간을 비틀어 꼬아놓은 것이다"라고 설명한다.[20]

만일 프레온이 존재한다면(나는 그렇다고 생각한다) 그 크기는 매우 작을 것이다. 현재 가장 작은 단위의 입자로 알려진 '쿼크'(0 사이즈에 가깝다) 속에 들어갈 만큼 말이다. 그렇다면 초끈은 이보다 더 작을 것이다.[21]

생각의 속도는 빛의 속도보다 빠르다

전자는 하나의 궤도를 이탈하여 다른 궤도로 이동한다. 이때 이동 경로 사이의 공간이나 시간의 제약은 전자의 이동에 아무 영향을 끼치지 못한다.

그런데 과학자들은 생각 신호가 빛의 속도보다 더 빠르게 이동하는 것 같다고 말한다. 이러한 현상은 전통 물리학으로는 설명할 수 없다. 서로서로 생각의 영향을 주고받는 것이 어떻게 설명되겠는가? 또 부정적인 태도를 지닌 사람이 당신의 감정에 악영향을 미친다는 것을 어떻게 설명할 수 있겠는가?

각 사람의 감정을 비춰내는 우리의 뇌 속 '거울 뉴런'을 생각해보자. 앞에서 내가 '공감능력'에 대해 이야기한 것을 기억하는가? 사람들 사이를 오가는 신경신호는 에너지의 흐름으로 구성되어 있다. 어쨌든 지금은 양자물리학 용어로 이러한 현상을 설명할 수 있다.

영적인 세계를 잠시 들여다보다

이러한 관찰은 시공의 영역 너머에 있는 '영적 세계'를 잠시 들여다볼 수 있게 해준다. 부활 사건 이후 예수님의 두 제자가 엠마오를 향해 걷고 있었다. 그런데 그들 앞에 갑자기 부활하신 예수님이 나타나셨다. 안타깝게도 두 사람은 그분이 예수님이신 줄 알지 못했다. 저녁쯤 되어서야 그들은 그분이 예수님이심을 알아차렸다. 하지만 그 순간 예수님께서 갑자기 사라지셨다(누가복음 24:31).

이 내용이 언급된 누가의 기록을 몇 줄 더 읽어보면, 부활하신 예수님께서 제자들 앞에 갑자기 나타나신 장면을 보게 된다. 당시 그들은 예수님을 유령으로 생각했다(누가복음 24:36-46). 그리고 사도행전에는 빌립이 한 에티오피아인(간다게 여왕의 환관)에게 세례를 베푼 후 갑자기 사라지는 내용이 기록되었다. 이 모든 것은 풀리지 않는 미스터리이다. 하지만 나는 양자물리학으로부터 힌트를 얻을 수 있지 않을까 생각해본다. 혹시 하나님께서 이 놀라운 미스터리를 설명하도록 아름답고 놀라운 과학개념으로 우리를 자극하시는 것은 아닐까?

'예측불가'가 표준이다

'예측불가'가 표준이다. 그런데 예측불가에는 믿음이 요구된다. "믿음이 없이는 하나님을 기쁘시게 하지 못하나니"(히브리서 11:6). 우리는 하이젠베르그 불확정성 원리_{Heisenberg Uncertainty principle}에서도 이와 동일한 개념을 발견하게 된다. 하이젠베르그 불확정성 원리는 그간의 '독단적 확실성'을 '불명료함'으로 대체하며 전통 물리학과의 근본적 단절을 이뤄냈다.

예를 들어 인간을 '시스템[22] 외부에 있는' 관찰자로 보는 견해를 꼽을 수 있다. 이 경우 인간을 예측하는 것은 불가능하다. 오히려 인간은 시스템 속에 예측 불가능한 효과(활동)를 밀어넣는 존재로 인식된다.

예측할 수 없는 것은 인간만이 아니다. 이러한 예측불가성은 전자와 광자 차원으로까지 내려간다. 소립자에서는 명확한 운동성이나 명확한 정지 상태가 발견되지 않는다. 소립자들은 입자 형태도 아니고 파동 형태도 아니다. 왜냐하면 입자이면서 동시에 파동이기 때문이다. 쿼크, 보손, 프레온, 초끈에 대해서도 마찬가지이다. 그것들의 운동이나 정지 상태는 쉽게 말해 예측할 수 없다. 그것들이 어디에 있을지 알 수 없다. 정해진 위치가 없고 모든 곳에 존재하기 때문이다.

양자물리학의 수학적 예측은 불확정성을 보여준다

당신은 수학적 예측을 통해 불확정성을 얻는다(이상하게 들리지 않는가?). 양자물리학의 수학적 예측은 단지 불확정성을 수학적으로 조명해 줄 뿐이다. 이것은 자유의지의 존재를 뒷받침해준다.[23] 당신은 다른 사람의 생각을 100퍼센트 정확하게 예측할 수 없다. 심지어 당신이 잘 아는 사람이어도 당신은 그의 생각을 예측할 수 없다.

이것은 하나님께서 섭리해두신 법칙이다. 어떤 인간도 다른 사람의 생각을 알 수 없다. 오직 하나님과 그 당사자만 알 뿐이다. "사람의 일을 사람의 속에 있는 영 외에 누가 알리요"(고린도전서 2:11).

내일의 날씨, 당신의 친구가 할 말, 다음주에 당신이 하게 될 일 등은 모두 미래의 일들로서 하이젠베르그의 불확정성 원리를 따른다. 당신에게는 믿음 아니면 두려움의 두 가지 선택사양이 주어질 뿐이다. 나는 당신이 무엇을 선택할지 알지 못한다. 그러나 믿음을 선택하기를 바란다. 왜 내일의 일을 근심하는가?

하나님이 계시하신 대로 믿기

전통 물리학자들에게 하이젠베르그의 불확정성 원리는 악몽과 같다. 논리로 하나님과 자유의지의 존재를 반박하고자 하는 사람들에게도 마찬가지이다. 이와 같은 무작위성을 결코 용납할 수 없었던 아인슈타인 박사는 공공연하게 말했다. "데어 알테 뷔르펠트 니히트!" 번역하면 "그 오랜 늙은이(신)는 주사위를 던지지 않는다!"이다. 물론이다. 하나님은 주사위를 던지지 않으신다. 다만 "나를 믿으라. 스스로 통제하려 하지 말라"라고 말씀하신다. 이에 미래의 모든 것을 정확하게 예측할 수 있다는 생각은 철저히 무너진다. 아인슈타인은 불확정성을 떨쳐내려고 그 말을 했겠지만, 하나님은 인간이 하나님의 주권을 예측·제한하도록 놔두지 않으신다. 누구도 하나님의 생각을 헤아릴 수 없다(시편 145:3, 전도서 3:1, 로마서 11:33).

아인슈타인은 옳지 않은 각도에서 바라보았다. 관찰을 위해 가야 할 올바른 장소는 성경이다. "너는 마음을 다하여 여호와를 신뢰하고 네 명철을 의지하지 말라 너는 범사에 그를 인정하라 그리하면 네 길을 지도하시리라"(잠언 3:5-6). "사람의 마음에는 많은 계획이 있어도 오직 여호와의 뜻만이 완전히 서리라"(잠언 19:21).

소립자 연구의 초석을 다진 페르미 국립가속기연구소 Fermi National Accelerator Laboratory 소속의 물리학자 돈 링컨은 하나님께서 역사하신다는 나의 믿음을 아주 간결하고 명쾌한 과학적 언어로 설명했다.

우리는 기체를 통과하여 쉽게 이동하지만, 딱딱한 벽을 통과할 수는 없습니다. 태양은 하나의 원소에서 또 다른 원소로 변형되어 지구를 따뜻하게 데워주고 이 땅에 빛을 비춰줍니다. 전파는 달 표면에 있는 우주인의 목소리를 지구로 송출해줍니다. 반면 감마선은 인체의 DNA에 치명적인 손상을 끼칩니다. 겉으로 보기에 이들 각각의 현상은 상호 간 아무 연관성이 없어 보입니다. 그러나 물리학자들은 이 모든 것을 설명하기 위해 매우 단순한 이론을 세우고 그 이론에 녹아들어갈 작은 원리들을 발견해왔습니다. 이 이론은 소립자 물리학의 표준 모델로 불립니다. 이 이론은 벽이 딱딱하게 느껴지는 이유가 전자기력 때문이라고 설명하고, 태양의 에너지를 관장하는 것은 핵이라고 말합니다. 또한 오늘날 통신 수단의 발전을 가능하게 해주어 우리의 삶을 복잡하게 만든 주범이 다양한 종류의 빛이라고 말합니다.[24]

하나님의 계획

그러나 양자물리학이나 신경과학은 궁극적인 해답이 아니다. 그것들은 전능하신 하나님을 이해하고 그분을 경외하는 데 약간의 도움을 주는 단순한 도구일 뿐이다. 소리의 파동이 대기를 통과하는 것, 커다란 금속체가 하늘을 나는 것, 원자의 구조를 발견하기 전 핵의 위력은 생각조차 할 수 없었다는 사실 등 물질계의 비밀이 한 꺼풀씩 벗겨지는 것처럼 인간의 뇌에 대한 비밀도 새록새록 밝혀지고 있다. 복잡한 뇌 회로, 생화학 물질의 흐름, 유전자에 대한 새로운 지식 등 전에는 상상조차 할 수 없던 일들이 일어나고 있다.

하나님은 자신이 창조하신 세계로 우리의 이목을 집중시키신다. 그분의 세계를 하나하나 발견해나가는 즐거운 긴장감 속으로 우리를 인도하시는 것이다. 이를 통해 하나님은 자신이 "우리 가운데서 역사하시는 능력대로 우리가 구하거나 생각하는 모든 것에 더 넘치도록 능히 하실 이"(에베소서 3:20)임을 보여주기 원하신다.

확실한 사실부터 짚어보자. 하나님은 만물을 창조하셨다(이 '만물'에는 과학과 물리학도 포함된다). 수세기에 걸쳐 하나님은 물질 세상의 법칙을 계시해주셨다. 그 모두는 '하나님'이 어떤 분이신지 우리에게 알려주는 정보였다. 나는 유물론자가 아니다. 유물론과는 거리가 멀다. 하지만 우리는 하나님의 인도하심대로 물질계를 거쳐 영적인 세계로 나아간다. 반드시 물질계를 거쳐야 하는 이유는 하나님을 더 깊이 깨닫기 위해서이다. 뿐만 아니라 하나님은 우리의 영과 혼을 물질인 '육체' 안에 넣어주셨으며, 물질계인 이 세상을 살게 하셨다.

오늘날 양자물리학은 거의 모든 과학 분야에 접목되며 과거 뉴턴 물리학의 이상理想을 위협하고 있다. 이로 인해 과학자들 안에 혼란이 야기된다. 이 모든 혼란은 양자물리학을 통해 밝혀지는 사실 하나하나가 하나님을 지목하고 있기 때문이다. 아인슈타인이 말했던 '그 오랜 늙은이'가 궁극적 통수권자라는 사실이 밝혀진 셈이다. 오! 이러한 하나님의 계획이 실현될 때 얼마나 기쁜지 모른다!

> ● 요약 ●
>
> 1. 오감으로 인지하는 감각의 세계가 있다. 그리고 전자기와 원자의 세계가 있고, 더 깊은 곳에 양자의 세계가 있다.
> 2. 양자의 세계는 물리학자들의 인식 속에 자리잡고 있던 선형의 시간linear time, 질서 잡힌 공간orderly space, 고정된 실체fixed reality의 개념을 뒤엎어버렸다. 그리고 인간을 '부품 교환 가능한 기계'처럼 바라보았던 데카르트-뉴턴 식의 세계를 뒤집어 생각해보는 계기를 마련했다.
> 3. 전통 물리학과는 다른 양자물리학은 원자를 이루는 아원자 물질이 어떻게 운동하는지를 설명하는 학문이다. 즉 이 세상에서 가장 작은 단위의 물체(입자)가 어떤 활동을 하는지 설명해주는 것이다.
> 4. 양자로 번역한 '퀀텀'의 뜻은 '에너지'이다. 그러므로 양자물리학은 (빛의 파동과 같은) 전자기파와 입자들이 어떻게 움직이는지를 설명해준다.

5. 양자역학은 이 에너지의 움직임을 설명하기 위해 사용하는 수학적 틀이다.

6. 본질적으로 양자물리학은 다음과 같이 결론을 내린다.
   - 당신의 의식은 소립자(아원자)의 운동에 영향을 준다.
   - 시간 속에서 소립자는 전후로 움직이며 가능한 모든 공간에 동시에 나타나기도 한다.
   - 우주는 빛보다 빠른 속도의 정보 전송을 통해 연결된다.

7. 양자역학이 제시하는 5가지 핵심 지식
   - 에너지는 연속된 흐름이 아니다. 에너지는 작은 단위로 끊어져 불연속성을 나타낸다.
   - 기본 단위의 에너지는 소립자나 파동처럼 움직인다.
   - 소립자의 운동에는 패턴이 없다. 무작위성을 나타낸다.
   - '물리'적으로 소립자의 위치(정지)와 운동을 동시에 아는 것은 불가능하다.
   - 원자의 세계는 우리가 살고 있는 세계와 다른 양상을 나타낸다.

8. 과학은 인간을 거대한 기계 속에 들어 있는 작은 부품으로 인식해왔다. 그런데 양자이론은 이러한 인식을 바꿔놓았다. 양자이론은 인간을 '자유롭게 생각하는 존재'로 인식한다. 게다가 인간의 자유롭고 의식적인 선택이 물리 세계에 영향을 미친다는 점도 인정하기 시작했다. 이것을 '관찰자 효과'라고 부른다.

9. 코펜하겐 양자이론 해석에 의하면, 소립자의 모습은 '당신이 측정(생각)하는 대로'이다. 우리가 생각하고 인지하는 대로 결과가 도출된다는 뜻이다. 우리는 뇌에 담아놓은 생각(기억)대로 이 세상을 인식한다.

10. 양자 제논 효과는 '학습'을 가능하게 하는 '반복된 노력'이다.

11. 양자물리학이 말하는 '얽힘의 법칙'은 "시간과 공간 안에 존재하는 모

든 것의 성격은 '관계'에 의해 정의된다"는 것이다. 자연은 상호 간에 얽혀 있는 소립자들로 만연해 있기 때문에 '관계'는 거리에 영향을 받지 않는다. 물리적 연결 또한 필요하지 않다. 상호 간의 거리가 멀어도, 가시적인 연결고리가 없어도 모든 것은 연결되어 있다. 모든 사람 또한 연결되어 있다. 우리는 서로서로 영향을 주고받는다.

12. 생각 신호는 전통 물리학으로 설명해낼 수 없는 방식으로 빛의 속도보다 더 빠르게 이동한다. 이는 우리의 생각이 물질을 통제하고, 또 생각에서 힘이 창조된다는 뜻이다.

13. 인간은 '시스템 외부에 있는' 관찰자로서 시스템 속에 예측 불가능한 효과(활동)를 밀어넣는 존재로 인식된다. 예측할 수 없는 것은 인간만이 아니다. 이러한 예측불가성은 전자와 광자 차원으로까지 내려간다. 소립자에서는 명확한 운동성이나 명확한 정지 상태가 발견되지 않는다. 소립자들은 입자 형태도 아니고 파동 형태도 아니다. 왜냐하면 입자이면서 동시에 파동이기 때문이다. 쿼크, 보손, 프레온, 초끈에 대해서도 마찬가지이다. 그것들의 운동이나 정지 상태는 쉽게 말해 예측할 수 없다. 그것들이 어디에 있을지 알 수 없다. 정해진 위치 없이 모든 곳에 존재하기 때문이다.

14. 양자물리학의 무작위성과 추측불가성은 하이젠베르그 불확정성 원칙으로 불린다. 이는 하나님께서 우리에게 미래를 주관하는 것은 우리가 아니라 하나님이시라는 사실을 보여주시는 방법이다.

15. 양자물리학의 수학적 예측은 불확정성을 수학적으로 조명해줄 뿐이다. 이것은 자유의지의 존재를 뒷받침해준다.

16. 우리는 하나님의 인도하심대로 물질계를 거쳐 영적인 세계로 나아간다. 반드시 물질계를 거쳐야 하는 이유는 하나님을 더 깊이 깨닫기 위해서이다. 양자물리는 이 여행의 일부분이다.

8장
생각의 과학

중심 성구 그러므로 모든 더러운 것과 넘치는 악을 내버리고 너희 영혼을 능히 구원할 바 마음에 심어진 말씀을 온유함으로 받으라 (야고보서 1:21)

연관 과학 지식 '생각'하는 동안 당신의 뇌는 무언가에 접속된다. 그리고 무의식 속에 그 흔적이 남는다. 무의식은 우리 마음의 활동 중 99.9퍼센트가 이뤄지는 장소이다. 이곳에 감정과 인식이 결부된 '생각'들이 깊숙이 저장된다. 이후 무의식은 의식에 영향을 주어 말과 행동으로 이어진다. 모든 것의 시초는 '생각'이다. 측지(최단선) 정보처리 이론 Geodesic Information Processing Theory은 이 사실을 이해할 수 있도록 도와주는 과학적 방법이다.

뇌는 입출력 장치가 아니다. 당신 역시 입출력 장치가 아니다. 또한 외부 세계를 비추는 컴퓨터도 아니다. 당신의 뇌는 당신의 마음(생각)에 반응하도록 디자인되었다. 당신의 뇌는 영과 혼의 뜻을 이행한다. 이처럼 당신은 본질적으로 놀랍게 설계된 존재이다. 기억하라. 모든 것이 마음의 활동 영역에서 시작된다. "대저 그 마음의 생각이 어떠하면 그 위인도 그러한즉"(잠언 23:7).

생각에 대한 이해

나는 수년 동안 성경의 진리를 바탕으로 과학을 이해하기 위해 노력했다. 쉽게 말해 '생각의 과학'이라고 이름 붙일 수 있는 이론을 세우고 연구하고 발전시키고 검증해왔던 것이다. '생각의 과학'은 우리가 어떻게 생각하는지를 살피고, 그 생각이 뇌와 몸과 마음에 미치는 효과를 연구하는 학문이라고 할 수 있다. 나는 오랜 시간 동안 연구하면서 다양한 방법으로 수많은 환자들에게 '생각의 과학' 이론을 적용해보았다.[1]

만일 당신이 156-157쪽에서 나의 이론을 도식화한 '측지(최단선) 정보처리 이론'에 관한 이미지를 살펴본다면, 생각의 과학(내적 활동)에 대해 좀 더 많은 것을 이해하게 될 것이다.

일단 왜 내가 생각의 과학 이론을 시행하는지부터 설명하겠다. 나는 이 책의 1-7장에서 생각의 힘에 대해 강조했다. 만일 생각의 힘을 제대로 인식했다면, 당신은 자신의 생각에 책임을 져야 한다는 사실이 얼마나 중요한지 깨달았을 것이다. '생각'에는 강력한 창조의 힘이 담겨 있다. 그러므로 생각은 복이 되기도 하고 저주가 되기도 한다. 이것은 결코 가볍게 여길 일이 아니다.

비록 짧지만 지금 나는 이 장을 빌려 검증된 과학 이론을 소개하려 한다. 하나님은 우리가 마음을 새롭게 하고 생각을 사로잡기를 원하신다. 하나님은 이 일을 중요하게 여기시므로 우리를 격려하시기 위해 과학을 허락해주셨다. 나는 이 사실을 뒷받침할 몇 가지 확실한 증거(유일한 증거는 아니다)를 제시할 수 있다.

토머스 모어는 그의 책 《유토피아》$_{Utopia}$에서 이렇게 설명했다.

자연에 대한 과학적 탐구는 즐거운 일일 뿐 아니라 창조주에게 기쁨을 안겨드리는 가장 확실한 방법이기도 하다. … 창조주는 평범한 예술가처럼 반응하신다(예술가는 사람들이 자신의 작품에 찬사를 보낼 때 기뻐한다). 창조주께서 사람들의 눈앞에 아름다운 자연을 펼쳐두셨다 - 인간 이외의 다른 어떤 피조물도 자연의 가치를 이해할 수 없다. 이를 보아 알 수 있듯, 하나님은 하등 동물처럼 자연의 아름다움에 무관심하고 멋진 경치에도 아무런 감흥을 느끼지 못하는 사람보다 자연을 주의 깊게 살펴 창조의 섭리를 찬양하는 사람에게 호감을 표하실 것이다.[2]

나의 이론은 무의식적 메타인지 단계, 의식적 인지 단계, 상징적 결과물 단계로 나뉜다.

- **무의식적 메타인지 단계**

무의식적 메타인지 단계는 극단적 좌편향을 나타낸다. 마음의 활동 중 90-99퍼센트 정도가 이 단계에서 이뤄진다. 생각이 떠오르고 조직되는 현상은 무의식적 메타인지 단계에서 일어난다. 이 단계에서는 초당 400만 가지 활동이 이뤄지며, 의식적 인지 단계로의 이동이 진행된다. 무의식적 메타인지 단계는 하루 24시간 내내 조금도 쉬지 않는다.

- **의식적 인지 단계**

중간 단계인 의식적 인지 단계에서 마음의 활동은 최대 10퍼센트까지 이뤄진다. 초당 2천 가지 활동이 진행되므로 무의식적 메타인지 단계보다는 훨씬 느리다고 하겠다. 의식적 인지 단계는 그 기저에 있는 무의

• 측지 정보처리 모델 •

무의식적
메타인지 단계
학습의 90%
활성화
(MMA)
생각과정의 기저, 이후 무의식의 구조
자동화: 복잡하고 고차원적인 대뇌
1-7 메타인지 단위
다른 사람과 교류하며 타인을 이해하는 능력
사물을 움직이거나 신체 활동을 조정하는 능력
1
대인관계
2
운동
상징을 활용하는 능력
3
언어
말하기 읽기 듣기 쓰기
7
내면
입력
내적, 외적
4
논리/수학
6
음악
5
공간/시각
정확한 자아상을 인지하는 능력
계산, 측량, 복잡한 수리 작업 시행 능력, 가정과 명제를 이해하는 능력
멜로디, 음의 고저, 리듬, 선율 등에 민감함
3차원 공간 이해, 감지 능력, 내부 & 외면적 이미지, 이미지의 창조 & 변형, 시각 이미지를 만들거나 시각 정보를 해석하는 능력
처리과정 시스템
예) 읽기
읽기(R)
쓰기(W)
듣기(L)
말하기(S)
기능
예) 개념 이해를 위한 독해
소설 읽기
전문 지식을 습득하기 위한 독서
'처리과정 시스템'은 신경생물학적으로 '기능 시스템'을 대표한다
MMA
활성화
증진
촉진
표현
신경심리 단계
생태적 표현
1-7의 과정은 뇌의 좌우반구 모두에서 뉴런세포들이 피질에서 피질밑층으로 또 대뇌변연계로 올라가는 과정을 생물학적으로 표현한 것이다.

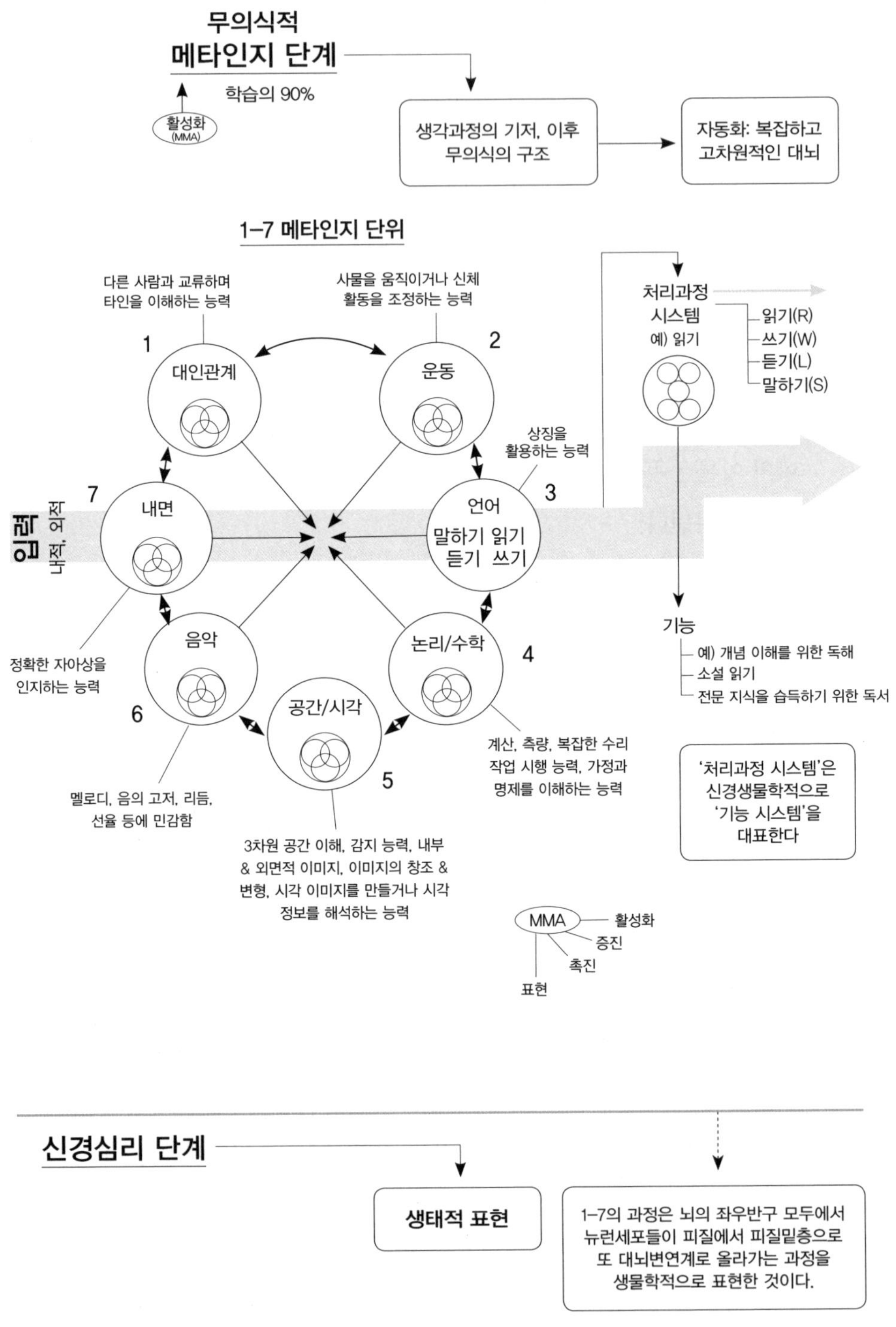

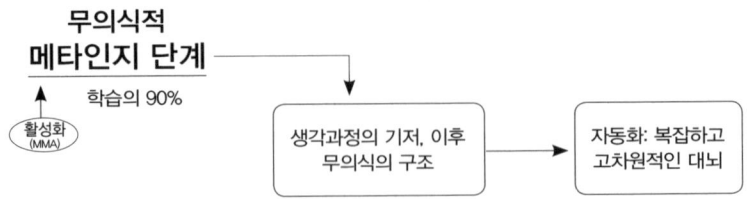

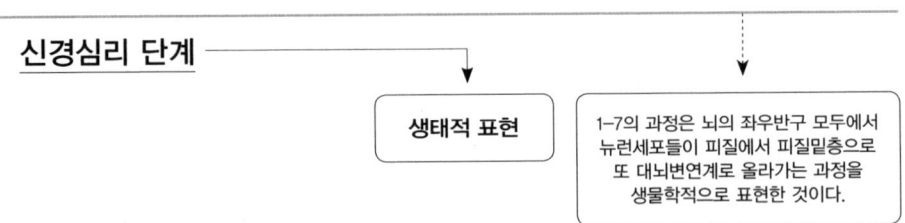

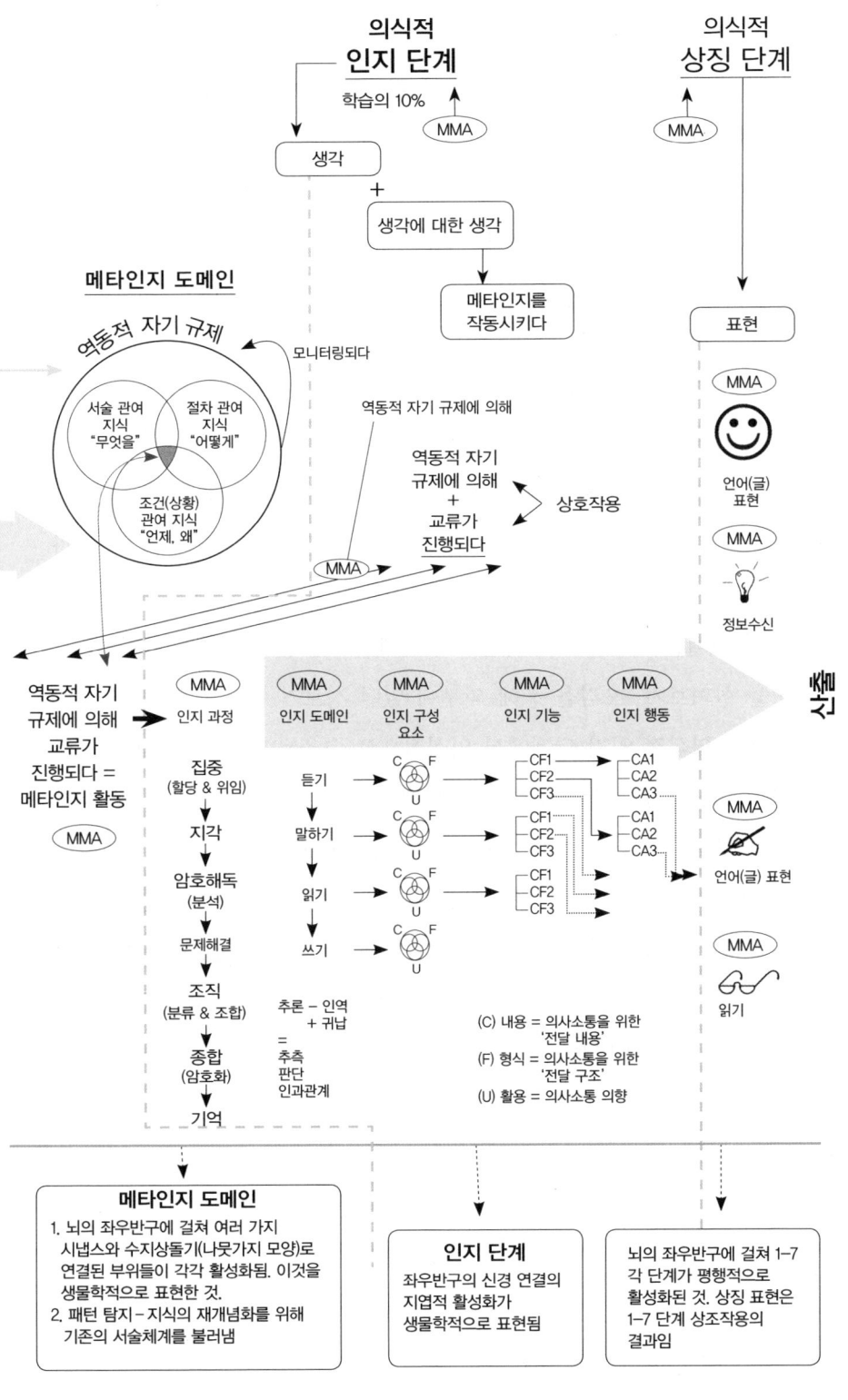

식적 메타인지 단계에 의해 통제받는다. 그리고 의식단계를 거친 '생각'은 상징적 결과물 단계로 이동하게 되는데, 이러한 일련의 과정을 거쳐 마음속 '생각'은 세상이 보고 들을 수 있는 '말'과 '행동'으로 나타난다. 무의식과 상징의 중간 단계가 바로 의식적 인지 단계이다. 의식적 인지 단계는 우리가 깨어 있을 때만 작동한다.

● **상징적 결과물 단계**

상징적 결과물 단계에서 당신은 오감을 통해 자신의 의사를 표현한다(말과 행동). 또 바깥세상을 경험하는 것 역시 오감을 통해서이다. 상징적 결과물 단계는 이처럼 오감과 연합하여 외부세계와 내면세계(당신의 마음)를 연결해준다.

이 모델은 역순으로도 작동하여 완벽한 사이클을 이룬다. 역순의 과정을 살펴보자. 오감을 통해 외부에 있던 정보가 안으로 들어온다. 그 정보는 의식적 인지 단계에서 의식적으로 수용된다. 이후 정보는 무의식적 메타인지 단계로 내려간다. 이제 당신은 그 정보에 집중하고 생각하여 무언가를 결정한다. 이때 무의식적 메타인지 단계에서 그 정보는 '유전자 발현'(단백질 형성)을 통해 물리적 실체인 '생각'으로 전환된다. 이렇게 새로이 형성된 생각은 다시금 무의식 단계를 출발하고 의식 단계를 거쳐 결과물 단계에 도달하여 말과 행동으로 표현된다. 이렇게 사이클은 끊임없이 반복된다.

21일 두뇌 해독 플랜

무엇을 생각하든, 당신이 가장 많이 생각하는 바로 '그 생각'이 성장하게 된다. 그러므로 특정한 하나의 생각을 통해 이 사이클이 반복될수록 그 생각은 더욱 견고해질 것이다. 본질적으로 이것은 7장에서 설명했던 '양자 제논 효과'의 실례라 하겠다.

필요한 모든 단백질의 변화[3]가 일어나고 완전한 장기 기억을 새롭게 구성하는 데 자그마치 21일이 소요된다. 이러한 이유로 내가 개발한 두뇌 해독 프로그램은 21일간 진행된다. 단지 하나의 생각을 받아들인다고 해서 한 번에 생각의 변화가 일어나는 것은 아니다. 생각의 변화를 위해서는 양자 제논 효과의 반복 체험이 수반되어야 한다. 이때 당신의 무의식 속에서는 매일같이 무언가 새로운 일이 일어난다.

대부분의 사람들이 포기하는 시점은 4-5일 정도 지나서이다. 만일 이때 당신이 두뇌 해독 플랜을 포기한다면, 당신의 기억은 변질될 것이다 (기억이 죽어서 열에너지로 전환된다). 더 쉽게 말하면 '까먹는' 것이다.

당신은 견인하는 힘을 느낀다

우리는 상징 단계를 통과하여 들어오는 외부 감각 정보에 이끌린다. 하지만 감각 정보가 이끄는 대로 끌려갈 필요는 없는데, 이 사실을 아는 것이 중요하다.

쉽게 말해, 감각으로 인지하는 정보들은 외부에서 일어나는 '사건'이다. 7장에서 살펴봤듯 오감의 세계에서 일어나는 사건과 우리 주변의 환경은 전자기 세계와 양자의 세계를 통해 우리의 마음과 뇌 속으로 들어온다. 물론 우리는 삶 가운데 일어나는 사건과 주변 환경을 통제할 수 없다. 그러나 어떻게 반응할지를 통제할 수는 있다. 우리는 외부의 자극에 본능적으로 즉각 반응하지 말고, 시간을 두고 천천히 생각하며 대응해야 한다(4-6장을 참조하라).

우리의 오감은 즉각적으로 감정적인 대응을 감행하려 할 것이다. 만일 생각할 겨를 없이 오감의 명령을 따른다면, 정제되지 않은 감정이 우리의 반응을 주도할 것이다. 이 책의 전반부에서 설명하고 있는 모든 핵심 요소들을 적용할 때, 당신은 오감의 견인력에 올바르게 대응할 수 있다. 그러므로 이 책의 전반부에 기록된 내용을 숙지하는 것이 중요하다.

사탄은 상징단계에서 오감의 견인력을 십분 활용하여 우위를 선점하려 한다. 사탄은 당신의 삶에 일어나는 사건과 주변 환경에 대해 당신이 충동적으로 반응하는 것을 기뻐한다. 하지만 기억하라. 당신은 하나님의 형상대로 지음 받았다. 게다가 그리스도의 마음을 지닌 사람이다.

예수님께서는 제자들에게 이렇게 말씀하셨다. "하늘과 땅의 모든 권세를 내게 주셨으니"(마태복음 28:18). '모든' 권세가 예수님께 주어졌다면, 사탄에게는 얼마만큼의 권세가 남아 있겠는가? 0이다. 이 사실을 묵상하고 마음 깊이 새기라. 그러면 어떻게 반응하고 생각하고, 무엇을 선택할지 당신 스스로 통제할 수 있다는 사실을 깨닫게 될 것이다.

당신은 어떤 거짓말을 믿고 있는가?

사탄의 거짓말을 받아들이는 경위는 '감각'을 통해서이다. 중요한 사실은 우리가 사탄의 거짓말을 믿을 필요가 없다는 것이다. 그러나 만일 우리가 그의 거짓말을 믿는다면, 그 거짓말은 우리 안에서 일련의 정보 처리 과정(의식적 인지를 통해 무의식적 메타인지에 이르는 과정)을 거쳐 물리적 실체로 변화될 것이다. 이에 사탄의 거짓말은 뇌의 신경네트워크 구성 물질이 되고, 우리의 행동은 이렇게 형성된 신경네트워크의 지침을 따르게 될 것이다. 환언하면, 사탄의 거짓말을 믿는 것은 그 거짓말을 재료로 삼아 새로운 뇌를 만드는 일과 다름없다는 뜻이다. 그렇게 우리는 '악'을 빚고 악의 명령에 따라 행동한다.

그러나, 다시 한 번 강조하지만 우리는 사탄의 거짓말을 믿을 필요가 없다! 인간이 여타의 가능성을 무너뜨리고 사탄의 거짓말을 선택하여 그것을 실체화했을 때 악이 창조되었다(7장 참조). 그러므로 악은 하나님에게서 기인한 것이 아니다. 사람이 악을 창조했다. 많은 사람들이 하나님께서 만물을 창조하셨으므로 악 역시 하나님의 작품이라고 말하는데, 이것은 사실이 아니다. 하나님은 인간에게 창조의 능력을 부여하셨다. 이러한 창조능력은 인간의 선택을 통해 선도 되고 악도 될 수 있다.

요즘 진행되고 있는 신경과학 연구 및 양자물리 실험은 우리가 내린 결정에 의해 매일매일 우리의 뇌가 변화한다는 사실을 입증해주고 있다. 그리고 '깊은 생각'이 뇌의 구조와 기능에 변화를 준다는 원리를 설명하기 위해 신경문학계에서는 '자가 지휘 신경가소성'self-directed neuroplasticity이라는 신조어를 사용하기도 한다.[4]

뇌는 우리 마음의 상태에 따라 긍정적 혹은 부정적으로 변할 수 있다. 이러한 뇌의 가소 능력을 일컬어 '가소성 패러독스'라고 부른다. 긍정적인 가소성은 긍정적인 행동을 낳고, 부정적인 가소성은 부정적인 행동을 낳는다.

왜곡된 사랑과 진리에 접속되다

사랑과 진리를 왜곡할 때, 우리는 우리의 뇌 속으로 이러한 타락상을 불러들인다. 이것은 다분히 뇌손상을 일으키는 행위와 같다고 할 수 있다. 결코 과장이 아니다. 왜냐하면 우리의 뇌는 '두려움'이 아닌 '사랑'에만 접속되고 반응하도록 설계되었기 때문이다. 그러므로 뇌의 모든 신경화학적·신경물리적·신경생물학적·전자기적·양자적 회로는 오직 건강한 생각만 받아들이려 한다. 초기의 두뇌 디자인 속에 '유해한 생각'이 들어설 자리는 아예 없었다. 그러나 두려움을 경험하는 동안 두려움이 뇌 안에 들어와 혼선을 빚었다.[5]

강박성 장애 환자가 어떤 사안에 대해 유해하고 강박적이며 근심하는 태도를 유지할 경우, 뇌손상이 발생하고 신경 내에 부정확한 점화가 일어난다는 연구 결과가 있다.[6] 해당 연구자는 환자의 뇌 외측 전전두피질 lateral prefrontal cortex, 관자놀이 바로 윗부분의 활동이 현저하게 줄어든 것을 발견했다. 외측 전전두피질은 신경회로들의 기획, 계획, 전략의 생성 및 유지 기능이 이뤄지는 곳이다.

또한 내측 안와전두피질 medial orbital frontal cortex, 눈 뒤에 위치의 불균형은 더욱 심해졌으며, 해당 부위의 분주한 활동도 관찰되었다. 이 말은 의사결정 능력이 거의 상실되었다는 뜻이다. 게다가 소뇌 편도(양쪽 눈언저리 부근에서 뒤쪽으로 어느 정도 들어가 뇌 중앙 깊숙한 부위에 다다르면 소뇌 편도를 볼 수 있다) 활동의 불균형이 심해져 환자는 감정(감정의 중요성)을 정확히 평가할 수 없었다. 그러나 연구자가 환자를 엄격하게 지도하여 정신 활동을 훈련시키자 이 모든 부정적 두뇌 활동이 순식간에 긍정적인 방향으로 변하였다.

나의 이론을 도식화한 차트를 다시 한 번 살펴보라(156-157쪽). 하단 수평선 아랫부분은 이 책 전역에서 내가 설명한 신경심리 단계를 도표로 보여주고 있다. 처음 세 단계는 마음의 활동을 설명해주는데, 기저 단계에서 이뤄지는 마음의 활동은 뇌 구조에 변화를 일으키도록 신호를 생성한다. 내가 만든 '측지(최단선) 정보처리 이론'은 인지신경과학의 테두리에 들어맞는다.

나는 여러 신경 기둥과 다양한 평행 회로 안에서 우리의 뇌가 기능한다는 사실을 하나의 이론으로 발전시켰다. 이 이론을 간단하게 말하자면 뉴런들 사이에 내적 연계가 풍성하게 이뤄진다는 것이다.[7] 본질적으로 측지(최단선) 정보처리 이론은 생각의 과학을 다룬다. 측지(최단선) 정보처리 이론은 우리가 어떻게 생각하고 선택하며, 또 어떻게 생각을 쌓고 그 생각이 뇌와 행동에 어떤 영향을 끼치는지 설명해준다. 우리의 선택은 '아무것도 없는' 상황에서 '무언가'를 만들어낸다. 이것은 기본적으로 뇌와 마음의 연계를 통한 인지신경과학의 활동이다.

'뇌의 스위치를 켜라 - 21일 두뇌 해독 플랜'은 이러한 이론과 연구를 기반으로 완성되었다. 이 프로젝트는 당신의 생각과 선택을 발전시키는 데 도움을 주고 그에 따른 결과물, 곧 '행복'과 '건강'을 증진시키는 데 목적이 있다. 우리의 뇌 안에 건강한 생각을 채워 하나의 건강한 뇌 우주를 조성하는 것은 '선택'이다. 그러나 만일 힘없는 거짓말이 우리의 뇌 속에 유해한 우주를 조성했다면, 그것 역시 '선택'이 저지른 일이다. 우리는 생각하고 선택하여 실체를 창조해낸다. 이것은 하나님께서 우리에게 주신 놀라운 능력이다.

자동화 그리고 자전거 타기

21일 동안 한 가지 일을 반복적으로 생각하여 2-3번 이상의 사이클을 진행하면, 새로운 생각이 자라나 무의식적 메타인지 영역으로 들어오게 될 것이다. 이렇게 새로이 형성된 생각은 우리의 무의식 속에서 '인식'으로 자리잡는다. 이 과정을 일컬어 '자동화'라고 한다.

자동화의 예로 '자전거 타는 법을 배우는 과정'을 이야기할 수 있다. 한 번도 타본 경험이 없는 사람에게 '자전거 타기'는 꽤나 어려운 과제이다. 페달 몇 번 못 밟고 비틀대거나 뒤뚱거리기 일쑤다. 그러나 굳게 결심하고 반복적으로 연습하면(그러니까 양자 제논 효과를 적용하면) 변화가 일어난다.

그렇게 오랜 시간 자전거 타는 법에 집중하다가 어느 날 갑자기 완벽하게 페달을 밟고 있는 자신의 모습을 발견하게 된다. 어려움 없이 '자동적'으로 페달을 밟다 보니 마치 자전거 타기 기술을 마스터한 느낌이 든다. 이제 자전거를 타는 동안 자전거의 작동 원리는 안중에도 없는 듯하다. '자전거를 타는 방법'에 대해서는 아예 생각하지도 않는 것처럼 보이기까지 한다. 그러나 사실은 이와 다르다. 페달을 밟는 동안 당신은 무의식 속에서 자전거 타는 법을 생각한다. 아마도 당신에게는 이 말이 전혀 말이 안 되는 것처럼 들릴 것이다. 나도 알고 있다. 그러니 책을 덮지 말고 계속 읽어나가기 바란다.

무언가를 배우기 위해 오랜 시간 동안 의식적으로 집중하고 헌신하고 반복하여 연습할 때, 우리의 뇌 안에 아주 강력한 생각의 네트워크가 형성된다. 그리고 반복된 연습과 집중을 통해 어떤 기술을 완벽하게 마스터하면(학습이 완성되면) 이제 학습 내용은 의식의 영역(인지 단계)을 떠나 무의식의 영역(메타인지 단계)으로 내려가게 된다.

자전거 타기도 마찬가지이다. 반복적으로 연습하여 자전거 타는 방법을 마스터한 경우 자전거 타기 학습의 기억은 의식계를 떠나 무의식계로 내려간다. 그러므로 우리의 의식은 더 이상 '어떻게 자전거를 탈 수 있는가'에 대해 괘념치 않을 수도 있다. 그렇다고 해서 배움의 기억이 사라진 것은 아니다. 오히려 자전거 타기 기술에 대한 기억은 무의식의 영역에서 활발하게 움직인다. 그러므로 무의식의 기억은 자전거를 잘 타도록 이끄는 힘이라 할 수 있다.

자전거 안장에 오를 때마다 무의식적 메타인지 영역에 자리한 배움의 기억이 자전거를 잘 타도록 당신을 인도해준다. 또 페달을 밟는 동안 당신은 그 기억을 의식의 영역으로 보내어 가소성(변형가능성)을 띠게 만든다. 자전거로 가파른 언덕을 올라가거나 십대 청소년 아들을 따라잡기 위해 길가에 가로놓인 통나무를 훌쩍 뛰어넘을 때, 기존에 학습된 자전거 타기 기술의 기억에 몇 개의 새로운 가지가 덧붙는다. 자전거에서 내리면 당신이 방금 시도했던 여러 가지 새로운 기술에 의해 '자전거 타기 학습의 기억'은 더욱 풍성해진다.

자동화는 인생의 원리이다

자동화는 당신의 삶 속 모든 영역에 적용된다. 왜냐하면 당신이 행하고 말하는 모든 것의 출발점이 '생각'이기 때문이다. 그러므로 어떤 생각을 떠올리기 전까지 당신에게는 아무 일도 일어나지 않는다.

생각은 땅속에 묻힌 나무뿌리와 같다. 뿌리로부터 줄기가 자라고 가지가 돋고 잎이 나고 꽃이 피는 것처럼 '생각'이라는 뿌리로부터 말, 행동, 습관 등이 자라난다. 땅속에 묻힌 뿌리는 무의식적 메타인지 영역과 같다. 하루 24시간 내내 뿌리는 나무 전체에 양분을 공급해주고 나무를 지탱해준다. 뿌리가 나무의 생명을 좌우한다. 무의식에 자리한 '생각' 역시 마찬가지이다.[8] 무의식적 메타인지는 뿌리이다. 이 뿌리로부터 의식적인 인지 영역이 양분을 공급받아 말과 행동의 열매를 맺는다.

우리가 자궁에 착상될 때부터 지금까지 우리의 무의식적 메타인지 영역은 생각으로 채워지고 있다. 당신은 이렇게 형성된 '생각'의 틀로 인생을 바라보게 된다. 당신이 내린 결정 중 최대 99퍼센트 정도는 그동안 무의식적 메타인지 영역에 쌓인 생각들에 영향을 받는다.[9] 예를 들어, 어떤 사람의 무의식적 메타인지 영역이 부정적이고 유해한 생각으로 채워졌다고 하자. 그러면 결국 그 사람은 매일 부정적이고 유해한 생각을 기반으로 '결정'하게 된다. 그의 말과 행동이 독성을 띠는 것은 당연한 결과이다. 적어도 내 이론에서는 그렇다. 이것이 메타인지능력, 의식적 인지능력, 그리고 외부 상징 단계로 이어지는 과정이다.

유해성의 반대는 건강이다. 우리는 하나님의 형상대로 지음 받았기에 (창세기 1:26), 하나님이 창조하신 인간 본연의 모습은 '건강'이다. 모든 사람의 출발은 '건강'이다. 이후 옳지 않은 선택을 통해 '건강'으로부터 멀어지는 것이다. 물론 우리들이 살아가는 대부분의 시간은 건강과 유해성의 '혼합'으로 채워지게 된다. 하지만 당신의 선택을 통해 건강과 유해성의 비율이 조절될 수 있다.

행복과 건강과 건전한 삶은 저절로 얻을 수 있는 것이 아니다. 가만히 앉아 기다리는 사람에게 행복이 절로 찾아오는 일은 없을 것이다. 당신은 유해한 생각을 버리기로 결단해야 한다. 다시금 하나님의 뜻에 부합되기를 갈구해야 한다. 인생의 수많은 실패 때문에 좌절하고 주저앉을 것인가? 아니면 실패가 내포하는 여러 가지 가능성을 긍정적으로 내다보며 다시 일어날 것인가?

• 요약 •

1. 측지 정보처리 이론 Geodesic Information Processing Theory은 '생각의 과학'을 다룬다. 이 이론은 우리가 어떤 경위로 생각하고, 선택하고, 사고구조를 조직하는지 설명해준다. 아울러 그 영향력이 우리의 뇌와 행동에 어떤 효과를 일으키는지도 설명해준다.

2. 나는 여러 신경 기둥과 다양한 평행 회로 안에서 우리의 뇌가 기능한다는 사실을 하나의 이론으로 발전시켰다. 이 이론을 간단하게 말하자면 뉴런들 사이에 내적 연계가 풍성하게 이뤄진다는 것이다.

3. 우리의 선택은 '아무것도 없는' 상황에서 '무언가'를 만들어낸다. 여러 가능성을 무너뜨려 '실현'을 이루는 것은 우리의 선택이다. 선택을 통해 여러 가능성 중 하나가 실현되었을 때, 바로 이 상태가 무의식적 메타인지 Metacognition를 규정한다. 이어서 메타인지는 의식적 인지 영역과 상징 행위에 차례로 영향을 미친다.

4. '뇌의 스위치를 켜라 – 21일 두뇌 해독 플랜'은 이러한 이론과 연구를 기반으로 완성되었다. 이 프로젝트는 당신의 생각과 선택을 발전시키는 데 도움을 주고 그에 따른 결과물, 곧 '행복'과 '건강'을 증진시키는 데 목적이 있다.

5. 우리의 뇌 안에 건강한 생각을 채워 하나의 건강한 뇌 우주를 조성하는 것은 '선택'이다. 그러나 만일 힘없는 거짓말이 우리의 뇌 속에 유해한 우주를 조성했다면, 그것 역시 '선택'이 저지른 일이다. 우리는 생각하고 선택하여 실체를 창조해낸다. 이것은 하나님께서 우리에게 주신 놀라운 능력이다. 우리의 선택에 따라 선과 악이 실체화된다.

6. 한 가지 생각을 반복하여 21일 사이클을 2-3번 진행하면 새로운 생각이 자라나 무의식적 메타인지 영역으로 들어오게 될 것이다. 새로이 형성된 생각은 우리의 무의식 속에서 '인식'으로 자리잡는다. 이 과정을 일컬어 '자동화'라고 한다.

7. 당신이 말하고 행동하는 모든 것은 처음엔 생각이었다.

8. 우리가 자궁에 착상될 때부터 지금까지 계속, 우리의 무의식적 메타인지 영역은 생각으로 채워지고 있다. 당신은 이렇게 형성된 '생각'의 틀로 인생을 바라보게 된다.

이제 이 책의 후반부로 넘어가보자. 2부를 공부하는 동안 1장-8장에서 배웠던 8가지 핵심 요소를 기억해야 한다. 21일 두뇌 해독 플랜의 효과를 극대화하려면 가능한 자주 이 8가지 요소를 반복해서 살펴봐야 할 것이다.

1. 마음이 물질을 지배한다.
2. 선택과 다중 시각의 유익
3. 당신의 선택이 당신의 뇌를 변화시킨다.
4. 생각을 사로잡으라.
5. 훈련된 안식
6. 밀크셰이크-멀티태스킹을 멈추라.

7. 생각, 하나님, 그리고 양자물리학이 말하는 뇌

8. 생각의 과학

자, 이제 2단계로 나아가자. 뇌의 스위치를 켜라!

2부

21일 두뇌 해독 플랜

SWITCH
ON
YOUR
BRAIN

9장

21일 두뇌 해독 플랜이란?

∴

가장 높은 차원의 행복과 정신적으로나 신체적으로 건강한 상태에 도달하려는 노력 가운데 가장 어려운 부분은 이 모든 일이 우리의 선택에 달렸다는 사실을 인정하고 기억하는 것이다. 자신만만한 태도를 갖거나 행복한 표정을 짓는다고 해서 행복을 얻을 수 있는 것은 아니다. 위험한 순간에 머리를 감추는 타조처럼 마치 모든 일이 잘 풀리고 아무런 문제없이 잘 사는 것처럼 현재의 상황을 숨긴다 해도 결코 행복에 도달할 수는 없다.

행복의 길을 찾는 방법은 하나님께서 우리의 뇌 안에 설계해두신 가소성을 제어하여 날마다 새로운 마음을 갖기로 선택하는 것이다(로마서

12:2). 이러한 삶의 패턴을 통해 우리는 하나님의 형상대로(창세기 1:26) 완벽하게 지음 받은 모습으로 더욱 가까이 나아가게 된다(마태복음 5:48).

우리는 내면세계와 연결된 외부세계의 가르침 또는 생태학이 정의해주는 '행복'을 수동적으로 용인할 필요가 없다. 대신 적극적인 태도로 참된 행복을 선택해야 한다. 이를 위해 긍정적인 생각으로 가득한 신경네트워크가 필요하다. 긍정의 신경네트워크가 우리를 다시금 올바른 길로 인도할 것이다(디모데후서 1:7).

우리의 혼을 건져줄 수 있는 것은 생각(마음) 속에 심긴 하나님의 말씀뿐이다(야고보서 1:21). 행복은 성경이 정의해주는 우리의 참된 정체성에 의해 좌우된다. 그러나 그동안 우리 스스로 정의해온 잘못된 정체성 때문에 참된 정체성이 설 자리를 잃고 있다.

평안을 가져다주는 간단한 도구

21일 두뇌 해독 플랜은 준엄한 하나님의 말씀과 과학을 기반으로 하고 있다. 행복과 정신 건강, 신체 건강, 내면의 평안을 극대화하는 데 목적이 있으므로 꽤나 대단한 것을 예상할 수도 있겠지만, 사실 이것은 굉장히 단순한 도구이다. 그러나 21일 두뇌 해독 플랜의 효력은 엄청나다. 당신의 삶은 물론 당신이 사랑하는 주변 사람들의 삶에까지 긍정적인 영향을 미칠 것이기 때문이다.

생각에 들어 있는 독소를 제거하기 위해 당신은 실제로 뇌를 변화시키는 것이 '생각'이라는 사실을 기억해야 한다. 당신은 당신의 뇌가 무의식의 영역에 건강한 생각을 조직할 수 있도록 의식 단계에서 자신의 뇌를 통제해야 한다. 기억하라. 당신의 뇌가 당신을 통제하는 것이 아니라 당신이 뇌를 통제한다.

간단한 과정에 따라 실제로 무언가가 발생한다

무의식에서 의식으로의 효과적 전환을 위해 당신은 매일 '뇌의 스위치를 켜라 – 5단계 학습 과정'을 수행해야 한다. '뇌의 스위치를 켜라 – 5단계 학습 과정'은 뇌의 시퀀스(뇌 활동 진행순서)로서 생각의 과학(8장 참조)을 설명하는 '측지(최단선) 정보처리 이론'을 기반으로 하고 있다. 이것은 내가 수년전에 개발한 도구로, 과학적으로 입증된 기술이며 통계학적으로도 중요성을 나타낸다. 나는 이 기술을 계속해서 개발해왔고 연구와 임상실험에도 사용했다. 이는 행복을 유지하는 데 필요한 올바른 생각과 학습을 돕기 위해서이다.

'뇌의 스위치를 켜라 – 5단계 학습 과정'은 나름 까다로운 과정을 거쳐 완성되었다. 이것은 '생각'의 역동 구조를 다루는 복잡한 과학이론에 기반을 두고 있다. 하지만 이 책에서는 간단한 적용방법을 이야기할 것이다. 자세한 내용을 알기 원한다면, 내가 발표한 연구 논문을 읽어보기 바란다.[1]

뇌의 스위치를 켜라 – 5단계 학습 과정

'뇌의 스위치를 켜라 – 5단계 학습 과정'의 중심에는 집중되고 질서정연하며 훈련되어 깊이가 있는 '지적인 생각'이 자리한다. 이러한 지적인 생각은 유해한 생각을 몰아내고 건강한 생각을 쌓는 동력이다. 그러는 동안 당신의 뇌는 긍정적인 방향으로 변화된다. 이로 인한 유익은 정신 건강, 행복, 신체 건강 등이다. 매일매일 적절한 시간을 들여 이 과정을 시행하면, 마음이 새로워지고 진정한 변화와 참 자유를 얻게 될 것이다. 또한 이것을 가능하게 하는 생각의 패턴이 일상 가운데 자리하게 된다. 그렇게 당신은 하나님을 향해 점점 더 가까이 다가설 수 있다.

이것을 제대로 학습한 사람들의 삶에서 긍정적인 변화가 나타나고 있다. 그러한 변화를 옆에서 목격하는 일은 한없이 즐겁다. 그래서 나는 사람들에게 이 학습 과정을 가르칠 때마다 흥분된다!

1990년대 초, 나는 무의식적 메타인지 영역이 의식적 인지 영역보다 훨씬 더 견고하다는 사실을 실험을 통해 보여주었다. 깊은 생각을 통해 무의식의 영역에 들어가면 그곳에 있던 기억을 끄집어내어 의식의 영역으로 가져갈 수 있다. 그런데 의식의 영역에 도달한 순간 그 기억은 더 이상 견고한 양상을 보이지 못하고 취약성을 드러낸다. 쉽게 말하면, 의식의 영역에서는 과거의 기억에 변화를 가할 수 있거나 재개념화reconceptualization를 시행할 수 있다는 뜻이다. 하지만 그 기억이 다시 무의식의 영역으로 들어갈 경우 더욱 복잡해진다는 사실도 알게 되었다. 이 경우 당신은 기존에 쌓아둔 정보그룹에 새로운 정보 하나를 더한 것이 아니라 과거의 기억을 다시 디자인한 것이다. 물론 당신의 기억이 어떤 방향으로 재조정될지 가능성은 늘 열려 있다. 그것은 긍정적인 방향일 수도 있고 부정적인 방향일 수도 있으며, 과학적으로는 '창조적 재개념화'creative reconceptualization라고 불린다.[2]

당신은 지금 자신의 정신과 감정에 변화를 꾀할 수 있다. '생각'을 통해 당신은 마음속의 생각(그리고 지식)을 재창조할 수 있다.

하나님은 매일매일 더 많이 드러내주신다

위에 언급한 연구 결과들이 최근 재확인되고 있다. 특히 외상 후 스트레스 장애PTSD 관련 연구의 경우가 그렇다. 캐나다 맥길대학교의 카림 네이더 교수는 '기억'에 관한 획기적인 연구를 통해 마음을 새롭게 하는 일이 가능하다는 사실을 과학으로 증명했다(성경을 붙드는 과학적인 증거가 더 많아진 것이다).

그는 기억을 구성하고 있는 감정적 요소들이 무의식의 영역에서 의식의 영역으로 이동해올 때, 기억이 재건되거나 변화될 수 있음을 입증해보였다. 기억의 조각들이 무의식의 영역에서 의식의 영역으로 이동할 경우 견고성이 사라지고 변화에 취약한 상태로 돌입하기 때문이다.[3] 나 역시 나름의 연구를 진행하여 이와 동일한 결과를 얻었다.

흥미로운 결과들

나는 환자들에게 뇌 연계 치료법을 시행했다. 기록으로 남긴 치료 결과 중 몇몇 사례는 굉장히 흥미롭다. 폐쇄성 뇌손상closed-head injury 환자들은 110-140퍼센트 정도의 학습 능력(성적) 향상을 나타냈다. 그들에게서 이러한 양상이 나타나기 시작한 것은 '뇌의 스위치를 켜라 - 5단계 학습 과정'을 실시한 지 대략 21일 정도 지나서였다.

그뿐만이 아니다. 학습 능력의 개선 외에도 그들의 지적·감정적·대인관계 능력 역시 극적으로 변화되었다. 신경의학 테스트를 시행하여 치료 효율성을 평가한 결과, 특별히 한 여성 환자에게서 아주 놀라운 결과가 나타났다. 그녀의 지적 능력이 사고 이전보다 월등히 향상된 것이다. 그 환자를 테스트했던 신경의학 박사는 사고 후 그녀의 지능점수가 20점이나 높아졌다고 말했다. 일반적으로 치명적 뇌손상을 입은 환자들의 지능점수가 20-30점 정도 낮아지는 것을 고려하면 정말 놀라울 따름이다. 치료 효과는 즉각적이었다. 그녀의 기억력은 치료 시작과 함께 개선되기 시작했다. 그리고 치료가 진행되었던 12개월 내내 기억력은 극적인 발전을 거듭했다.

시간이 흐를수록 발전 양상은 더욱 뚜렷했다. 그녀는 상위 학교로 진학할 수 있었고 취업에도 성공했다. 임상적으로 살펴봐도 이 환자의 삶은 사고 이전보다 훨씬 안정적이었다. 그녀가 삶에서 느끼는 혼란의 정도 역시 사고 전보다 낮아졌다. 동년배들은 그녀에게서 아무런 이상 징후를 발견하지 못했다. 그들과 어울리는 데 아무런 문제도 없었다.

이것은 엄청난 성과이다. 통계로 볼 때, 전통적 치료를 받은 뇌손상 환자 중 사고 이전의 생활로 돌아가거나 유급직에 취업하여 근무하는 사람은 고작 3분의 1에 불과하기 때문이다. 그러나 비전통적 치료 접근법인 '뇌의 스위치를 켜라 – 5단계 학습 과정'은 환자들의 무의식적 메타인지와 의식적 인지 영역의 문제들을 다룬다. 그러므로 메타인지와 인지 영역에서의 발전이 지식, 감정, 심리사회적 기능의 향상으로 이어지는 것이다. '뇌의 스위치를 켜라 – 5단계 학습 과정'의 가장 큰 유익은 아마도 매일의 삶이 개선되는 것이 아닐까 한다. 환자 스스로 발전을 유지할 수 있다는 점 말이다.

우리 모두는 자신의 마음을 통제할 수 있다

나는 외상성 뇌손상 TBI, traumatic brain injury 환자들에게도 치료 과정을 시행했다. 이와 동시에 학습장애를 앓는 학생들과도 치료를 진행했다. 학습장애는 없지만 성적을 올리고 싶은 학생들도 여기에 동참했다. 상위의 학업을 진행하기 원하는 성인 및 규모 있는 삶을 살아가기 원하는 사람들도 대거 참여했다.

박사 학위 연구를 위해 나는 교사와 학생들에게 '두뇌 향상법'을 시행하도록 독려했다. 그 결과 피실험자 모두가 인지능력, 학업능력, 사회·심리 영역에서 현저한 변화를 나타냈다. 피실험군은 저마다 연령대와 처한 상황이 달랐지만, 실험 결과 그들 모두에게서 전반적으로 동일한 결과가 나타났다. 나는 수천 명의 교사와 치료 전문가들에게 '뇌의 스위치를 켜라 - 5단계 학습 과정'을 가르쳤다. 그리고 그들은 수천 명의 학생들과 이 과정을 진행했다. 보고된 결과, 학생들에게서 엄청난 변화가 나타났다.

놀라운 생각의 능력

나는 나의 고국 남아프리카공화국의 가장 척박한 환경에서도 이와 같은 놀라운 변화가 일어나는 것을 목격할 수 있었다. 수년간 나는 굶주린 (말 그대로 며칠 동안 아무것도 먹지 못하는) 아이들과 함께했다. 아이들은 편부 혹은 편모슬하에서 자랐다. 고아인 아이들도 많았다. 먼저 세상을 떠난 부모들은 에이즈로 죽거나 살해당한 경우가 대부분이었다. 그리고 남은 가족들은 폭력, 성적학대, 정신질환에 노출될 가능성이 70퍼센트에 육박하는 환경 속에서 처참한 삶을 이어가야 했다.

나는 그 아이들이 다니는 학교에서 '뇌의 스위치를 켜라' 과정을 진행했다. 당시 아이들은 어떻게 배울 수 있는지, 그러니까 배우는 방법조차 모르는 상태였다.

처음에는 학업이라는 매개로 아이들과 접촉하여 '뇌의 스위치를 켜라' 학습법을 가르쳤다. 하지만, 아이들이 자신의 환경을 이겨내기로 마음먹고 '나도 해낼 수 있다'는 생각을 품기 시작한 후, 수업의 성격은 교회에서의 예배처럼 바뀌었다. 그 용감한 아이들은 하나님께서 주신 두뇌와 놀라운 '생각'의 능력으로 자신의 삶을 바꿀 수 있다고 확신했다.

아이들은 '배움'을 소중한 기회로 여겼다. 교실은 오랫동안 굶주리고, 씻지 못하고, 상처 입은 아이들로 콩나물시루 마냥 발 디딜 틈이 없었다. 게다가 교실에 구비된 학습도구라고는 교과서 한 권과 벽에 걸린 낡은 칠판이 전부였다. 하지만 아이들은 학교에 있기를 원했다. 아이들은 배움을 갈망했다. 몇 시간이고 앉아서 수업을 들었다. 듣는 데 집중하느라 소소한 움직임조차 없었다. 마치 내가 가르치는 모든 내용을 그대로 빨아들여 자신들의 세포 하나하나에 새겨넣는 것만 같았다. 허름한 옷 안에 그토록 위대한 정신을 간직한 아이들과 함께 생활할 수 있었던 것은 내게 주어진 특권이었다. 바로 거기에서 나는 마음을 변화시키는 '선택'과 '깊이 있는 지적인 생각'의 능력에 대해 놀라운 깨달음을 얻을 수 있었다.

무거운 짐이 아니다

수년간 내가 몸담아 일했던 남아프리카공화국 소웨토 지역에 몇몇 실험연구자들이 방문했다. 그들은 이 귀한 아이들을 보며 이들과 하버드 대학의 학생들을 비교해보기로 했다. 과연 이 두 그룹보다 더 큰 차이를 나타내는 비교대상이 있을까?[4] 그런데 결과는 예상 밖이었다.

소웨토 지역 어린이들의 95퍼센트는 공부가 즐겁고 배우는 것을 좋아한다고 말했다. 반면, 하버드 대학생의 80퍼센트(5명 중 4명꼴)는 극심한 우울증에 시달린 나머지 아무런 의욕이 없는 상태였다고 한다.[5] 하버드가 세계 최고의 지성들이 모인 놀라운 시설이 구비된 학교로 종종 '교육의 황금률'로 회자된다는 사실을 감안할 때, 이 결과는 가히 충격적이라고 할 수밖에 없다.

마음을 새롭게 하는 것과 배우는 일을 무거운 짐으로 여기는 순간, 당신 앞에 놓인 찬란한 기회는 사라져버릴 것이다. 그러나 마음을 새롭게 하는 것과 배우는 일을 놀라운 특권으로 여기는 순간 찬란한 기회는 다시금 당신의 눈앞에 나타날 것이다.

과거에 나와 함께 했던 사람들(그 중에는 앞에서 소개했던 대로 변화를 선택하고 승리하려는 마음가짐을 보인 사람이 많다)은 자신이 처한 척박한 환경에 갇히지 않았고, 고달픈 인생의 걸림돌에 자신의 앞길을 빼앗기지도 않았다. 그들은 변화를 선택했다. 외부의 압력에 굴하지 않았다. 중간지대에 숨거나 현 상태를 유지하라는 내면의 목소리도 뿌리쳤다.

당신은 변화를 선택하겠는가? 그렇다면 생명을 선택하라. 생명을 선택하는 마음가짐만이 갱신과 회복을 불러일으킨다. 부디 '21일 두뇌 해독 플랜'이 당신을 갱신과 회복의 장으로 인도할 수 있기를 바란다.

> ● 요약 ●
>
> 1. 행복하고 건강한 삶을 위해서는 생각을 통제하기로 선택해야 한다. 우리 모두는 생각과 지식과 학문의 개선 방법을 배울 수 있다.
>
> 2. 우리에겐 긍정적인 생각으로 가득한 신경네트워크가 필요하다. 긍정의 신경네트워크가 우리를 다시금 올바른 길로 인도할 것이다(디모데후서 1:7).
>
> 3. 21일 두뇌 해독 플랜은 준엄한 하나님의 말씀과 과학을 기반으로 하고 있다. 행복과 정신 건강, 신체 건강, 내면의 평안을 극대화하는 데 목적이 있으므로 꽤나 대단한 것을 예상할 수도 있겠지만, 이것은 굉장히 단순한 도구이다. 그러나 21일 두뇌 해독 플랜의 효력은 엄청나다. 당신의 삶은 물론 당신 주변 사람들의 삶에까지 긍정적인 영향을 미칠 것이기 때문이다.
>
> 4. 생각에 들어 있는 독소를 제거하기 위해 당신은 실제로 뇌를 변화시키는 것이 '생각'이라는 사실을 기억해야 한다.
>
> 5. 날마다 발견되는 과학적 사실들은 성경을 뒷받침하는 증거로 자리매김 된다.
>
> 6. 말씀을 마음에 새기면 하나님께서 '할 수 있다'라고 말씀하신 모든 것이 당신의 삶 가운데 이뤄질 것이다.
>
> 7. 뇌가 당신을 통제하는 것이 아니라 당신이 뇌를 통제한다.

10장

21일 두뇌 해독 플랜은 어떻게 효과를 나타내는가?

::

'뇌의 스위치를 켜라 - 21일 두뇌 해독 플랜'은 일상의 엄격한 훈련이다. 이를 통해 당신의 삶에 마음을 새롭게 하는 생활 양식이 자리하고, 당신의 신경네트워크에 가소성의 원칙이 재접속된다. 이 프로그램을 당신의 삶에 적용하고 운영하는 주체는 '당신'이다. 그러나 당신은 반드시 '성령'의 인도하심을 따라야 한다. 두뇌 해독 플랜을 시행하는 동안 당신은 깊이 있는 지적인 자아성찰의 상태로 돌입하게 된다. 이때 1부에서 언급한 8가지 모든 요소가 활성화된다.

규칙적으로 하는 일

이 책을 읽으며 여러 가지 개념들을 이해했는가?(부디 시간을 내어 이해하도록 노력하기 바란다. 쉽게 건너뛰지 말아야 할 가치 있는 내용들이다) 당신의 일상은 최소 7-10분 단위로 쪼개진다. 물론 일의 성격에 따라 더 긴 시간을 요하는 것도 있겠지만 말이다. 이제 그 한 단위의 시간 동안 당신은 5단계의 과정을 21일간 매일매일 수행하게 될 것이다. 5단계 과정은 생각과 뇌의 과학에 대한 나의 연구 결과를 기반으로 구성한 것이다(8장 참조). 나는 이것을 '뇌의 스위치를 켜라 - 5단계 학습 과정'이라고 부른다.

당신은 21일 두뇌 해독 플랜을 연중 최대 17회까지 시행할 수 있다.[1] 묵상 연습이 21일 이상의 기간 동안 끊임없이 반복될 경우 오래 지속되는 변화가 가능하다는 연구 결과가 있다.

시작은 언제든 당신이 원할 때 하면 된다. 예를 들어 만일 당신이 이 책을 8월에 구입했다면, 8월 한 달 동안 책의 내용을 숙지한 후 9월부터 두뇌 해독 플랜을 시작하면 될 것이다.

누구에게 필요한가? 모든 사람에게 필요하다! 1장에서 언급했듯이 마음의 문제로부터 자유로운 사람은 아무도 없다. 자유의지를 지닌 존재로 창조된 인간은 선택에 따른 결과에 책임을 져야 한다.

누가 봐도 뇌 해독 과정은 매우 복잡하다. 그러나 나는 이 과정을 단순화하여 5단계로 제시한다.

1. 수집 Gather
2. 집중된 성찰 Focused Reflection
3. 글쓰기 Write
4. 재방문 Revisit
5. 적극적인 발돋움 Active Reach

스스로 자신의 뇌를 수술하다

각각의 과정은 놀랍고 복잡한 신경물리학과 신경생태학을 활성화시킨다. 본질적으로 5단계를 행하는 동안 유해한 생각들이 의식의 영역으로 이동한다. 당신이 그것들을 인식할 때 해독 작용이 진행되며, 21일 동안 유해한 생각은 파괴된다(8장 참조).

1장에서 배웠듯이 우리의 생각(마음)이 물질을 통제한다. 유해한 생각을 제거함과 동시에 당신은 그 빈자리에 건강하게 조성된 새로운 생각을 채워 넣는다. 그렇게 당신은 의식적이고 지속적으로 건강한 생각을 구축해나가고 유해한 사고 구조를 무너뜨린다. 21일 한 사이클이 진행되는 동안 당신은 하나의 생각 네트워크를 다루는데, 이를 구성하고 있는 유해한 생각을 제거하고 동시에 건강한 생각을 구축하게 된다.

사이클을 반복할 수 있다

만일 한 가지 사안(한 가지 부정적인 생각)에 대해 충분히 다뤘다는 생각이 들지 않을 경우 해독 사이클을 반복하면 된다. 오랫동안 이 과정을

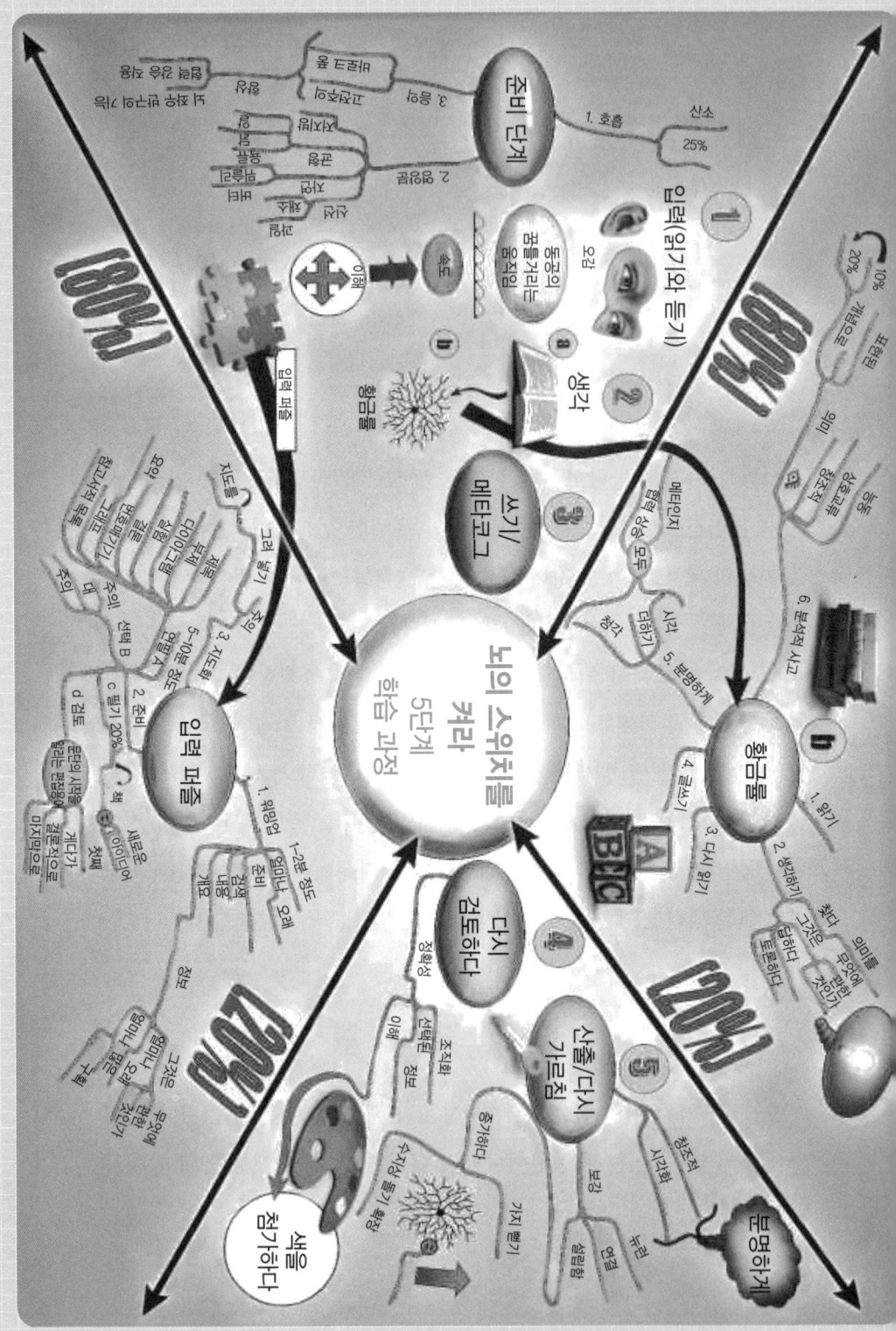

진행해도 변화는 없고 단지 문제의 근원이 무엇인지만 밝혀내는 경우도 많은데, 21일 사이클 중 남은 나날 동안 그 문제에 집중하면 된다. 그것으로 충분하지 않다면, 다시 사이클을 반복하면 된다. 21일이란 시간은 신경네트워크를 구축하는 데 필요한 최소한의 시간 단위이다.[2]

이 말은 반복되는 정보의 유입과 갱신으로 '재해석'이 이뤄질 때, 새로운 신경네트워크가 자리를 잡게 되고 안정된 기억이 형성된다는 뜻이다. 그런데 만일 새롭게 구축된 신경네트워크가 21일 내에 견고히 자리 잡지 못하면, 그 신경네트워크는 한 달도 채 지나지 않아 부식되고 말 것이다. 게다가 기억을 사용하지 않으면, 기억을 생성하는 단백질이 변성되므로 '기억' 또한 분해되고 말 것이다.

생각 활동이 많아질수록 더 많은 신경 접속이 이뤄진다. 단백질 형성을 위한 유전자 발현은 '생각' 신호에 의해 촉발된다. 그러므로 무엇이든 당신이 가장 많이 생각하는 바로 그 생각이 성장하게 된다. 그리고 매시간 신경 접속은 두 배로 증가한다.[3]

사이클의 말미에 유해한 생각이 매우 강력하여 또 다른 21일 사이클이 필요하다는 느낌을 갖게 될 수도 있다. 종종 엄청난 죄책감이나 자기비하, 또는 '나는 못해'라는 마음이 일어나므로 더 이상 이 과정을 진행시키지 못하는 경우도 있다. 이럴 때는 다른 문제를 다루기 전에 먼저 이와 같은 마음의 태도를 고쳐야 하는데, 여기에만 21일의 시간이 따로 요구될 것이다.

새롭고 건강한 기억에 더 많이 집중하라

이러한 이유로 새롭고 건강한 기억을 구축하는 것이 중요하다. 또한 당신이 무너뜨릴 유해한 기억보다는 건강한 기억에 더 많이 집중해야 하는 것도 이러한 이유에서이다. '반복'과 '재생'은 오래 지속되는 기억의 창조에 꼭 필요한 핵심요소이다. 하지만 기억하라. 이것은 부정적인 방향, 긍정적인 방향 모두에 똑같이 적용된다.

5단계 과정을 밟으며 깊이 있고 집중된 생각을 시행하는 동안, 당신의 뇌는 고주파 감마선을 분출하면서 내적 성찰 모드로 들어가게 된다.[4] 바로 이때 우리의 뇌 전체가 질서정연한 통합을 이룬다. 그리고 공부하기에 가장 적합한 마음가짐이 만들어진다. 뉴런은 마치 내면의 끊임없는 재잘거림처럼 저마다 독특한 리듬을 발하며 활동한다. 우리가 사물을 인식하는 방식의 기저에는 이와 같은 뉴런의 부침浮沈과 변화가 자리하고 있다.[5] 당신이 어디에 집중할지 선택하느냐에 따라 뉴런의 내적 재잘거림이 긍정적 또는 부정적 방향으로 움직일 것이다. 이때 작업 능률이 높아지므로 당신은 21일 내에 이러한 일이 일어날 것을 기대해야 한다. 그리고 거의 집착 수준으로 변화에 대해 갈망해야 한다. "그러므로 하늘에 계신 너희 아버지의 온전하심과 같이 너희도 온전하라"(마태복음 5:48).

좋은 일이 많이 일어난다

뇌는 항상 '학습 방법'을(무언가를 어떻게 배워야하는지를) 배운다. 그리고 항상 변화한다. 21일 동안 '뇌의 스위치를 켜라 - 5단계 학습 과정'

을 진행할 때 당신은 좋은 일들이 많이 일어나도록 영향을 미친다.

여기 몇 가지 예를 들겠다. 깊이 생각하고 배우는 동안 뇌 유도 신경생장인자Brain Derived Neurotrophic Factor, BDNF가 분출되어 뉴런들의 연결고리를 강화하고 회상 능력을 높여준다. BDNF는 또한 '미엘린'이라는 지방 물질의 증가를 촉진하는데, 미엘린은 신경조직을 격리시킨다. 이것은 좋은 현상이다. 미엘린의 증가는 더 빠른 생각, 더 나은 기억을 의미하기 때문이다.

생각에 집중하고 주의를 기울이기 시작할 때 뇌에서는 BDNF가 분비되고, 그 결과 신경핵의 기저가 활성화되므로 집중도가 높아진다. 핵 기저부가 활성화될 때, 뇌는 지극한 가소성을 띤다. 언제든 변화되고, 구축되고, 재접속될 준비를 한다. 이를테면 새로워질 준비를 하는 것이다.[6]

21일 안에 끝나지 않는다

21일 사이클의 막바지에 이르면 유해한 생각은 사라지고 건강한 생각이 발아한다. 그런데 새롭게 구축된 생각은 이제 막 뿌리내린 '작은 식물'과 같아서 충분한 양분을 공급받아야 성장할 수 있다. 아이러니하게도 건강한 생각을 자라게 하는 양분은 바로 그 자신, '건강한 생각'이다. 무슨 뜻인가? 새롭게 싹튼 건강한 생각을 활용하지 않으면 그 생각은 성장하지 못한다는 뜻이다. 올바른 자동화가 이뤄지지 않을 것이므로(8장 참조) 우리의 마음은 원래의 자리로 후퇴한다. 또한 그 자리에 이전의 유해한 생각이 다시 자라날 수도 있다.

이러한 상황을 피하려면 가능한 자주 의식적인 노력을 기울여 새로 자라난 생각을 활용해야 한다. 언제까지 그래야 할까? 자동화가 될 때까지 그렇게 해야 한다.

자동화란 무엇인가? 새로 자라난 생각의 나무 기저에는 특정한 사고방식, 특정한 반응방법이 자리한다. 이러한 사고방식과 반응방법이 당신의 삶에 '자연스럽게' 장착되는 과정을 일컬어 자동화라고 한다.

자동화는 의식이 아닌 무의식에 의해 이루어진다. 그렇다면 새롭고 건강한 생각을 자동화했는지 어떻게 알 수 있는가? 연구된 바, 새로이 자라난 생각을 활용하면서 21일 사이클을 최소 2회 정도 반복하거나 63일 이상 새로운 생각을 활용해야 자동화 여부를 알 수 있다고 한다.[7]

무의식에 안정감이 깃들 때까지 의식적으로 새로운 생각을 습관화하라. 당신은 이 일에 매진해야 한다. 어떤 사람의 경우에는 자동화를 위해 84-154일 동안 새롭고 건강한 생각을 의식적으로 활용해야 할지도 모른다. 핵심은 이것이다. 당신이 무엇을 하고자 하는지에 따라(물론 당신의 독특한 정체성과도 연관된다) 새로운 생각이 '습관'으로 굳어지는(자동화되는) 데 걸리는 시간이 달라진다.

어쨌든 주어진 상황 속에서 이 과정을 계속 이어나가는 한 건강한 생각의 '습관'이 제자리를 잡을 것이다. 나는 이를 가리켜 '적극적인 발돋움'이라고 부른다. 적극적인 발돋움은 당신이 매일같이 시행해야 할 다섯 번째 단계이다.

돌기, 막대사탕, 버섯

자동화를 이룬 뇌는 외관상 굵고 튼튼한 가지처럼 보인다. 여기에 수많은 가지들이 달라붙어 여러 다양한 생각 네트워크들을 한데 엮는다.

가지를 자라나게 하는 연결부분에 확대경을 가져가면 엽침 spines이라고 불리는 작은 물질이 눈에 들어올 것이다. 엽침은 우리의 생각이 점점 견고해짐에 따라 7일 후 돌기 모양을 띠고, 14일 즈음 막대사탕 모양으로 변하고, 21일경에는 버섯 모양으로 변한다. 이것은 21일 동안 단백질이 급진적으로 변화하기 때문이다. 이러한 변화는 7일과 14일에 절정을 이룬다. 이후 뇌의 단백질은 '자립성 단백질' self sustaining protein이 된다.

이렇게 변화된 단백질은 '장기 기억'과 같다. 앞서 말했듯이 기억의 장기화는 좋다 나쁘다 확정지어 평가할 수 없다. 때론 좋은 방향으로 또 때로는 나쁜 방향으로 장기화되기 때문이다. 앞에서 말했던 가소성 패러독스가 여기에 적용된다.

물론 장기 기억도 영구적이진 않다. 이것은 언제든 무너질 수 있다는 뜻이다. 유해한 생각을 끊은 후, 적정 기간 건강한 생각을 연습하면 건

● 수상돌기를 지닌 뉴런 – 돌기, 막대사탕, 버섯(우산) 반시계 방향 ●

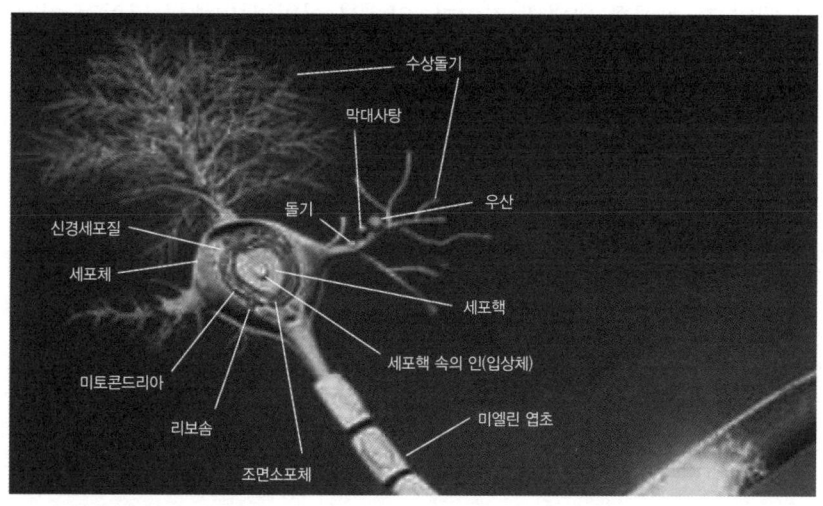

강한 장기 기억이 형성된다. 그러나 다시금 유해한 생각을 선택하여 그리로 회귀한다면, 당신은 지금까지의 과정을 역행하게 된다. 이에 건강한 장기 기억이 무너지고 그 자리에 유해한 생각이 재건된다.

그러므로 우리는 선택할 때 주의해야 한다. 늘 옳은 것을 선택하라. 이를 위해 우리는 양심의 촉을 세우고 직관의 소리에 귀를 기울여 하나님의 임재 안으로 들어가야 한다. 이러한 연습 가운데 당신은 마음을 새롭게 하는 삶의 패턴을 얻을 수 있다.

21일 과정의 말미에 당신은 새롭고 건강한 생각을 삶의 패턴으로 구축할 수 있다. 즉 삶 가운데 일어나는 일들에 대해 어떻게 반응할지 스스로 결정하여 그것을 반복·강화하는 것이다. 이러한 일은 21일 과정을 3-4번 정도 반복할 때 가능하다. 새롭고 건강한 생각 패턴이 '자동화'되므로, 유해한 생각은 다시금 뿌리내릴 기반을 잃게 된다.[8]

독소를 제거해야 할 생각 패턴과 새로이 구축해야 할 건강한 생각 패턴은 개개인에 따라 다르다. 따라서 전체 과정을 진행할 때 많은 영역에서 개인 간 차이를 나타낼 것이다. 앞에서 이미 설명했던 것처럼 어떤 생각은 해독하는 데 21일 사이클을 한 번만 적용해도 되지만, 또 어떤 생각은 그 이상의 시간을 쏟아야 할 것이다.

21일 두뇌 해독 플랜은 신중한 훈련 과정이다

기억을 변화시키고 새로이 구축하는 최상의 방법은 '신중한 훈련'이다. 다시 말하지만 '신중한' 훈련이다. 아무 생각 없이 반복해선 안 된다. 21일 두뇌 해독 플랜의 '뇌의 스위치를 켜라 - 5단계 학습 과정'은 '신중한 목표 설정', '즉각적인 피드백 수용', '결과만큼 과정에 집중하기' 등의 핵심 내용을 내포하고 있다.

당신이 심리적으로 편안함을 느끼는 '안전지대'가 있다면, 그 영역 바로 바깥 부근에 목표를 설정하고 도전하라. 이때 21일 두뇌 해독 플랜은 최상의 결과를 낳는다. 기억하라. 도전은 좋은 것이다.[9] 우리는 지적인 존재이기 때문에 우리의 마음과 뇌는 항상 도전을 받아들이고 응전한다.

당신은 하나님의 온전하심을 따라 지음 받았다. 그러나 그 온전한 모습이 자동적으로 나타나는 것은 아니다. 자신의 삶에서 그분의 온전하심을 나타내는 것은 당신이 감당해야 할 몫이다. 하나님은 당신에게 청사진을 주셨는데, 이 청사진대로 따르기 위해 '선택'해야만 한다.

이 사실을 기억하라. 당신은 이기기 위해 '인생'이라는 게임에 참가했다. 포기하기 위해 살아가는 것이 아니다. "푯대를 향하여 그리스도 예수 안에서 하나님이 위에서 부르신 부름의 상을 위하여 달려가노라"(빌립보서 3:14). 이 과정을 진행하는 동안 당신은 로마서 12장 2절에 기록된 하나님의 명령, 곧 마음을 새롭게 하는 일과 마태복음 5장 48절의 명령을 수행하게 된다. "그러므로 하늘에 계신 너희 아버지의 온전하심과 같이 너희도 온전하라."

다음 다섯 장에 걸쳐 '뇌의 스위치를 켜라 - 5단계 학습 과정'을 차례로 설명할 것이다. 이 과정을 매일의 삶에 올바르게 적용하려면 각각의 단계를 제대로 이해해야 한다. 만일 한 단계라도 소홀히 넘어가거나 대충 적용한다면, 당신이 얻게 될 결과물 역시 '대충'일 것이다.

앞으로 여러 가지 질문이 곳곳에 산발적으로 등장할 것인데, 부디 집중하라. 그리고 잠깐 멈추고 질문에 대답하기 바란다. 각각의 질문은

'뇌의 스위치를 켜라' 과정을 더 깊이 이해하도록 도와줄 것이다. 또한 이 질문들은 21일 두뇌 해독 플랜의 효율적 적용을 돕고, 어떻게 하면 성공 가능성을 높일 수 있는지 알려준다.

• 요약 •

1. 21일 두뇌 해독 플랜은 신중한 훈련이다. 단 한 번 적용하고 말 것이 아니라 생각의 패턴이 새로워질 때까지 엄격하게 반복·적용해야 한다.

2. 5단계 한 사이클은 7-10분 단위로 구성된다. 물론 다루어야 할 생각의 성격에 따라 더 긴 시간을 요하는 경우도 있다.

3. 당신은 21일 두뇌 해독 플랜을 연중 최대 17회까지 시행할 수 있다.

4. 당신은 매일 7-10분 동안 '뇌의 스위치를 켜라 - 5단계 학습 과정'을 시행해야 한다.

5. 21일 동안 당신은 유해한 생각을 무너뜨리고 건강한 기억의 네트워크로 그 자리를 채우게 된다.

6. 뇌 속 특정 단백질에 변화가 일어나 옛 기억이 무너지고 새로운 기억이 자라나 자립성을 띠기까지 대략 21일이 소요된다.

7. 7일 후, 기억을 보유하는 단백질의 형태는 돌기 모양을 띤다. 14일 즈음엔 막대사탕 모양으로, 21일에는 버섯 모양으로 변화된다.

8. 자동화 단계에 이르기까지 21일 과정을 3번 혹은 그 이상 반복할 필요가 있다.

9. '자동화'란 간단히 말해, 무의식이 의식을 조정하는 것이다. 이후 의식적인 생각이 행동으로 이어진다.

11장

1단계 - 수집

당신은 '훈련된 생각'으로 가득한 삶을 영위해야 한다. 이를 위한 노력의 일환으로 당신의 마음이 주로 어떤 생각을 품는지 경각심을 갖고 지켜봐야 할 것이다. 수집 단계에서는 외부에서 당신의 마음속으로 파고드는 모든 신호에 대해 경각심을 갖는 것이 최우선과제이다. 과연 어떤 생각들이 당신의 마음의 문을 두드리는가?

이 장에 제시된 여러 가지 질문에 답하는 동안 당신은 경각심을 키우는 일에 집중하게 될 것이다. 그렇다. 이제 유해한 생각을 사로잡는 과정이 본격적으로 시작되었다.

신호 발생의 두 가지 근원

신호의 근원은 다음의 두 가지이다.

1. 외부 환경 - 오감으로 전달되는 신호, 전자기적 신호, 양자 신호
2. 마음의 기저를 이루는 무의식적 메타인지 영역, 무의식 속의 깊은 생각(당신의 기억)

좀 더 쉽게 설명해보겠다. 이 책을 읽는 동안 상쾌한 음악이 당신의 귓전에 닿는다. 당신은 안락한 의자에 앉아 있다. 향초는 심지가 타들어가면서 더욱 진한 향기를 내뿜는다. 이제 탁자에 놓인 맛난 과일을 집어 들어 한 입 베어 문다. 그리고 바스락거리는 책 페이지를 넘긴다. 이것이 당신에 대한 묘사인가? 그렇다면 현재 당신의 오감은 외부 신호가 되어 당신의 마음을 두드리고 있다. 시각, 청각, 후각, 촉각, 미각이 외부세계와 당신의 내면을 연결한다.

이 책을 읽는 동안 당신은 오감을 통해 무엇을 경험하고 있는가? 최대한 자세하게 설명해보기 바란다. 이것은 당신의 마음속으로 어떤 신호가 들어가고 있는지를 살피는 간단한 방법이다. 이러한 연습을 반복하면 유해한 생각이 아무런 제재 없이 당신의 마음속으로 들어가는 것을 막아낼 수 있다.

● 뇌 속 구조 ●

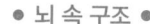

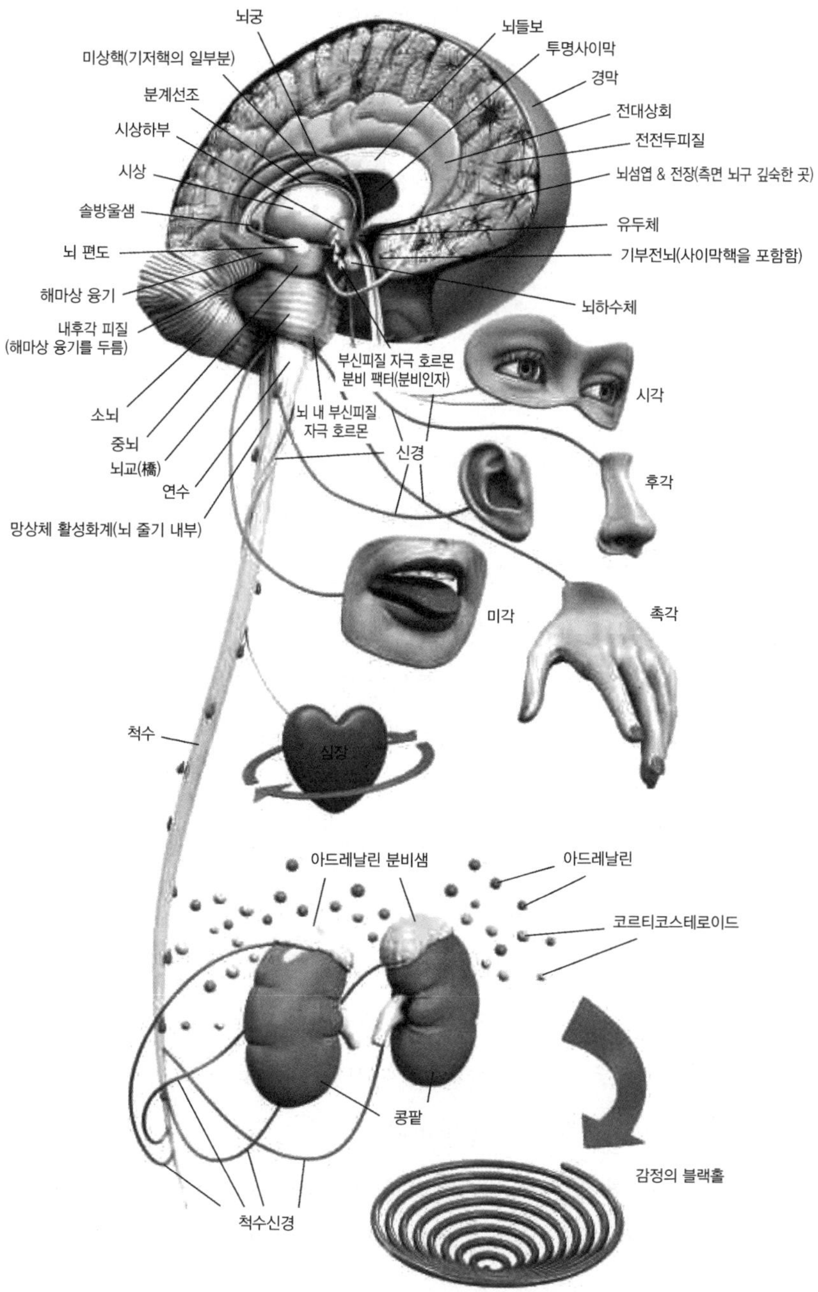
뇌궁
뇌들보
미상핵(기저핵의 일부분)
투명사이막
경막
분계선조
전대상회
시상하부
전전두피질
시상
뇌섬엽 & 전장(측면 뇌구 깊숙한 곳)
솔방울샘
유두체
뇌 편도
기부전뇌(사이막핵을 포함함)
해마상 융기
뇌하수체
내후각 피질
(해마상 융기를 두름)
부신피질 자극 호르몬
분비 팩터(분비인자)
시각
소뇌
뇌 내 부신피질
자극 호르몬
중뇌
신경
뇌교(橋)
후각
연수
망상체 활성화계(뇌 줄기 내부)
미각
촉각
척수
심장
아드레날린 분비샘
아드레날린
코르티코스테로이드
콩팥
감정의 블랙홀
척수신경

이 과정을 진행하면서 앞으로 당신이 습득하게 될 (뇌에 관한) 정보의 양은 실로 방대하다. 하지만 걱정하지 말라. 지금은 잠시 모든 생각을 내려놓고 하나님께서 당신을 얼마나 섬세하게 만들어 놓으셨는지, 그 사실을 기뻐하기 바란다. 기억하라. 당신은 하나님의 형상대로(창세기 1:26) 창조되었다. 그러므로 당신은 매우 탁월하고 명석하며 지적인 존재이다.

신호가 뇌 안으로 들어가다

외부에서 유입된 정보는 다양한 뇌 구조물(시상 뇌간, 뇌섬, 기저핵 등)을 통과한다. 이들 뇌 구조물은 정보에 담긴 풍미를 느끼고 그 느낌을 풍성하게 증폭시킨다. 또한 정보를 여러 곳으로 배분하는 역할도 한다.

당신은 뇌의 여러 부분들(뇌 회로와 여러 가지 뇌 기둥들)을 통해 '생각'한다. 뇌의 한 부분만 작동하는 경우는 없다. 그러므로 어떤 정보가 뇌에 닿으면 대단위 작업이 진행된다. 뇌 속에서 뇌 본유의 활동이 일어나는 것이다.

이를테면 새로운 정보가 유입될 것을 대비하면서 기초 중추(뇌 중앙의 깊은 곳) 주변의 뇌 회로와 뇌 기둥은 뇌 전체를 '긴장' 상태로 돌입시킨다. 이러한 활동에는 생각의 이동(기존의 기억들이 이동하는 현상), 기존의 기억과 새로 유입된 정보의 연결, 무의식적 메타인지에서 의식적 인지 영역으로의 이동 등이 포함된다. 이러한 개념들을 다시 살펴보기 원한다면, 이 책의 8장을 읽어보기 바란다.

뇌 속에 들어 있는 생각들은 외견상 숲속의 나무와 같다. 그리고 뇌에 닿은 신호들은 바람처럼 나무를 흔들며 지난다. 연구 결과 신호가 지나

● 마술 같은 생각의 나무들 ●

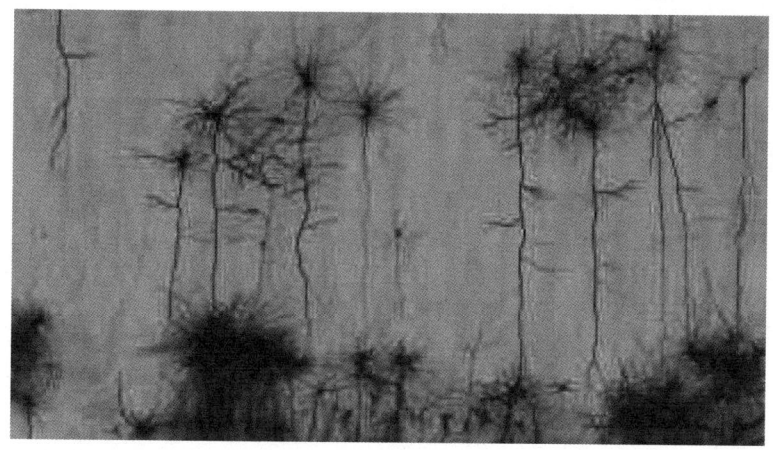

마술 같은 생각의 나무들 – 골지 염색으로 시각화함(이탈리아의 해부학자인 C. 골지가 질산은으로 신경 조직을 염색하는 법 개발. 이를 골지 염색이라 한다 – 역주)

는 동안 대략 4-7개[1]의 생각 나무들(기억)이 활성화되는 것으로 밝혀졌다. 이렇게 활성화된 생각들은 '의식' 상태에 돌입하고, 당신은 그 의식화된 생각들을 '인지'하게 된다(8장 참조). 따라서 나는 뇌를 자극하는 신호들을 가리켜 '나무를 흔드는 미풍'이라 부른다.

/질문/ 바로 지금 당신의 의식 영역에선 어떤 생각들이 차오르고 있는가? 의식 영역에 집중하여 그곳에 얼마나 많은 생각들이 들어 있는지 살펴보기 바란다.

생각에는 감정적 요소가 들어 있다

당신은 생각하는 동안 '느끼기'도 한다. 왜냐하면 생각 속에는 정보(실제로 기억하고 있는 일련의 사실들)뿐만 아니라 감정도 들어 있기 때문이다. 생각을 의식 상태로 가져갈 때, 거기에 서린 감정까지 의식의 영역으로 이동하는 것이다. 감정에 물든 생각이 의식의 공간에 차오르면, 당신은 그 감정을 느끼게 된다.

그러므로 '감정'과 '느낌'은 엄연히 구분되어야 한다. 모든 생각 속에는 '감정'이란 요소가 들어 있다. 생각 속에 들어 있는 감정은 생각과 함께 무의식의 영역에 저장된다. 그러다가 무의식의 생각이 의식으로 이동하면 그제야 그 감정을 느끼게 되는 것이다. 그러므로 감정과 느낌은 다르다.

태도

간단히 말해, 태도는 '마음의 상태'이다. 우리는 '생각'과 그에 더해진 '생각에 서린 감정'을 태도라고 부른다. 태도는 당신의 말과 행동에 영향을 미친다.

활성화된 태도가 '부정적'이라면, 표현되는 '감정' 역시 부정적이거나 스트레스로 가득할 것이다. 그러나 태도가 '긍정적'이라면, 당신이 느끼는 '느낌'은 '평안'일 것이다. 그러므로 말과 행동에도 '평안'이 깃들 것이다. 여기서 한 가지 중요한 사실은 아무리 감추려고 한들 당신의 태도는 반드시 표출되게 되어 있다는 것이다.

현재 당신의 의식을 가득 채운 태도가 무엇인지 분별할 수 있겠는가? 지금 그 태도가 만들어내고 있는(혹은 당신이 느끼고 있는) '감정'에 초점을 맞추라. 그리고 그 감정을 최대한 상세하게 설명해보기 바란다. 당신의 마음에는 어떤 감정이 찾아들었는가? 당신의 몸은 무엇을 느끼고 있는가?

생각은 숨길 수 없다

긍정적이든 부정적이든 당신은 남들 앞에서 자신의 태도를 숨길 수 없다. 게다가 당신의 태도는 몸과 뇌에 엄청난 영향을 미친다. 어떻게 이러한 일이 가능한지 7장을 다시 한 번 읽고 확인해보기 바란다.

무의식에서 의식으로 이동할 때, 생각(감정이 달라붙은 생각[태도])은 신호를 만들어낸다. 그리고 이 신호에 뇌의 시상하부가 반응한다. 시상하부는 감정과 태도에 반응하는 등 참으로 놀라운 일들을 수행한다.

시상하부의 위치는 202쪽에서 확인해보기 바란다.

시상하부가 반응하다

시상하부는 뇌의 다른 부분을 경각시켜 세로토닌과 글루타메이트 같은 화학물질을 분비하도록 유도한다. 이렇듯 화학물질 분비 유도로 새로운 기억을 구축하는 데 일조하는 것이 시상하부의 역할 중 하나이다.

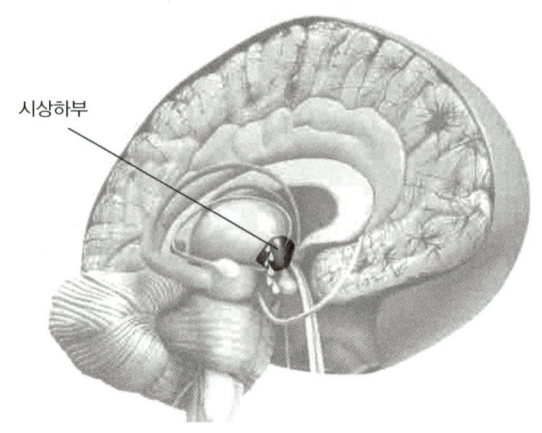

시상하부

체내 호르몬을 만들고 통제하는 내분비선과 내장기관들의 집합체를 엔도크린 endocrine, 내분비선 시스템이라고 한다. 그런데 이러한 엔도크린 시스템을 통제하는 것이 뇌의 시상하부이다. 그래서 시상하부는 종종 내분비계의 '뇌'로 불린다.

또한 시상하부는 갈증, 배고픔, 체온 등을 관장한다. 그리고 감정에 대한 신체 반응을 통제하는데, 이를테면 특정 감정이 일어날 때 이에 대한 반응으로 심장이 '쿵쾅'거리는 것이 이에 포함된다. 또한 어떤 사안에 대해 당신이 감정적으로, 또 이성적으로 반응할 때 큰 영향을 끼치기도 한다.

만일 당신이 근심하거나 걱정한다면, 시상하부는 평상시보다 더 많은 화학물질을 분비하는 것으로 대응한다. 이때 뇌하수체 역시 과도하게 많은 화학물질을 내뿜게 된다. 쉽게 말해 뇌 속에 신경화학물질의 '대혼돈'이 발생하는 것이다. 그 결과 당신은 명쾌한 생각 대신 무질서하고 희뿌연 생각만을 떠올리게 된다.

그런데 당신이 깊은 사색으로 들어가면, 엔도크린 시스템은 당신의 몸 속 수조 단위의 세포 조직에 필요한 호르몬들을 분비하기 시작한다. 반면 부정적이고 유해한 생각을 품을 경우엔 정반대의 현상이 나타난다. 당신의 몸은 자기 방어와 생존에 집착하게 된다. 그 결과 지혜롭게 정보를 처리하고 건강한 생각을 유지해나가는 기능이 제대로 작동하지 않는다.

하지만 당신이 태도를 바꾸고 "근심하지 말라"는 하나님의 명령을 따르기로 결심한다면, 뇌의 시상하부는 평안의 감정을 유발하는 화학물질을 분비하기 시작한다. 그리고 뇌의 나머지 부분도 올바른 종류의 신경 전달물질(전자파를 전달하는 신경화학물질)을 분비하여 명쾌한 사고를 도울 것이다.

/질문/ 지금, 의식 상태에서 품은 생각은 당신에게 '평안'을 주는가? 아니면 당신을 '근심'하게 만드는가? 그리고 현재 당신의 몸이 '평안' 또는 '근심'의 감정에 어떤 반응을 나타내는지 주의하여 살펴보라. 당신의 어깨 근육은 '긴장'된 상태인가? 당신의 몸 안에 아드레날린이 급격하게 분비되고 있는가?

매 순간 우리가 외부환경을 통제·조종하는 것은 불가능하다. 하지만 외부 환경이나 삶 가운데 일어나는 사건들에 대한 반응은 통제할 수는 있다. 즉, 어떤 사건이 당신의 뇌에 어떤 영향을 끼치게 될지는 당신의 선택에 달렸다.

신호가 당신의 뇌에 어떤 영향을 미칠 것인가?

어떻게 통제할 수 있는가? 외부에서 유입된 정보는 여전히 '임시' 상태이다. 아직 당신의 기억 속에 뿌리를 내리지 못했다. 당신의 정체성을 규정하는 '영혼'에는 그 영향력을 뻗지 못한 것이다. 당신은 외부에서 유입된 정보를 받아들이거나 거절하기로 선택할 수 있다. 그 정보를 받아들인 후엔 자신의 마음과 혼과 영에까지 영향력이 뻗어나가도록 허락할 수도 있다. 이 경우 그 정보는 당신의 무의식 속에 침잠하고, 자동화를 거쳐 당신의 정체를 규정하기에 이를 것이다.

매 순간 당신의 외부환경을 통제하는 일은 불가능하다. 하지만 근본적인 선택을 통해 환경에 대한 반응은 통제할 수 있으며, 이로써 유해한 외부 정보가 뇌에 들어가지 못하도록 막아낼 수 있다.

지금 당신의 외부와 내면에서 발생한 신호들이 여러 가지 생각들을 촉발하고 있다. 당신의 마음이 이런저런 생각들로 차오르는 것이다. 당신은 어쩔 수 없이 이러한 생각들을 수용하는 피해자인가? 아니면 분별하여 선택하는 승리자인가?

좋은 선택을 하도록 도와주는 뇌 구조물과 뇌 회로

뇌 편도와 해마상海馬狀 융기, 그리고 거기에 연결된 뇌 회로들은 '좋은'

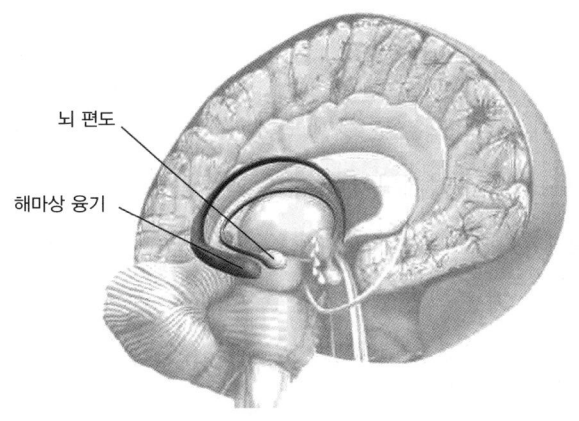

뇌 편도
해마상 융기

선택을 돕는 구조물들이다. 뇌 편도는 외부에서 유입되는 새로운 생각과 머릿속에 이미 존재하는 모든 생각들을 연결한다. 뇌 편도는 열정적이고 지각적인 감정을 다루며, 해마상 융기는 기억과 행동욕구를 관장한다.

바로 이곳에서 당신은 올바른 선택을 향해 한 발자국 앞으로 내딛을 수 있다. 새로운 생각을 붙들어 이것을 정체성 구축 재료로 삼을지, 아니면 이 생각을 거절할지 뇌 편도와 해마상 융기가 결정한다(당신이 뇌 편도와 해마상 융기를 통해 결정한다). 이제 우리의 뇌가 특정 정보(생각)를 받아들이고 거절하는 과정을 좀 더 자세히 살펴보겠다.

 /질문/ 당신은 마음에 흘러들어오는 생각을 받아들일 수도, 거절할 수도 있다. 당신은 이 사실을 알고 있었는가?

뇌 편도 – 지각의 도서관

뇌 편도는 아몬드 모양으로 생긴 뇌 속 구조물이다. 뇌 편도는 감정적 경각심을 일으키도록 설계되어 유해한 생각을 품을 때 나서서 당신의 몸과 마음을 위해하는 요소(이를테면 위험이나 스트레스)로부터 당신을 보호해준다.

편도는 '감정'에 의해 기억이 형성되도록 유도한다. 감정을 주관하는 편도가 해마상 융기에 영향을 주어 당신으로 하여금 과거의 감정을 떠올리게 하고 기존의 기억에 더 많이 집중하게 만든다. 그런데 뇌 편도는 기쁨이나 행복과 같은 긍정적인 사랑의 감정에만 반응하도록 설계되었다. 그러므로 당신의 마음이 부정적인 생각으로 가득할 때 뇌 편도는 제 역할을 다하지 못한다.

뇌 시상 thalamus – 전달물질의 정거장

뇌 중앙 깊숙한 곳에 위치한 시상은 전달물질의 정거장 같은 역할을 한다. 오감을 통해 외부 정보가 유입될 때 시상은 뇌 편도를 경각시킨다. 어떻게 이런 일이 일어나는가?

이것은 뇌 편도가 감정의 도서관처럼 기능하기 때문이다. 뇌 편도는 새로운 생각이 들어설 때마다 거기에 서린 감정을 '기억'한다. 바꿔 말하면 당신이 새로운 기억을 생성할 때마다 그 속의 감정이 활성화된다는 뜻이다(이를테면 '이 일은 하기 싫다'와 같은 감정이 편도에 각인되는 것이다 – 역주).

건강한 기억이든 유해한 기억이든 기억이 생성되려면 뇌 분비계에서

적확한 화학물질(감정과 정보를 담고 있는 소립자)을 분비해야 한다. 외부 정보가 유입될 때 뇌 시상하부는 화학물질을 분비하는데, 이러한 뇌 시상하부와 뇌 편도 사이에 끊임없는 교감이 오간다. 이때 당신은 자신의 몸이 어떻게 반응하는지 느낄 수 있다. 이러한 신체적 반응(빨라진 심박수, 급속한 아드레날린 분비 등)은 해당 정보를 받아들일지 거절할지 결정하도록 당신을 몰아붙인다. 몸이 어떻게 느끼느냐에 따라 외부 유입 정보의 취사 여부가 결정되는 것이다.

게다가 뇌 편도는 뇌의 전두엽(논리적 판단, 분석, 결정, 작전 수립 등의 역할 및 수행 단계의 기능 담당)과 몇 가닥의 선으로 연결되어 있어 수시로 교감한다. 이러한 연계를 통해 당신은 감정의 균형을 꾀하기도 하고 논리적으로 대응하기도 한다. 여기서 한 가지 매우 흥미로운 사실은 당신이 어떤 사안에 대해 더 이상 생각하지 않기로 결정하는 순간 '임시' 상태의 기억이 사라진다는 것이다.

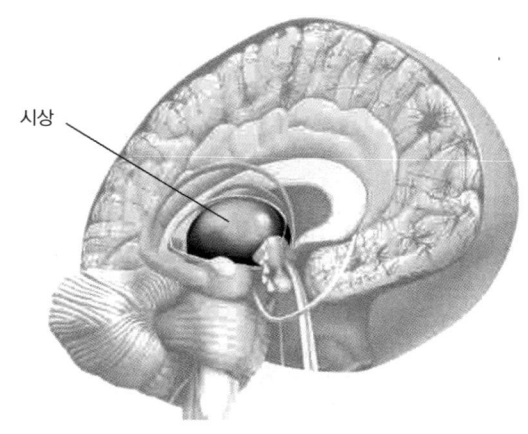

당신은 '감정'에 의해 통제당할 필요가 없다. 활발한 생각이 마음속에 감정을 불러일으킬 때, 당신은 그 감정에 지배를 받는가?

해마상 융기 - 기억 변환기

만일 어떤 이슈에 대해 생각하기를 멈추지 못한다면, (유해한 태도 및 유해하지 않은 태도 모두를 포함하여) 모든 정보는 해마상 융기로 불리는 해마$_{海馬}$ 모양의 뇌 구조물 속으로 유입될 것이다.

해마상 융기는 생각을 다루는 일종의 정보처리 센터와 같다. 해마상 융기는 장기 중요성, 단기 중요성에 따라 외부에서 유입된 정보를 분류하고 정리한다. 이후 일시적으로 저장된 정보를 영구 기억으로 전환한다. 이렇게 장기화된 기억들이 당신의 정체성을 구성한다(이러한 작업의

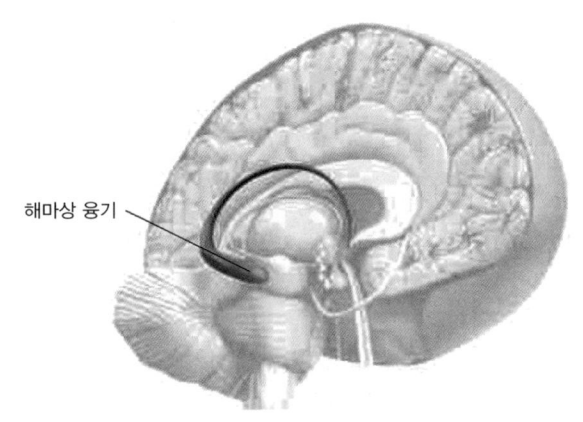
해마상 융기

대부분은 당신이 잠든 밤 동안 이루어진다).

　이러한 작업을 수행하기 위해 해마상 융기는 뇌의 중앙허브$_{central\ hub}$
와 공조한다. 뇌의 중앙허브란 일단의 회로를 지닌 뇌 구조물들의 집합
체를 일컫는데, 중앙허브에서는 활성화된 모든 기억이 질서정연하게 통
합된다. 그리고 중앙허브는 해마상 융기와의 공조를 통해 임시로 저장
된 정보를 영구 기억으로 변환하여 저장한다.

　바로 이곳(해마상 융기)에서 당신은(당신의 뇌는) 삶을 변화시킬 결정을
내리기 위해 진지한 자아성찰을 수행한다.

 스스로에게 "나는 이 정보가 나의 정체성의 일부분으로 자리하길
원하는가?"라고 물어보라.

스트레스

　여기, 당신이 반드시 기억해야 할 중요한 사실이 있다. 그것은 유해한
기억이 당신의 몸을 스트레스 2-3단계로 이끈다는 것이다. 스트레스 1
단계는 유익하다. 이때 당신은 정신을 차리고 무언가에 집중한다. 하지
만 상위 단계의 스트레스는 위험하다. 스트레스 2-3단계는 정상범위의
스트레스 수치를 상회한다. 무언가가 잘못되었다는 뜻이다.

　해마상 융기는 스트레스에 극도로 취약하다. 왜냐하면 해마상 융기
안에는 스트레스 호르몬 수용기가 많이 들어 있기 때문이다(평상시, 스트

레스 호르몬 수용기는 기억력 강화에 도움이 된다). 이 수용기는 세포에 달려 있는 작은 입구와 같아서 그 문을 통해 화학적 정보가 세포 안으로 들어가게 된다.

그런데 뇌 세포의 입장에서 보면 과도한 스트레스는 일종의 '폭발'과 같다. 스트레스에 의해 해마상 융기의 세포가 파괴되고 그 부피가 축소되기 때문이다. 그렇게 되면 해마상 융기와 뇌 중앙허브의 교류가 원활하지 못하므로 건강한 생각(기억)이 자리잡지 못하고 기억력도 감퇴된다. 우울증 환자, 알츠하이머 및 노인성 치매 환자, 그리고 여러 신경심리 장애 환자들에게서 이러한 현상이 많이 나타난다.

나쁜 선택의 결과 당신은 유해한 생각을 품게 된다. 유해한 생각에 대한 반응으로 당신의 몸은 스트레스 2-3단계에 돌입한다. 스트레스를 받을 때 당신의 몸은 어떻게 반응하는가? 당신은 심장의 두근거림, 아드레날린의 과다 분비, 근육의 긴장 등과 같은 몸의 변화를 느끼는가?

• 요약 •

1. 감각 정보는 오감을 통해 뇌로 유입된다.
2. 이때 해당 정보의 신호가 무의식의 영역에 내재한 기존의 생각들(기억)을 자극하여 무의식 속의 생각들(기억)이 활성화된다.
3. 활성화된 기억은 무의식에서 의식 영역으로 이동한다.
4. 이때 뇌의 시상하부는 기억 형성과 감정 활성화에 필요한 화학물질을 분비한다.
5. 화학물질이 분비되면 뇌 편도가 활성화되는데, 이때 기존의 기억에 서려 있는 감정을 다시 한 번 느끼게 된다. 이후 뇌 편도는 새로운 감정을 형성하기 시작한다.
6. 이 모든 정보(기억, 생각, 감정)가 뇌의 해마상 융기로 들어간다. 해마상 융기는 단기 기억을 장기 기억으로 변환한다.
7. 이 모든 전자기적·화학적·양자물리학적 활동은 뇌의 전두엽에서 일어난다.

이제 '집중'의 단계로 들어가 생각을 형성하기 위해 해마상 융기와 뇌의 중앙허브 회로가 어떻게 조력하는지 살펴보자.

12장

2단계 - 집중

::

1장에서 이야기했듯, 과학이 성경을 뒷받침하는 증거를 제시하는 것은 언제 봐도 즐겁다. 집중은 이러한 예 중 하나이다. 그것은 성경시대에도 강조되었던 오랜 전통의 신앙 훈련 방법이다. 그런데 깊은 사색은 오늘날 신경과학계에서도 큰 유행이다. 깊은 사색에 대한 연구는 수도 없이 많다. 아래에 나열한 과학 잡지 기사의 헤드라인은 이러한 주제에 관한 연구 결과를 간단하게 요약해서 보여주고 있다.

"심도 있는 묵상이 만성 염증 질환 완화에 도움이 될 수도 있다."[1]
"묵상 훈련은 건강에 유익하다."[2]

"유방암을 이긴 환자들 – 사색을 통한 스트레스 완화 방법으로 도움을 얻다."[3]
"걱정하지 말라. 행복해라 – 묵상에 대한 이해"[4]

이제 내가 무슨 이야기를 할지 알겠는가?

항상 하나로 귀결된다

오늘날 깊은 사색에 대해 수많은 연구가 진행되고 있다. 다들 복잡하게 이야기하지만, 그 모든 논문이 강조하는 내용은 한 가지, 바로 깊이 있는 지적인 생각의 중요성이다. 주의 집중 훈련, 신체 각성, 감정 조절, 자아의식 등은 우리의 뇌를 긍정적으로 변화시킨다.

뇌 훈련을 통해 사람들은 건강과 행복 그리고 평안을 얻는다. 이것은 빌립보서 4장 8절의 가르침과 일치한다. "끝으로 형제들아 무엇에든지 참되며 무엇에든지 경건하며 무엇에든지 옳으며 무엇에든지 정결하며 무엇에든지 사랑 받을 만하며 무엇에든지 칭찬 받을 만하며 무슨 덕이 있든지 무슨 기림이 있든지 이것들을 생각하라." 그리고 잠언 전역에서 지혜자는 우리를 향해 이렇게 외치고 있다. "깨달을 때까지 지혜를 추구하고 지식을 묵상하라."

유해한 생각의 틀 밖으로 빠져나오기

만일 당신이 유해한 생각의 틀 밖으로 빠져나오려 한다면, 무엇보다

먼저 지혜를 묵상하고 이해하고 삶에 적용해야 한다.[5]

　감사하게도 지혜를 묵상하기 위한 구조적 장치와 모든 물리적 프로세스는 이미 당신에게 주어졌다. 신경가소성(3장에서 다룬 내용)과 양자물리학(7장에서 다룬 내용)은 당신의 유익과 일상의 즐거움을 위한 구조적 장치이다. 신경가소성을 믿는 당신은 스스로 자신의 뇌를 수술할 수 있다! 이 사실을 절대로 잊지 말라.

　어떠한 생각도 당신을 지배하지 못하게 만들라. 왜냐하면 당신이 생각을 지배하기 때문이다(1-2장을 다시 살펴보라).

　11장에서 당신은 '수집-자각' 단계, 즉 뇌 속으로 들어가는 정보를 자세히 살피고 또 안에서 밖으로 표출되는 태도에 주의하는 훈련을 마쳤다. 그러므로 이제는 자신의 생각 속으로 깊이 들어가 내면을 '성찰'하는 데 집중해야 한다. 이 과정에서 당신은 4번과 5번 요소인 생각을 사로잡아 그리스도께 복종시키고 훈련된 안식 상태로 들어가는 것(각각 4, 5장에서 다룸)을 적용해야 한다. 이때 당신의 뇌 안에 놀라운 변화가 일어난다. 이에 대한 과학적 설명을 이해하기 위해 기술적인 측면에서 이 사안을 살펴보자. 또한 산발적으로 등장하는 질문에 답해보는 것도 도움이 된다.

　일단 기억해야 할 것이 있다. 당신이 21일 동안 매일같이 수행해야 하는 '뇌의 스위치를 켜라'의 5단계 학습 과정은 매우 간단해 보이지만, 각각의 단계를 시행하는 동안 당신의 뇌 안에서는 놀라운 신경물리학적 변화가 일어난다. 그 변화가 실로 대단하기 때문에 당신은 토머스 모어가 말했던 바, '하나님의 역사하심을 드높이는' 사람이 될 수밖에 없다. 과학에 압도되지는 말라. 대신 은혜로운 하나님을 경외하는 마음으로 과학을 바라보기 바란다. 과학은 하나님의 은혜를 입증해주는 순수한 증인일 뿐이다.

뇌의 앞부분으로 돌진하다

수집 단계가 끝나면, 전자기적 신호(의식 영역으로 옮겨진 생각과 기존의 기억들)는 해마상 융기를 빠른 속도로 통과하여 뇌의 앞부분(기저 전뇌와 안구 뒤쪽에 위치한 안와전두피질을 말한다)을 향해 돌진한다. 정보는 24-48시간 동안 해마상 융기 안을 흐르면서 뇌의 앞부분으로 나아간다. 이러한 사이클이 진행될 때마다 정보는 계속해서 확대된다.

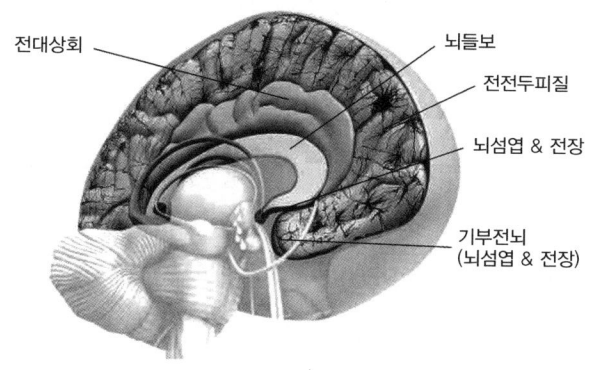

자유의지

이러한 과정을 통해 행복한 사건들의 정보가 크게 확대되면, 당신은 오직 창조주의 역사에만 집중하게 될 것이다. 그런데 어떤 사건들을 확대할지 선정하는 것은 당신의 자유의지와 결정능력에 달렸다(해마상 융기에서는 정보가 기억되기도 하지만 기억이 지워지기도 한다. 어떤 정보를 계속해서 기억하고 확대할지는 당신의 선택에 달렸다 - 역주). 자유의지는 하나님께서 주신 선물이다.

다음으로 넘어가기 전, 1, 2, 3, 7장에서 설명한 1, 2, 3번 요소와 7번 요소에 대해 요약한 내용을 다시 한 번 읽어보기 바란다.

생각은 변화에 취약하다

'정보의 확대'는 무의식에 저장되었던 기억이 의식의 영역으로 옮겨졌다는 사실의 방증이기도 하다. 이제 기억은 의식의 영역으로 옮겨졌으므로 변화 가능한 '불안정한' 상태가 되었다. 사실, 기억은 어떤 형태로든 변화될 수밖에 없다(3장 참조). 생각의 과학에 의하면 기억은 그 내용 그대로 강화되든(견고해지는 변화), 전혀 새로운 형태로 변형되든 반드시 변화를 겪게 되어 있다.

그것은 어떤 식으로든 변해야 한다. 만일 의식 영역으로 이동한 기억이 변화를 겪지 않을 경우 어떤 일이 일어나겠는가? 그 기억이 다시금 무의식의 영역으로 회귀하는가? 그런 일은 일어나지 않는다. 이것은 당신에게 엄청난 희소식이다. 반면 '생각'에 대한 막중한 책임을 짊어져야 한다는 말이기도 하다.

100퍼센트 무해한 생각은 존재하지 않는다. 또한 처음 상태 그대로를 유지하는 생각도 존재하지 않는다. 생각은 끊임없이 변한다. 1부에서 이야기했듯이 당신은 매 순간 뇌의 지형도를 바꾸고 있다. 당신은 매 순간 생각하는 존재, 매 순간 창조하는 존재이다.

당신은 기억이 의식 영역으로 이동할 때 불안정해지고 가변성을 띠게 된다는 사실을 알았다. 이제 한 가지 생각을 떠올려 시험 삼아 그 기억을 변화시켜볼 수 있겠는가?

생각하는 동안 당신은 변한다

앞서 언급한 '끊임없는 변화'의 개념에는 깊이 생각하면 할수록 더 많이 변화된다는 사실이 내포되어 있다. 변화는 실제적이고 물리적이다. 변화는 전자기적·양자물리학적인 힘을 통해 일어나며, 신경전달물질에 의해 유전자 발현과 단백질 합성이 활성화된다(2-3장 참조).

다시 한 번 기억을 더듬어보자. 우리의 뇌는 새로운 생각의 가지들을 키우기 위해 단백질을 합성하고 또 양분으로 사용한다. 그러므로 만일 당신이 어떤 생각을 버리지 않는 이상, 그 생각은 점점 강화될 수밖에 없다.

오늘날 과학은 당신이 자유의지를 활용하여 유전자 발현(단백질 합성, 2장 참조)에 관여할 수 있음을 증명해냈다. 참으로 놀라운 사실 아닌가? 당신이 "나는 못 해" 혹은 "안 할 거야"라는 말을 내뱉을 경우, 이러한 선택이 단백질 합성에 영향을 미쳐 당신의 뇌를 부정적인 방향으로 변화시킬 것이다. 이에 당신의 뇌에는 '나는 못 해'와 '안 할 거야'라는 생각이 자리하게 된다.

기억하라. 마음이 물질을 통제한다(1장 참조). 이제 '모든 생각을 사로잡는 일'(고린도후서 10:5)이 얼마나 중요한지 알겠는가? 생각은 '마음을 새롭게 함으로'(로마서 12:2) 끊임없이 리모델링된다.

당신은 결정을 내려야 한다. 어떤 생각으로 마음과 뇌를 채우고 싶은가? 외부에서 흘러들어오는 새로운 정보를 기반으로 기억을 구축하고 싶은가?

2장과 3장에서 살펴본 것처럼 당신은 생각하는 동안 실제로 뇌의 물리적 구조를 변화시킨다(신경가소성). 이러한 일이 일어나는 이유는 생각이 신경전달물질(전자파를 수반하는 뇌 속 화학물질)의 흐름을 촉발하기 때문이다. 이때 신경전달물질에 전자기적·양자물리학적 활동이 가세하여 세포 기저에까지 변화를 일으킨다. 그리고 앞에서 설명했듯 이러한 변화는 유전자 발현, 단백질 합성 과정에 영향을 미친다.

상상은 물리적 생각을 만들어낸다

연구 결과, 정신 훈련(상상, 시각화, 깊은 사색, 자아성찰)을 통해 뇌 안에 물리적 변화를 일으키는 것이 가능하다는 사실을 알게 되었다. 실제로는 움직이지 않고 몸을 움직이는 상상만 했을 뿐인데 뇌는 몸을 움직였을 때와 동일한 반응을 보였다. 우리는 성경 속에서 이와 동일한 원리를 찾아볼 수 있다. "그들이 할 수 있다고 상상한 것 중 불가능한 것은 없다"(창세기 11:6, 확대역성경).

이 사실은 뇌 스캔으로도 확인해볼 수 있다. 신체 활동으로 활성화된 뇌 부위와 그러한 신체 활동을 '상상'했을 때 활성화된 뇌 부위가 같았다. 혹시 다음의 성경구절이 떠오르지 않는가? "믿음은 바라는 것들의 실상이요 보이지 않는 것들의 증거니"(히브리서 11:1). 과학적 증거들은 이 말씀을 새롭게 이해하도록 도와준다.

머릿속으로 일상의 행동을 리허설해보는 것은 깊은 사색의 좋은 예이다. 매번 리허설할 때마다 당신의 기억이 바뀌고 뇌의 구조도 변화될 것이다. 예를 들어, 어떤 외과의사가 수술을 앞두고 있다고 가정해보자. 그는 정확한 순서를 따라 수술하는 과정을 머릿속으로 상상해볼 것이다. 이것은 운동선수가 시합 전에 이미지 트레이닝을 하는 것과 같고, 학생들이 시험 보기 전에 머릿속으로 문제 푸는 모습을 그려보는 것과 같다.

당신이 머릿속으로 리허설하는 동안 기억은 새롭게 구축되고, 이렇게 구축된 기억은 점점 더 강한 힘을 발휘할 것이다. 또한 기억을 담고 있는 신경세포가 자라나 주변의 많은 신경세포들과 연결될 것이다. 이에 여러 생각들이 통합되어 하나의 생각 패턴으로 자리잡게 된다. 이러한 과정으로 자동화가 이뤄지는 것이다(자동화에 대해서는 8장에서 설명하였다).

여러 날 동안 계속 무언가를 머릿속으로 그려보며 리허설한 적이 있는가? 머릿속에서 그 생각을 떨쳐낼 수 없을 정도로 반복해본 경험이 있는가? 그때 어떤 느낌이었는가?

생각의 리허설을 통해 건강한 생각이 구축되기도 하고 유해한 생각이 구축되기도 한다. 당신은 유해한 생각을 의식의 영역으로 가져가서 자세하게 분석할 수 있다. 또한 빌립보서 4장 8절이나 이와 비슷한 내용의 성경 지침대로 회개와 용서를 시행하여 그 유해한 생각을 무너뜨리기로 마음먹을 수 있다. 그렇게 당신은 유해한 생각의 견고한 진을 제거할 수 있다. 이때 새로운 단백질이 합성되고, 올바른 정보가 유해한 정보의 자리를 대신하게 된다.

 당신은 유해한 생각의 견고한 진을 어떻게 무너뜨릴 것인가?

심장의 공헌

생각, 자유의지, 명철에 대해 이야기할 때, 생각과 의사 결정(자유의지)에 기여하는 '심장'의 흥미로운 역할을 빼놓을 수 없다. 당신의 심장은 단순한 혈액 펌프가 아니다. 심장은 당신이 무언가를 결정하고 선택할 때 큰 도움을 준다.

생각이 화학물질의 흐름을 일으키고 화학물질의 흐름에 의해 감정이 촉발되는데, 심장은 이러한 모든 감정의 검문소 역할을 한다. 사실 우리 몸 속 각각의 모든 세포는 심장에 연결되어 있다. 그리고 당신의 심장은 뇌의 통제를 받으며 뇌의 명령에 반응한다. 그러므로 신체의 모든 세포는 생각의 영향을 받는다고 할 수 있다.

심장은 뇌와 신체의 나머지 부분을 연결하여 끊임없이 교류하면서 당신의 생각이 정확한지 혹은 일관성을 유지하는지 점검한다. 당신이 어

• 뇌 속 구조 •

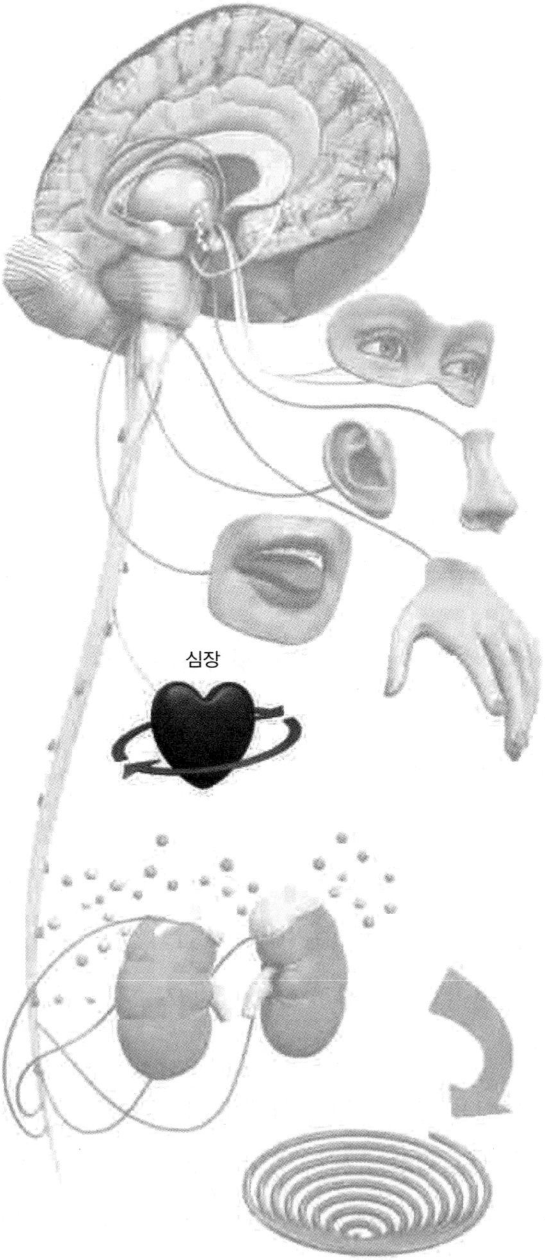

심장

떤 결정을 내리려 할 때, 심장은 조용한 소리로 조언을 전한다. 이때 당신은 심장이 전하는 말에 귀를 기울여야 한다. 심장의 소리에 집중하는 동안 심장에서는 ANF_{Artrial Natriuretic Factor, 심방나트륨 이뇨인자}가 분비된다. ANF는 혈압을 관장하는 심장 분비 호르몬으로, 당신의 마음에 평안한 느낌을 선사한다.

 /질문/ 당신이 집중하여 사색하는 동안 심장은 어떤 역할을 하는가?

전문화

어떤 개념을 이해하기 위해 깊이 생각하는 것은 일련의 정보를 뇌에 저장하는 단순 작업이 아니다. 사색하는 동안 당신은 치밀한 전략을 세워 핵심 개념을 이해하기 위한 방안을 강구해낸다. 이와 같은 깊은 사색은 탄탄하고 안정적이다. 따라서 당신은 즉시 이러한 생각에 접속할 수 있다. 깊은 사색을 반복하여 특정한 개념을 이해한다면, 당신은 높은 수준의 전문화를 이룬 것이다. 그러나 전문화가 다 좋은 것은 아니다. 모든 요소를 통합하여 부정적인 방향으로 이끄는 경우에도 전문화가 이뤄지기 때문이다.

그러므로 당신은 창조 본연의 설계에 집중해야 한다. 당신은 깊은 사색, 지적인 성찰, 그리고 유해하지 않은 생각을 붙잡아야 한다(마태복음 5:48). 집중은 이러한 과정에 도움이 된다. 하지만 올바른 단백질 합성과 그러한 단백질로 당신의 몸을 구성하기 원한다면 집중만으로는 부족하다. 깊은 사색도 반복해야 하겠지만, 머릿속 리허설 역시 일정 시간 간격을 두고 반복해야 한다.

생각이 형성되는 과정 중 다음으로 살펴볼 세 가지 단계는 '글쓰기', '재방문', '적극적인 발돋움'이다. 다음 장에서는 어떻게 해야 안정적인 단백질 합성 과정을 이룰 수 있는지 살펴보겠다. 또한 기억의 재기再記 및 변경을 위해 어떻게 기억을 보관해야 할지도 살펴볼 것이다.

• 요약 •

1. '집중'은 한 가지 생각에 몰두하는 것을 말한다. 이때 그 생각에 연계된 다른 생각들에도 집중한다.
2. 이것은 훈련된 깊이 있는 지적 과정이다.
3. '생각의 훈련'에는 주의 집중, 분노 조절, 무질서한 생각으로부터의 보호 등 다양한 요소가 포함된다.
4. 여기에 신체적 자각, 감정 조절, 자존감 등 뇌를 긍정적으로 변화시키는 요인들도 포함된다.
5. 이 시점에서 1-8과에서 설명한 1-8번 요소들이 작동하기 시작한다.
6. 우리가 집중할 때 전뇌와 뇌 중앙부에서 엄청난 활동이 일어난다.
7. 집중하여 생각하는 동안 뇌가 다시 디자인되므로 이 단계에서 신경가소성이 두드러진다.

13장

3단계 - 글쓰기

당신의 뇌는 '유전자 발현' 방법으로 자신의 의사를 표현한다. 그리고 당신은 글이나 말로 자신의 의사를 표현한다. 무언가를 종이 위에 적고 컴퓨터나 아이패드(어떤 도구든 상관없이) 등에 글을 기재하는 행위는 뇌의 유전자 발현을 그대로 따라하는 것이다.

'뇌의 스위치를 켜라'에서는 생각을 글로 옮기는 과정에 상당한 중요성을 둔다. 글쓰기 과정을 통해 기억이 견고해짐은 물론 우리의 생각 또한 명쾌해지기 때문이다. 생각을 글로 옮기는 동안 당신은 자신이 무슨 생각을 하고 있는지 확실히 알게 된다. 그리고 당신의 무의식과 의식 속에 들어 있는 여러 가지 생각들이 지면 위에서 시각화된다. 그러므로 글을 쓰는 동안 당신은 자신 안에 있는 유해한 생각들을 분별해낼 수 있다. 이처럼 글쓰기는 생각의 '해독'解毒 과정에 매우 큰 도움이 된다.

한마디로 글쓰기는 당신의 뇌를 지면에 옮기는 행위이다.

 글쓰기가 생각의 해독에 어떤 도움을 주는가?

대뇌기저핵basal ganglia, 소뇌, 운동피질이 글쓰기 과정에 관여한다. 먼저 대뇌기저핵에 대해 이야기해보자.

근면 성실한 대뇌기저핵

대뇌피질(뇌의 바깥쪽)과 (좌우 반구 모두에 걸친) 중뇌 사이에 위치한 대뇌기저핵은 대뇌피질과 복잡하게 얽혀 있는 신경네트워크의 묶음을 일컫는다. 해마상 융기와 전두엽과 뇌량은 생각과 감정을 즉각적인 행동으로 변환시키는 역할을 하는데, 여기에 대뇌기저핵이 일조한다. 이로써 대뇌기저핵은 생각과 배움의 과정에 중요한 족적을 남긴다.

뇌의 모든 부위는 서로 조화를 이루며 공조한다. 여기서 기억해야 할 한 가지는 하나의 뇌 구조물에서 단독적으로 진행하는 과정은 없다는 것이다. 대뇌기저핵은 기억 구축에 관여하여 기억이 대뇌피질 안에서 '생각의 나무'로 자라나도록 돕는다. 또한 대뇌기저핵은 유연한 소근육 운동을 돕고, 불안과 염려의 감정이 가동되지 않도록 불안감의 비가동

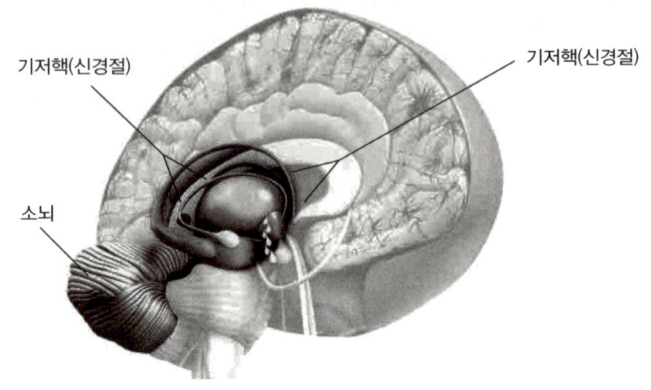

률idle rate을 책정한다.

  소뇌는 뇌의 운동피질과 함께 방금 이해한 정보의 내용을 글로 적을 수 있도록 도와준다. 또한 소뇌는 인지능력을 증진시켜 당신이 어떤 사안에 대해 다양한 선택 사양을 평가할 때 생각의 과정을 유연하게 풀어내도록 도와준다.

  글쓰기는 깊은 사색을 요하는 복잡한 인지능력과 메타인지능력의 활용 과정이다. 그러므로 무언가를 적는 동안 뇌의 모든 구조물이 글쓰기 과정에 적극적으로 관여한다. 글을 쓰기 위해 무언가를 생각하고 의사 결정을 내리면 뇌의 전두엽 구조물이 고도로 활성화된다. 또 기존의 기억을 불러일으키는 작업엔 측두엽과 해마상 융기가 관여한다. 활성화된 생각 속의 다양한 감정 요소들은 '느낌'을 만들어내는데, 이때 감정인식을 담당하는 뇌 중앙부가 크게 활성화된다. 이외에도 글쓰기 과정에 관여하는 뇌의 부위는 수없이 많다. 하나님께서 디자인해놓으신 '복잡성'은 아름답기 그지없다.

/질문/ 대뇌기저핵은 어떤 일을 하는가?

생각을 글로 옮기는 법

당신의 생각을 어떤 방식으로 지면에 옮기느냐가 중요하다. 전통적인 단순 노트 필기법보다 '뇌의 정보처리과정'을 활용하여 글을 쓸 때 큰 효과를 얻을 수 있다. 나는 '뇌의 스위치를 켜라' Switch On Your Brain[1]라는 제목의 학습서와 동일 제목의 강연 DVD에 '어떻게 하면 글을 쓰는 동시에 뇌를 작동시킬 수 있는지'에 관한 방법을 제시했다.

나는 '생각 일지'를 적는 사람에게 항상 "창조적으로 노트를 채워나가십시오"라고 조언한다. 또한 유해한 생각을 해독하는 사람에게는 즐거운 마음으로 '생각 일지'를 적도록 격려한다. 제발 네모반듯한 가로줄 노트로 당신의 생각을 제한하지 말라.

어떤 정보에 집중하는 동안 일련의 단어가 생각나거나 자연스레 떠오르는 단어들의 조합이 있다면 노트 한 페이지에 그것들을 적어두기 바란다. 이처럼 노트에 자신의 생각을 그려내면서 거기에 그림이나 다이어그램을 곁들이고 다양한 색상을 가미하라. 마음속에 떠오르는 이미지를 지면에 옮겨라.

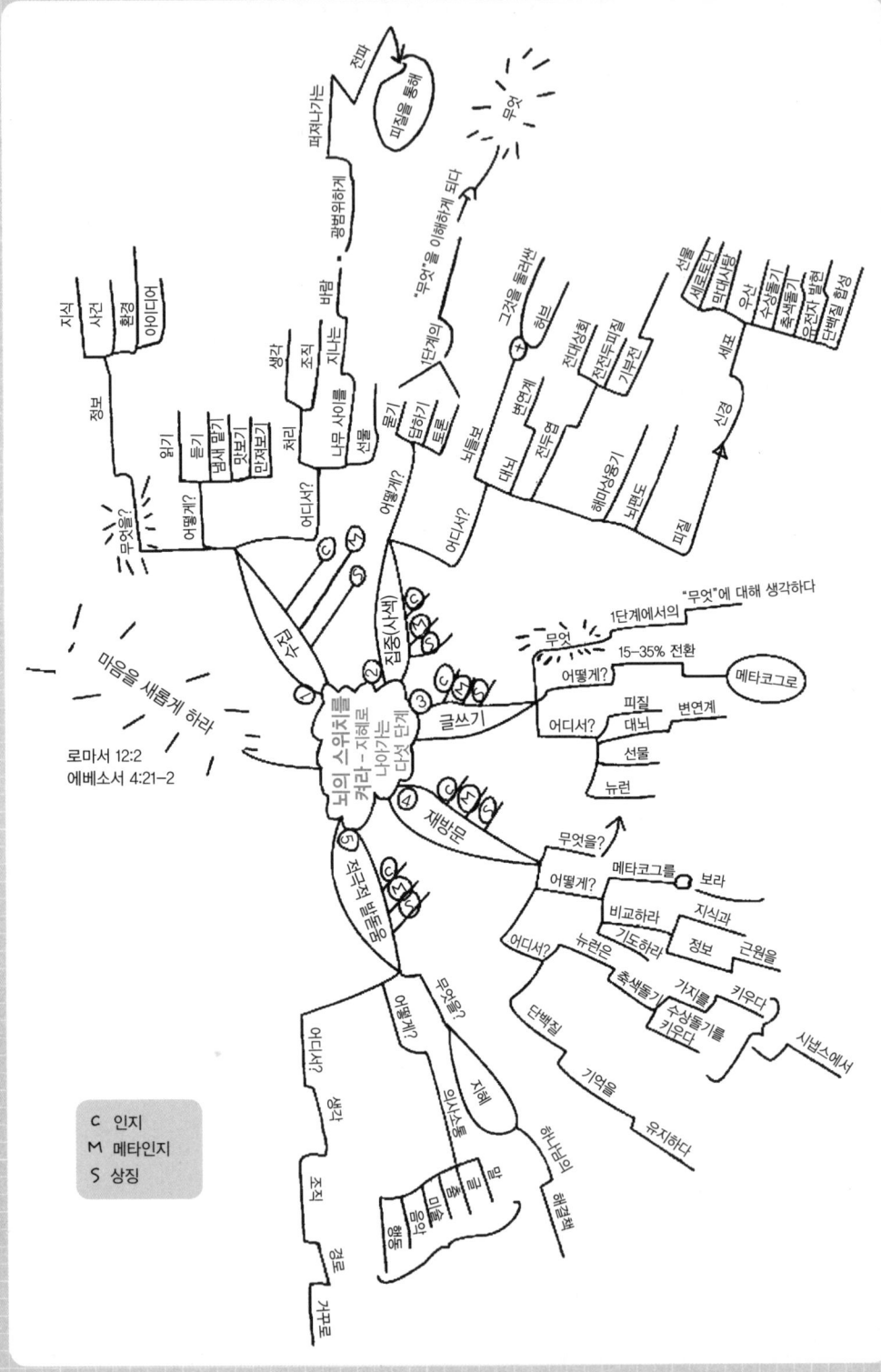

메타코그 Metacog

배우고 기억하는 능력을 개발하도록 학생들을 도와줄 때, 나는 아이들에게 내가 개발한 '메타코그'를 가르쳤다. 이 이름이 다소 생소하게 들릴지도 모르겠지만, 메타코그는 참으로 멋진 도구이다!

방법은 매우 간단하다. 중앙의 한 점에서 사방으로 뻗어나가는 여러 개의 나뭇가지들을 떠올리면 된다. 먼저 중앙의 한 지점(중심 생각)을 정한다. 이후 큰 덩어리의 아류 생각들을 여러 개의 패턴 그룹으로 묶은 후 중심 생각과 연결한다. 그 바깥 방향으로는 작은 단위의 생각 가지들이 뻗어나간다. 이후 각각의 가지는 더욱 상세한 생각 가지들로 분화되어 나간다. 당신의 생각 속 미미한 뉘앙스까지 밝힐 수 있도록 이 과정을 반복한다.

메타코그는 지면 위에 생각을 쏟아내는 방법이다. 메타코그를 이용하면 뇌의 좌우 반구가 공조하게 된다. 그래서 생각이 지닌 두 측면이 하나로 통합된다. 뇌의 좌반구는 세부사항으로부터 큰 그림으로 나아가면서 정보를 이해한다. 반면 뇌의 우반구는 큰 그림에서 작은 그림으로 좁혀가며 정보를 이해한다. 이처럼 메타코그는 뇌의 좌우 반구의 역할을 하나로 통합하는 데 도움이 된다. '완벽한 이해'가 일어나려면(완벽하게 이해할 경우 이해한 내용의 단기 기억은 장기 기억으로 전환된다) 이처럼 생각의 상반된 두 측면이 한데 모여야만 한다.

메타코그는 당신의 생각을 지면 위에 시각화하는 도구이자 당신의 사고방식을 평가하고 당신의 주된 관심사가 무엇인지 알아내는 훌륭한 도구이다. 메타코그를 작성하는 동안 당신은 자신의 생각 패턴을 따라가며 유해한 생각들을 분별해내고 독소를 제거할 수 있다. 메타코그는 이러한 작업에 유용하게 사용될 수 있는 도구이다.

> • 요약 •
>
> 1. 글을 쓰는 과정을 통해 우리의 생각(기억)은 견고해진다.
>
> 2. 글쓰기 과정은 명쾌한 생각에도 기여한다. 글을 쓰는 동안 당신은 무엇을 생각하고 있는지 확실히 알게 된다.
>
> 3. 생각을 글로 옮기는 동안 당신의 무의식과 의식 속에 들어 있는 여러 가지 생각들이 지면 위에서 시각화된다. 이로써 당신은 유해한 생각을 분별해낼 수 있다. 이처럼 글쓰기는 생각의 '해독'解毒 과정에 도움이 된다.
>
> 4. 생각일지를 적으라.
>
> 5. 생각을 쏟아내라. 다음 단계 '재방문'에서는 쏟아놓은 생각들을 분류할 것이다.

14장

4단계 - 재방문

당신이 써놓은 글을 다시 읽어보는 '재방문'은 간단히 말해 무언가를 '드러내는' 과정이다. 이 과정 또한 흥미진진한데, 그 이유는 재방문이 '전진 앞으로'의 과정이기 때문이다. 당신은 현재 자신의 위치를 다시 한 번 점검하며 장차 어떤 변화를 일으킬지 계획하게 된다.

지금까지 정보를 수집하고 인지하여 생각을 집중한 후 글쓰기를 통해 지면 위에 생각을 쏟아놓았다. 이제 대대적으로 '신경가소성'을 활용할 때가 되었다. 당신의 뇌는 놀라울 정도로 긍정적인 변화를 겪게 된다. 이를 위해 당신의 뇌를 고도의 활성화 상태로 전환해야 한다. 자, 이제 '다시 기록하기'(재방문)를 위한 준비 작업을 완수했다.

이 단계에서의 핵심은 당신이 소망하는 '변화'의 양상이다. 당신은 변화에 집중해야 한다. 당신이 원하는 건강한 생각이 유해한 생각을 대신하도록 만들어야 한다. 재방문은 당신이 변화시키기 원하는 특정한 생각을 '재디자인'하고 '재조직'하고 '재창조'하는 과정이다.

생각은 재디자인이 가능할 정도로 충분한 가소성을 띤다

앞에서 나는 활성화된 생각이 무의식에서 의식의 영역으로 이동한다는 점을 강조하였다. 이때 생각은 불안정한 상태가 된다. 즉 변화될 수 있는 것이다. 가소성 상태에 돌입하면, 기억은 견고성이 떨어지고 변화에 취약해진다. 게다가 새로운 단백질이 합성될 경우 기억이 재편되기도 한다. 이것은 미립자 단계에서 생각이 구축되는 과정을 설명한 것이다. 이때 우리는 뇌수술을 시행할 수 있다(3장 참조).

이미 의식 상태에 있는 생각이라도 수집, 집중, 글쓰기 과정을 거치면 그것을 다시 디자인하고 변화시킬 수 있으며 더욱 견고하게 유지할 수 있다는 사실이 마냥 흥미롭다. 여기서 핵심은 당신의 선택이다. 이미 21일 두뇌 해독 플랜을 시행하고 있다면, 당신은 부정적이고 유해한 생각을 긍정적인 생각으로 바꾸기로 다짐한 것이다.

하나님께서는 '마음을 새롭게 하는' 이 놀라운 능력을 '생각의 과학' 속에 넣어 두셨다. 마음을 새롭게 한 후, 우리는 뇌를(기억을) 다시 써내려갈 수 있다. 생각이 의식의 영역으로 들어갈 때마다 당신은 그 생각을 조정할 수 있다.

당신은 생태의 피해자가 아니다. 당신은 얼마든지 주변 환경과 삶에

건강한 기억(적절하게 변형시킨 그림)

유해한 기억(적절하게 변형시킨 그림)

서 일어나는 사건에 자유롭게 대응할 수 있다. 과거의 생각을 그대로 유지할 수도 있고, 변화시킬 수도 있다. 모든 것이 당신의 선택에 달렸다. 그러나 기억하라. 어떤 선택을 하든지 단백질은 합성될 것이다. 그러므로 당신의 선택에 의해 유해한 기억이 긍정적으로 바뀔 수도 있고, 유해한 상태 그대로 견고해질 수도 있다. 이것은 재방문 단계에서 기억해야 할 가장 중요한 내용이다.

/질문/ 생각은 어떻게 변화될 수 있는가?

생각을 다시 디자인하는 방법

이제 재방문 단계로 들어왔다. 당신은 전 단계인 '글쓰기' 과정에서 종이 위에 적어두었던 내용을 다시 한 번 살펴본다. 그러던 중 없애고 싶은 유해한 생각들이 눈에 들어오면 그것들을 어떤 생각으로 대체할지 곰곰이 따져본다. 한 번에 한 발자국씩 앞으로 나아가라. 기억하라. 21일 동안 이 과정을 진행해야 한다. 그러니 하루에 모든 것을 마치려는 생각은 버려라. 당신이 원하는 것이 무엇인지 떠올려보라. 어떤 결과가 나왔으면 좋을지 생각하고 그것을 시각화하라. 물론 21일 동안 천천히 걸어서 그 지점에 도착할 것이다.

당신은 전 단계에서 지면 위에 쏟아놓은 생각들을 쭉 훑어본다. 그리고 각각의 생각들에 대해 자신이 어떻게 반응하는지 살펴봄으로써 그 생각들의 유독성을 재고해본다. 그 생각들이 '얼마나' 유해한지 평가하라. 그리고 그 생각들을 대체할 만한 건강한 생각으로 기억의 도서관을 채우라.

다시 쓰고 고쳐 쓰기 원하는 '생각'을 의식적으로 인식하라. 또 어떤 변화를 원하는지도 반복해서 생각하라. 이를 바탕으로 당신은 뇌 기저에 놓인 뉴런 네트워크에 변화를 기할 수 있다. 일단 당신의 마음속에서 갈등을 일으키는 유해한 생각이 무엇인지 분별하고 그 정체를 드러낼 필요가 있다. 유해한 생각 때문에 뇌 속에 전자화학물질의 불균형이 일어나기 때문이다. 불균형 상태가 극단으로 치닫는 경우엔 자아상의 일부분이 떨어져나가기도 한다(온전한 자아인식을 하지 못한다). 이러한 사실을 고려한다면, 유해한 생각을 인식하고 그 정체를 밝히는 것이 얼마나 중요한지 알 수 있을 것이다.

　수집, 집중, 글쓰기가 기억의 재구축 과정에 사용되는 도구라면, '재방문'은 그 자체로 하나의 완벽한 자아성찰 과정이라고 할 수 있다(5장 참조). 재방문 과정 중 당신은 긍정적인 계획을 수립하여 내면의 갈등을 잠재울 수 있다. 재방문의 목적이 바로 여기에 있다. 그러므로 재방문은 문제 해결 방법을 찾아내는 진취적인 노력으로도 볼 수 있다.

　참고로 재방문의 효과는 누적된다. 다시 말해서 방문 시간이 길어질수록 효과가 커진다는 뜻이다. 참된 '변화'를 일으키는 깊고 지적인 생각을 얻기 위해 당신은 21일 동안 생각을 훈련시켜야 하고, 이 훈련에 앞에서 언급한 8가지 요소 모두를 적용해야 한다. 그러므로 첫날 모든 것을 끝내려는 생각은 금물이다. 이것은 결코 현명하지 못한 생각이다.

 재방문을 통한 '자아성찰'의 주된 목적은 무엇인가?

　재방문 중 당신은 자신이 처한 환경에 대해 어떻게 반응해야 할지를 깨닫게 된다. 그뿐만이 아니다. 재방문하는 동안 당신은 자신의 반응을 살피면서 '글쓰기'한 내용을 다시 한 번 검토해보고, 유해한 생각들을 추려내고, 부정적인 기억 위에 긍정적인 생각을 다시 써내려간다. 이것은 긍정적인 생각으로 문제 해결방안을 찾아내는 과정이며, 긍정적인 방향을 모색하는 것이므로 '안전한' 작업이다.

　바로 이 부분에 성경의 가르침이 완벽하게 접목될 수 있다. 성경이야

말로 어떻게 해야 유해한 생각을 바로잡을 수 있는지 알려주는 완벽한 교본이기 때문이다. 예를 들어보자. 재방문 중 당신은 전 단계에서 '글쓰기'한 내용을 검토하고 자신의 내면을 성찰하여 '나는 근심하는 사람'이라는 사실을 깨달았다. 이제 어떻게 해야 하는가? 마태복음 6장 25절 말씀으로 가야 한다. 성경은 당신에게 "내일 일을 염려하지 말라"라고 명령한다. 근심을 일삼는 당신의 삶에 적용해야 할 좋은 지침 아닌가?

이 세상의 심리학 대신 하나님의 말씀에 기반을 둔 원칙들을 가지고 '재방문' 계획을 세우라. 그렇다면 이제 당신은 올바른 일을 수행하기 위한 확실한 도구를 손에 쥔 셈이다.

• 요약 •

1. 재방문은 문제 해결 방법을 찾아내는 진취적인 노력이다.
2. 이 단계에서는 자신이 어디에서 왔고 또 어디로 나아가는지를 확인하게 된다.
3. 재방문하는 동안 당신은 자신의 반응을 살피면서 다시 한 번 생각해보고, 유해한 생각을 추려내고, 부정적인 기억을 다시 써내려간다.

15장

5단계 - 적극적인 발돋움

적극적인 발돋움은 크나큰 도전이자 두뇌 해독 플랜의 전 과정 중 가장 재미있는 부분이기도 하다. 21일의 과정 중 실제로 당신이 '말하고 행동하는' 것은 '적극적인 발돋움' 단계이다. 건강한 생각이 '자동화'를 거쳐 좋은 습관으로 굳을 때까지 당신은 건강한 생각을 부지런히 활용하여 연습해야 한다(8장 참조). '뇌의 스위치를 켜라' 4단계와 5단계를 진행하는 동안 '적극적인 발돋움'이 어떤 양상으로 전개될지는 전적으로 당신의 선택에 달렸다.

5단계까지 다 마쳤다면 두뇌 해독 플랜을 시행해야 하는 남은 날 동안 당신은 적극적인 발돋움의 진행과정을 모니터하고 평가하여 잘못된

점을 바로잡아야 한다.

행동이 결과를 낳는다

생각의 나무에서 유해한 가지들을 떼어버리는 것은 '행동'이다. 이러한 '결과'는 '적극적인 발돋움' 단계에서 시행하는 '행동'의 본연적 성격 때문에 나타나는 것이다. 행동이 결과를 낳는다.

1-4단계에서의 작업은 나무줄기에 붙은 유해한 가지들을 느슨하게 하고 그 접점을 유약하게 만드는 것이다. 그러나 5단계에서의 작업은 문자 그대로 가지를 '떼어버리는' 것이다. 이 일이 어떻게 일어나는지는 아래에 설명해두었다. 아래의 글을 읽으면서 당신은 적극적인 발돋움 단계의 중요성을 인식하게 될 것이다.

감정을 품고 있는 생각의 가지들은 접착제와 같은 단백질의 형태로 세포 본체에 달라붙는다. 쉽게 말해서 나무줄기에 가지가 달라붙어 있는 것을 생각하면 된다. 가장 많이 품었던 생각에는 더 많은 접착제가 발라진다. 그러므로 부정적이고 유해한 생각에서 관심을 돌려 건강하고 긍정적인 생각에 집중할 때 아래의 세 가지 일이 발생한다.

- 변화를 선택한 순간 전자기적 · 양자물리적 신호가 흘러나와 유해한 생각의 가지들을 공격한다. 이러한 신호는 부정적인 생각보다 더욱 강하므로 부정적인 생각의 가지들은 연약해진다.
- 이때 옥시토신(생각 개조), 도파민(동기부여, 집중력 강화), 세로토닌(기분을 좋게 해주는 역할)과 같은 신경화학물질이 분비된다. 이러한

화학물질 역시 유해한 생각의 가지를 연약하게 만든다.
- 이러한 과정을 통해 유해한 가지로부터 '접착제'가 떨어져 나오므로 유해한 가지가 제거된다. 이후 접착제는 건강한 가지에 달라붙기 시작한다.

• 뇌 속 구조 •

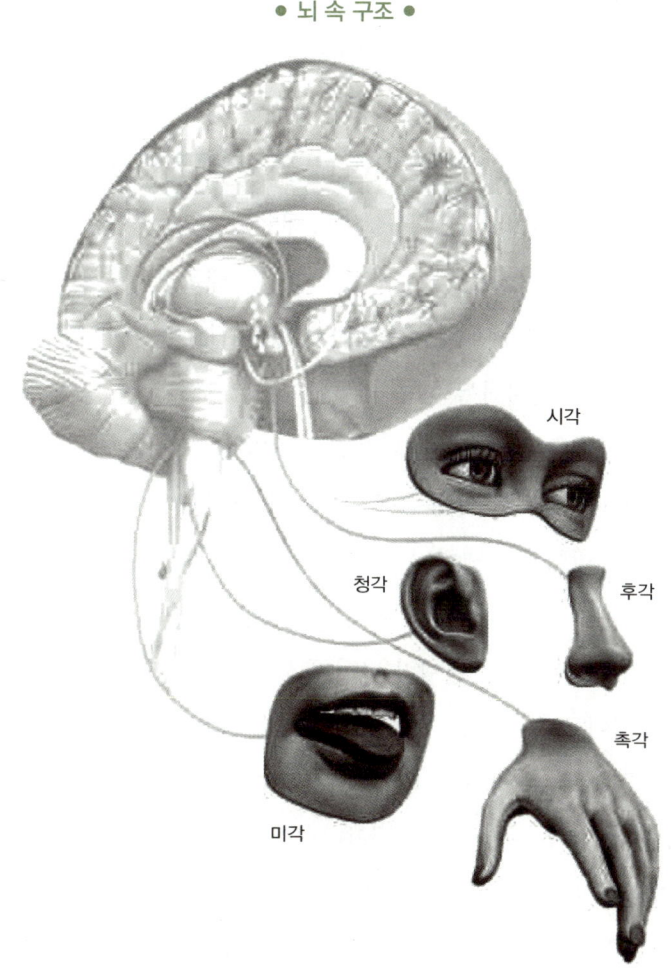

질문 적극적인 발돋움 단계에서 행동의 힘은 어떻게 표출되는가?

표출되는 믿음

'적극적인 발돋움'은 "행함이 없는 믿음은 죽은 것이니라"(야고보서 2:26)는 말씀의 원칙을 발판으로 삼아 유해한 생각을 뛰어넘어 약진하는 단계이다. 여기서 당신의 믿음이 드러난다. 지금까지 진행해온 해독 과정 중 바로 이 단계에서 당신은 실제로 무언가를 시행한다.

이것은 뇌의 스위치를 켜고 유해한 생각을 해독하는 과정의 끝맺음이다. 그런데 앞 단계를 제대로 수행하지 않아 필요한 발판들을 마련하지 않으면 결코 이 단계에서 성공할 수 없다. 그 모든 과정을 제대로 수행해야만 이 단계를 성공적으로 완수할 수 있다.

쉽게 말해 적극적인 발돋움은 '행동'의 단계이다. 당신은 행동을 통해 긍정적인 방향으로 변화될 수 있다. 적극적인 발돋움은 단지 '용서하기로 마음먹는' 단계가 아니라 실제로 '용서하는' 단계이다. 하나님의 치유를 '믿기로 선택하는' 단계가 아니라 실제로 치유될 것을 믿는 단계이다. '하나님이 돌보아주신다. 그러니 자녀에 대한 근심을 멈추자. 아이들 나름대로 올바른 결정을 내릴 거야'라고 기대하는 단계가 아니라 실제로 근심을 멈추는 단계이다. "하나님께서 내 필요를 채워주실 거야"라고 말하는 단계가 아니라 실제로 그렇게 믿는 단계이다. '살을 빼야지'하고 생각하는 단계가 아니라 살을 빼기 위해 생활 습관을 바꾸는 단계이다. '과거는 잊을 거야'라고 다짐하는 것이 아니라 실제로 과거의 덫에서 빠져나오는 것이다. 부정적인 말을 끊겠다고 결심하는 것이 아니라 어떤 상황에서도 부정적인 말을 입 밖으로 내뱉지 않는 것이다. 그러므로 적극적인 발돋움 단계에서 당신은 한 발자국 더 앞으로 내딛는다.

순서에 따라 움직이다

유해한 생각을 해독하고 동시에 건강한 생각을 구축하기 위해 5단계 학습 과정을 수집, 집중, 글쓰기, 재방문, 적극적인 발돋움의 순서대로 수행하라. 그러면 당신은 변화, 건강, 온전함의 견고한 기초를 얻게 될 것이다. 그러나 행위의 견고한 기초 없이 긍정적인 말만 내뱉고 끝낸다면 이러한 변화는 절대로 일어나지 않는다. 행동 없이 말만 번지르르하게 하는 것(과학은 이를 가리켜 '인지적 부조화'cognitive dissonance 라고 부른다)은 아무 소용이 없다.

흠이 있는 기초 위에 변화를 위한 구조물을 쌓아올리는 것 역시 위험하긴 마찬가지이다. 이 경우 당신의 뇌 속에 '평안'을 가져다주는 지속적인 변화는 일어나지 않는다. 아기돼지 삼형제 이야기에서처럼 불안한 기초 위에 쌓아올린 집은 언제든 늑대(문제)가 와서 거센 입김을 불면 곧 무너지고 말 것이다(행위의 기반이 없는 고백은 무너질 수밖에 없다).

정직한 뇌

생각-말-행동의 온전한 기초를 닦아두는 일은 뇌 속에 '정직성'을 심는 것과 같다. 당신은 말과 행동을 생각과 일치시켜야 한다. 또 생각에 달라붙은 믿음과 감정도 동일한 선상에 두어야 한다. 신경과학적으로 볼 때, 그 과정은 아래와 같다.

- 어떤 감정이 일어난다('이 일은 하기 싫어', 혹은 '이 일은 하고 싶어' 등의 감정). 뇌 편도에 감정이 각인된다. 뇌 편도는 이 감정에 대한 정보를 마음(생각)에 전달한다 - 수집
- 시상과 해마상 융기는 해당 감정을 일으킨 동기가 무엇인지 알아낸다. 기억의 네트워크는 해당 감정과 연결된 기존의 기억들을 검색한다 - 집중(성찰)
- 뇌의 중앙 허브에서 이 모든 정보를 한데 섞어 통합한다 - 글쓰기
- 감정의 검문소와 같은 심장이 반응하기 시작한다. 당신은 심장의 반응에 떠밀려 결정을 내린다 - 재방문

당신에게 이성, 논리, 과학적 증거, 이 세상의 일반 상식을 아무리 많이 들이밀어도 당신의 뇌 속 대뇌변연계(감정을 느끼는 중추)에서 '사실이 아니다'라는 신호를 보내면 그것으로 끝이다. 당신은 이 모든 것을 사실로 받아들이지 못한다. 그러므로 본질상 '이렇게' 생각하고 (뇌가 구조적으로 변하여) '저렇게' 말하는 일은 불가능하다. 하지만 만일 당신이 '이렇게' 생각하고 '저렇게' 말한다면 무언가 당신의 뇌에 문제가 생긴 것이다. 쉽게 말하면 뇌의 정직성이 손상된 것이다. 이때 당신은 통제 불능의 느낌을 받는다.

적극적인 발돋움은 진리를 '느끼도록' 도와준다

　적극적인 발돋움은 어떤 것이 사실인지 아닌지를 '느끼도록' 도와준다. 그리고 당신의 생각(상상)과 고백(입술의 말)과 행동이 일치하도록 돕기도 한다. 그렇다면 "네가 만일 네 입으로 예수를 주로 시인하며 또 하나님께서 그를 죽은 자 가운데서 살리신 것을 네 마음에 믿으면 구원을 받으리라"(로마서 10:9)라는 말씀은 적극적인 발돋움의 작동 원리라고 할 수 있다.

　적극적인 발돋움의 예를 들어보겠다. 지금 당신은 유해한 생각을 입 밖으로 표출하는 습관을 시정하려고 한다. 그동안 당신은 큰 소리로 혹은 마음속으로 숱하게 "이렇게 했어야 했는데…", "상황이 좋았더라면 그렇게 하지 않았을 텐데…"라고 말해왔다. 하지만 당신은 지금 적극적인 발돋움의 단계로 들어갔다. 그래서 "나는 더 이상 이런 말을 하지 않겠어", "과거는 어디까지나 과거일 뿐이야"라고 다짐한다. 그리고 과거의 악습이 연기처럼 사라지는 상상을 한다. 좋은 결과를 시각화한 것이다. 게다가 적용해볼 만한 좋은 성경말씀을 인용하여 수시로 말해본다. 투덜대고픈 마음이 일어날 때마다 미소 짓기, 하품하기, 발 구르기 등을 시행해본다.

　또 다른 예를 들어보겠다. 당신은 과거의 일들을 마치 영화 필름을 돌려보듯 끊임없이 반복 재생하여 '그렇게 하지 않았다면 이런 일은 일어나지 않았을 텐데'라고 습관처럼 후회해왔다. 하지만 이제 적극적인 발돋움의 단계에 돌입한 당신은 이렇게 말해야 한다. "나는 이 영화를 다시는 상영하지 않겠어!" "이제 영사기의 스위치를 내려야겠군." 그리고 이 상황에 적용해볼 만한 성경말씀을 인용하여 선포해보고, 또 마음에서 우러나오는 말로 기도해보는 것도 좋다.

또 다른 예를 들어보겠다. 당신은 과거를 잊지 못한다. 이미 다 끝난 일이지만, 당신은 이 사실을 용납하지 못한다. 이에 아쉬움과 절망이 유해한 생각으로 변질되어 당신의 뇌리에 박힌다. 그렇다면 적극적인 발돋움의 단계에서는 여리고 성벽이 무너지는 장면을 머릿속으로 그려보는 것이 좋다. 땅바닥에 나뒹구는 벽돌 조각에 과거의 경험을 투사하면서 스스로에게 말하라. "'나는 못해'는 선택이다. 하지만 '나는 할 수 있어' 역시 선택이다. 앞으로 나는 '할 수 있어'를 선택하겠다."

당신은 자신을 속일 수 없다. 하나님을 속이는 것은 더더욱 불가능하다. 인간은 하나님의 형상대로 지음 받았기 때문에 지적인 존재이다. 그러니 누구를 속이겠는가?

이제 특별한 지적 능력을 사용하여 아래에 기록된 요약문을 읽어보면서 21일 두뇌 해독 플랜을 어떻게 수행할 수 있을지 생각해보자. 또 어떻게 해야 마음을 새롭게 할 수 있을지, 그리고 어떻게 해야 뇌를 변화시킬 수 있을지 알아보자.

21일 두뇌 해독 플랜 요약

1. 당신은 한 가지 유해한 생각에 대해 21일 동안 '뇌의 스위치를 켜라 - 5단계 학습 과정'을 시행해야 한다.
2. 5단계를 시행할 때 걸리는 시간은 총 7-10분이다. 이후 '적극적인 발돋움' 단계에서 본인이 선택한 시행방안을 매일 7회 이상 실천해야 한다. 그러니까 5단계 '적극적인 발돋움'은 하루 동안 당신이 반

복 수행해야 할 '행동' 방침인 것이다. 1-4단계를 지나는 동안 당신이 얻은 통찰력을 활용하여 당신만의 '적극적인 발돋움' 행동 지침을 마련해야 한다.
3. 1회 뇌 해독 주기는 21일이다.
4. 어떤 경우에는 유해한 생각을 해독하는 데 21일 한 사이클을 수차례 반복해야 할 수도 있다. 물론 대부분의 경우엔 한 번이면 족하다.
5. 당신은 유해한 생각을 무너뜨림과 동시에 건강한 생각을 쌓아올려야 한다.
6. 건강한 생각 나무가 자동화를 거쳐 좋은 습관으로 굳어지려면 21일 해독 플랜을 두 번 이상 반복해야 한다.

다음은 21일 두뇌 해독을 완수하는 데 도움이 되는 지침들이다.

유해한 생각 무너뜨리기

- **수집(1-2분 소요)**
- 목적: 생각을 의식의 영역으로 이동시키기
- 예: 돈에 대한 걱정
- 모든 진리로(요한복음 16:13) 당신을 이끄시는 분이 성령이심을 기억하라. 그러므로 당신 자신이나 다른 누군가가 아닌 성령께서 당신을 이끄시도록 허락해드리라. 당신에게 어떤 변화가 필요한지 성령께서 결정하시도록 허락해드리라.
- 활동: 11장으로 가서 1단계에서 답해야 할 모든 질문을 점검하라.

- **집중**(1–2분 소요)
- 목적: 유해한 생각의 가지들을 느슨하게 만들기
- 활동: 12과 복습

- **글쓰기**(1–2분 소요)
- 목적: 접착제의 위력을 무마시키기 위해 가지 흔들기
- 활동: 13과 복습

- **재방문**(1–2분 소요)
- 목적: 새로이 형성된 건강한 생각에 접착제 바르기
- 활동: 14과 복습

- **적극적인 발돋움**(1–2분 소요)
- 목적: 유해한 가지를 녹여 없애기
- 활동: 15과 복습

건강한 생각 구축하기

'유해한 생각 무너뜨리기'의 대척점에 있는 '건강한 생각 구축하기'를 살펴보자. 당신은 유해한 생각을 무너뜨림과 동시에 건강한 생각을 구축하여 균형을 맞춰나가야 한다. 계속해서 부정적인 생각에 집중하면 안 된다. 부정적인 생각 쪽으로 기울 경우 즉시 긍정적인 생각을 불러들여 균형을 맞춰나가라.

- **수집**

유해한 생각을 무너뜨림과 동시에 이를 대체할 만한 건강한 생각에는 어떤 것이 있는지 '의식적'으로 생각해내야 한다. 예를 들어 돈에 대한 걱정은 다음의 말씀으로 대체할 수 있다(11장 참조). "나의 하나님이 그리스도 예수 안에서 영광 가운데 그 풍성한 대로 너희 모든 쓸 것을 채우시리라"(빌립보서 4:19).

- **집중**

부정적인 생각에 머물지 않고 긍정적인 생각에 집중함으로써 건강한 가지들을 키워낸다(12장 참조).

- **글쓰기**

부정적인 생각의 항목 바로 옆에 긍정적인 생각들을 기입해 넣는다. 이로써 더 많은 정보를 제공함과 동시에 여러 다른 건강한 가지들과의 풍성한 연결을 이뤄낸다(13장 참조).

- **재방문**

무너뜨리는 과정과 구축하는 과정이 동시에 진행된다. 문제의 자리에 해결책을 마련하려 하기 때문에 이 단계에서는 무너뜨리고 구축하는 과정이 교차한다. 건강한 생각의 가지들이 튼튼해지고 거기에 발라놓은 접착제가 굳으면서 문제해결 과정이 시작된다(14장 참조).

- **적극적인 발돋움**

무너뜨리는 과정에서의 일들이 계속 진행된다. 그러나 이 단계에서 당신은 적극적인 발돋움을 시행한다. 적극적인 발돋움은 새로이 자라난 생각의 가지에 힘을 부여한다(15장 참조).

대략 7분 동안 1-5단계를 매일같이 반복하면 유해한 생각의 나무는 제거되고 건강한 나무가 그 자리에 뿌리를 내린다. 이것은 마가복음 11장 22-23절의 말씀과 같다. "예수께서 그들에게 대답하여 이르시되 하나님을 믿으라 내가 진실로 너희에게 이르노니 누구든지 이 산더러 들리어 바다에 던져지라 하며 그 말하는 것이 이루어질 줄 믿고 마음에 의심하지 아니하면 그대로 되리라."

| 맺음말 |

　이 글을 쓰기 위해 자리에 앉아 있는 동안 잠시 생각에 잠겼다. '왜 우리의 뇌 속에는 특정한 기억들이 깊게 뿌리박혀 있는가?' 그리고 스스로 답했다. '뇌가 어떻게 작동하는지를 알려주는 책이 내 손에 들려 있다. 그 책의 맺음말을 기록하는 사람이 도대체 왜, 뇌가 어떻게 작동하는지를 묻고 있는 걸까? 그냥 이 책을 읽고 답을 찾아내는 것이 낫지 않나?' 그렇다. 캐롤라인은 내가 가진 수수께끼에 답을 제시해주었다.

　잠시 딴청을 피우겠다. 나의 경우, 뇌리에 콱 박혀 있는 기억들은 사건, 장소, 냄새, 느낌, 환상, 꿈 등이다. 어떤 기억은 머릿속에 떠올리는 순간 기분이 좋다. 또 어떤 기억은 그리 '좋은' 정도는 아니다. 물론 아주 기분 나쁜 기억도 있다. 디젤자동차 배기가스 냄새는 정말 싫은 기억으로 남아 있다. 디젤 냄새를 맡는 순간 속이 울렁거린다(십대 때 나는 수차례 이스라엘을 가보았다. 오! 나는 그 거룩한 땅을 종으로 횡으로 다녀보았다. 디젤 배기가스를 뿜어내는 버스를 타고 말이다). 지독한 추위가 다가오면 나는 미식축구를 떠올린다(어느 추운 겨울날, 디트로이트의 한 호텔에서 묵던 중 호텔 문을 열었는데 명예의 전당 헌액자이자 그 위대한 디트로이트 라이온스 팀의 배리 샌더스가 내 눈앞에 나타났다).

　내가 아내와 결혼한 지 거의 30년이 다 되어간다. 나의 아내 로리가 특정한 각도로 고개를 기울여 나를 올려다볼 때마다 나는 아내의 손가락에 반지를 끼우고 결혼 축하 하객들 사이를 지나는 듯한 '사랑'의 감정을 느낀다.

　톰Tom이라는 이름을 가진 사람을 소개받을 때마다 나는 키득키득 웃는다. 심각하게도 그 이름만 들어도 웃음이 터진다. 톰이란 이름만 들어도 내 머릿속에선 로리가 주인공으로 등장하는 영화의 필름이 돌아간다. 스크린에 등장한 로리의 시선이 이상하다. 그녀의 시선이 내 뒤편 어깨 너머로 향해 있다. 그런데 유령이라도 본 것일까? 그녀의 두 눈은 커질 대로 커져 있다. 당시 아내와 나는 로스엔젤레스의 한 친구 집에서 열린 디너파티에 초대 받았다. 그런데 내 뒤에 그렇게 유명한 사람이 서 있을 줄 누가 상상이라도 했겠는가! 뭐, 아카데미 주연상을 두 번 수상했다나? 톰 행크스라는 배우가 파티 주최자에게 인사하기 위해 내 뒤에 서 있었던 것이다.

나는 로리에게 무언가 횡설수설 설명하는 중이었다. 그런데 로리는 제발 조용히 하라고 말하려는 듯 내게 그 큰 눈을 부라렸다. 나는 하던 말을 멈추고 뒤를 돌아보았다. 그때 톰 행크스가 내게 인사했다. "안녕하세요. 톰입니다." 나도 그에게 인사했다. "네… 알…아요."

전화기를 제조하는 어느 다국적 기업의 광고를 볼 때면, 나의 눈물샘이 뜨겁게 차오르는 것을 느낀다. 1991년 나는 그 기업에서 만든 전화수신기 너머로 아내의 흐느끼는 목소리를 들었다(당시 로리는 둘째 아이가 유산되었다는 소식을 전했다). 레이건 대통령이 피격되었을 때, 나는 내가 어디에 있었는지 기억한다. 챌린저호 폭발 사건과 2001년의 911테러, 그리고 내 아들 케일런과 코디의 생일, 그 아이들이 첫 걸음을 떼던 날, 생일 케이크를 얼굴에 묻댔던 일 등 나는 이 모든 것을 기억하고 있다.

당신도 나처럼 자신만의 추억을 다시 꺼내볼 수 있기 바란다! 좋은 기억이든 좋지 않은 기억이든, 부디 그러한 기억들을 되뇔 수 있기를!

이제 나와 함께 질문해보자. 왜 이런 사건의 기억들이 우리 존재의 일부가 되었는가? 과거의 사건들이 지금의 내 모습을 이루고 있는 이유는 무엇인가? 왜 하필 그 기억이 떠오르는가? 무엇 때문에 그러한 기억들이 우리의 뇌에 박혀 있는가?

이 책은 뇌의 작동원리를 가르쳐주는 매뉴얼이다. 이 책을 자주 펼쳐보고 뇌에 대한 궁금증을 해소하기 바란다.

캐롤라인 리프가 우리 부부와 함께 TBN의 'Praise the Lord' 프로그램에 처음 출연했던 때가 기억난다. 이것 역시 나의 뇌에 깊이 박혀 있는 여러 가지 기억 중 하나이다. 그 당시 나는 하나님께서 우리의 뇌를 어떻게 창조하셨는지에 대한 의사들의 의견을 귀담아 듣지 않았다. 그러나 캐롤라인의 입에서 나오는 영감 어린 말에는 귀기울였다.

당시 나는 캐롤라인에게 이렇게 말했다. "방금 당신이 말한 것을 제가 다시 한 번 정리해서 이야기해볼게요. 한마디로 생각이 '단백질'이라는 것이죠. 그리고 그 단백질에 의해 우리의 뇌가 생각하는 방식이 달라진다는 말씀이지요? '대저 그 마음의 생각이 어떠하면 그 위인도 그러한즉'이라는 성경말씀 그대로라니 정말 놀랍습니다. 정말 과학이 성경을 지지하고 있군요!"

그것이 캐롤라인과 함께한 첫 번째 방송이었다. 지난 수년 동안 그녀는 우리에게 더 많은 진리를 가르쳐주었다. 이제는 TBN에서 그녀만을 위한 프로그램을 따로 제작하여 향후 수년간 방송할 예정이다!

이 책에 기록된 내용은 단순한 정보가 아니라 하나님께서 일러주신 값진 지혜이다. 캐롤라인이 기록한 이 책의 지혜를 붙잡으라. 그러면 당신 역시 놀랍게 사고방식을 바꾸게 될 것이다.

매튜 크라우치
TBN Trinity Broadcasting Network 대표

| 각주 |

1장 ● ● ●

1. 에릭 R. 캔델(Eric R. Kandel) 저, 《기억을 찾아서: 뇌과학의 살아있는 역사 에릭 캔델의 자서전》(*In Search of Memory: The Emergence of a New Science of Mind*), 알에이치코리아 출판 2014.
2. D. 처치(Church) 저, 《*The Genie in Your Genes*》(당신의 유전자 속 램프의 요정 지니)에 인용된 지그문트 프로이드(Sigmund Freud)의 말. 캘리포니아 풀턴, Energy Psychology Press 출판, 2008.
3. * 노먼 도이지(Norman Doidge) 저 《기적을 부르는 뇌: 뇌가소성 혁명이 일구어낸 인간 승리의 기록들》(*The Brain That Changes Itself: Stories of Personal Triumph from the Frontiers of Brain Science*) 지호 출판, 2008.

   * 조 디스펜자(Joe Dispenza) 저, 《꿈을 이룬 사람들의 뇌》(*Evolve Your Brain: The Science of Changing Your Brain*) 한언 출판, 2009.

   * Ecole Polytechnique Federale de Lausanne의 '뇌 마음 연구소'(Institute of Brain and Mind)의 소장으로 있는 헨리 마크램(Henry Markram)은 Blue Brain Project를 통해 뉴런 간의 연계성을 정확히 예측했다. 출처: "Science Daily"(사이언스 데일리), 2012년 9월 17일자. http://www.sciencedaily.com/releases/2012/09/120917152043.htm?utm_source=feedburner&utm_medium=email&utm_campaign=Feed%3A+sciencedaily%2Fmind_brain%2Fneuroscience+%28ScienceDaily%3A+Mind+%26+Brain+News+-+Neuroscience%29.

   * 앨런 존스(Allan Jones)의 강연, 출처: http://www.ted.com/speakers/allan_jones.html.
4. * 정신질환과 신체 질병의 98퍼센트는 생각 습관에 기인한다. 출처: www.stress.org/americas.htm, www.naturalwellnesscare.com/stress-statistics.html, 하버드 의학 대학의 Mind-Body 연구소, www.massgeneral.org/bhi/research/

   * D. 처치 저 《*The Genie in Your Genes*》.

   * HeartMath 연구소는 "Local and Nonlocal Effects of Coherent Heart

Frequencies on Conformational Changes of DNA"(일정한 심장 진동파에 따른 국소적·전신적 효과가 DNA 구조 변화에 미치는 영향)이라는 제목으로 연구논문을 발표했다. 출처 http://appreciativeinquiry.case.edu/practice/organizationDetail.cfm?coid=852&sector=21

* 미국의사협회(American Medical Association, AMA)의 연구를 통해 오늘날 사람들이 앓는 병과 질환의 75퍼센트가 스트레스로 인한 것임을 알 수 있다.

* 브라이언 루크 시워드(Brian Luke Seaward) 박사는 "스트레스와 질병의 연관은 85퍼센트에 달한다"라고 말했다. 출처: www.brianlukeseaward.net/articles/SuperStress-WELCOA-Seaward.pdf

* "Cancer Statistics and Views of Causes"(암 발병 통계와 원인 분석) Science News 115-2호, 23쪽, 1979년 1월 13일판.

* H. 프레드릭 니하우트(H. F. Nijhout) "Metaphors and the Role of Genes and Development"(유전자의 메타포[metaphor]와 역할, 그리고 발전), Bio Essays 12월호, 444-446쪽, 1990년.

* W. C. 윌렛(W. C. Willett) "Balancing Lifestyle and Genomics Research for Disease Prevention"(균형 잡힌 삶과 질병 예방을 위한 게놈 연구), Science 296호 695-698쪽, 2002년.

* 캔디스 B. 퍼트(C. B. Pert) 《감정의 분자》 (Molecules of Emotion: Why You Feel the Way You Feel) 시스테마, 2009.

* 브루스 립튼(B. Lipton) 《The Biology of Belief: Unleashing the Power of Consciousness, Matter and Miracles》(믿음의 생물학) 캘리포니아 산타크루즈, Mountain of Love 프로덕션 출판, 2008.

5. 캐롤라인 리프 저, 《The Gift in You: Discover New Life through Gifts Hidden in Your Mind》(당신 안에 있는 재능: 당신의 마음에 감춰진 재능을 통해 새로운 삶을 발견하라) 내쉬빌, Thomas Nelson 출판, 2008.

6. D. 처치, 《The Genie in Your Genes》

7. 허버트 벤슨(Herbert Benson) 의학박사, 하버드 의대 Mind-Body(정신-몸) 연구소의 학장, www.massgeneral.org/bhi/research

8. * 글렌 라인(Glen Rein), 롤린 맥크래티(Rollin McCraty) 공동 집필 "Local and Nonlocal Effects of Coherent Heart Frequencies on Conformational Changes of DNA"(일정한 심장 진동파에 따른 국소적·전신적 효과가 DNA 구조 변화에 미치는 영향), USPA/IAPR 공동 주최 사이코트로닉 컨퍼런스 회의록 중 발췌, 위스콘신,

밀워키 1993. 출처: http://www.heartmath.org/templates/ihm/e-newsletter/publication/2012/winter/emotions-can-change-your-dna.php

* 롤린 맥크래티 외, "Modulation of DNA Conformation by Heart-focused Intention"(심장에 집중한 생각[의도]에 의해 DNA 구조에 일어난 변조) HeartMath 연구 센터, HeartMath 연구소 출판, 03-08호, 캘리포니아 Boulder Creek, 2003.

9. "스트레스"(Stress) 인터넷 "Your Dictionary"에서 단어 검색. http://www.yourdictionary.com/stress.

10. 쉘던 코헨(Sheldon Cohen) 외, "심리적인 스트레스와 질병"(Psychological Stress and Disease), JAMA 14호 1685쪽, 2007년. http://www.bbc.com/future/story/20120619-how-stress-could-cause-illness, http://www.stress.org/stress-and-heart-disease/.

11. 브라이언 루크 시워드, 《Managing Stress: Principles and Strategies for Health and Wellbeing》(스트레스 관리: 건강하게 잘 살기 위한 원칙과 전략) 런던, Jones and BartLett Learning, 2006년.

12. "암 발병 통계와 원인 분석"(Cancer Statistics and Views of Causes) 사이언스 뉴스 (Science News) 115-2호, 23쪽, 1979년 1월 13일판

13. 브루스 립튼, 《The Biology of Belief》

14. H. 프레드릭 니하우트 "유전자의 메타포[metaphor]와 역할, 그리고 발전"

15. W. C. 윌렛 "균형잡힌 삶과 질병 예방을 위한 게놈 연구"

16. "스트레스와 심장 질환"(Stress and Heart Disease) http://www.stress.org/stress-and-heart-disease/

2장 • • •

1. 제프리 로슨(Jerrery Rosen), "법정에 선 뇌"(The Brain on the Stand) 뉴욕타임즈 2007년 3월 11일 사설. www.nytimes.com/2007/03/11/magazine/11Neurolaw.t.html.

2. 존 티어니(John Tierney)가 뉴욕타임즈에 기고한 사설 "Do You Have Free Will? Yes, It's the Only Choice"(당신에게 자유의지가 있는가? 있다. 그렇게 밖에 말할 수 없다)에 인용된 프랜시스 크릭(Francis Crick)의 말을 저자가 재인용함. New York Times, 2011년 3월 21일 사설. www.nytimes.com/2011/03/22/science/22tier.html?pagewanted=all&_r=0.

3. * 벤자민 리벳(Benjamin Libet), "Unconscious Cerebral Initiative and the Role of Conscious Will in Voluntary Action"(자발적 행동에서의 무의식적인 대뇌의 주도성 그

리고 의식적인 의지의 역할), *Behavioral and Brain Science* 1985년 8호, 529-566쪽.
* 존 딜런 헤인즈(John Dylan Heynes) 외 "Unconscious Determinants of Free Decisions in the Human Brain"(인간의 뇌 속 자유 결정의 무의식 결정요인들), Nature Neuroscience 2008년 11호, 543-545쪽 참조.

4. 하고프 사르키시안(Hagop Sarkissian) 외 "Is Belief in Free Will a Cultural Universal?"(자유의지에 대한 믿음은 세계 문화적 공통점인가?) Mind and Language 25호 346-358쪽, 2008.

5. 캐슬린 D. 보스(Kathleen D. Vohs), 조나단 W. 스쿨러(Jonathan W. Schooler) 공동 집필, "The Value of Believing in Free Will: Encouraging a Belief in Determinism Increases Cheating"(자유의지를 믿는 믿음의 가치: 결정론을 믿을 때 부도덕성은 증가한다), 출처: www.csom.umn.edu/assets/91974.pdf.

6. * 사이언스(Science)지와 뉴사이언티스트(NewScientist)지는 최근 에디 나미아스(Eddy Nahmias)와 딜런 머리(Dylan Murray)를 포함한 여러 작가들을 초청, '경험철학(x-phi)이 자유의지에 미치는 영향'이란 주제로 토론회를 주최했다. 그 내용이 《New Waves in Philosophy of Action》에 실렸다. "Experimental Philosophy on Free Will: An Error Theory for Incompatibilist Intuitions"(자유의지에 대한 경험 철학: 양립하지 못하는 직관에 대한 오류 이론), 제스 아귈라(Jess Aguilar), 안드레이 버카레프(Andrei Buckareff), 키스 프랭키시(Keith Frankish) 공동 편집, 《New Waves in Philosophy of Action》(행동 철학의 새로운 물결) 영국 햄프셔 베싱스토크, Palgrave-MacMillan 출판 2011.
* 에디 나미아스, 스티븐 G. 모리스(Stepehn G. Morris), 토머스 나델호퍼(Thomas Nadelhoffer), 제이슨 터너(Jason Turner) 공동 집필 "Is incompatibilism Intuitive?"(양립불가론은 직관적인가?) *Philosophy and Phenomenological Research* 73-1호, 28-53쪽, 2006.

7. H. S. 메이버그(H. S. Mayberg), "Defining the Neural Circuitry of Depression: Toward a New Nosology with Therapeutic Implications"(우울증의 신경회로를 밝히다: 치료 적용 방법과 함께 새로운 질병분류학으로 나아감), *Biological Psychiatry* 61-6호, 729-730쪽, 2007년 3월.

8. * D. 처치 《*The Genie in Your Genes*》
* "Epigenetics: A Web Tour"(후성유전학: 웹 투어), Science, 출처: www.sciencemag.org/feature/plus/sfg/resources/res_epigenetics.dtl.
* 이던 워터스(Ethan Watters), "DNA is Not Destiny: The New Science of

Epigenetics Rewrites the Rules of Disease, Heredity, and Identity"(DNA는 운명이 아니다: 후성유전의 새로운 과학이 질병과 유전과 정체성의 법칙을 다시 쓰다), Discover, 2006년. 출처 http://discovermagazine.com/2006/nov/cover

9. 엘리자베스 페니시(Elizabeth Pennisi), "Behind the Scenes of Gene Expression"(유전자 발현의 배후에서), *Science* 293-553호, 1064-1067쪽, 2001년.

10. Ibid.

11. 켄 리차드슨(Ken Richardson), 《*The Making of Intelligence*》(지식의 생성), 뉴욕, Comlumbia University Press, 2000.

12. * 에릭 R. 캔델, 제임스 H. 슈워츠(James H. Schwartz), 토머스 M. 제셀(Thomas M. Jessel) 공저, 《*Essentials of Neural Science and Behavior*》(신경 과학과 행동의 본질), 뉴욕 Appleton and Lange, 1995.

    * 에릭 R. 캔델, "Molecular Biology of Memory: A Dialogue between Genes and Synapses"(기억의 분자생물학: 유전자와 시냅스의 대화) 출처: http://www.nobelprize.org/mediaplayer/index.php?id=1447.

    * 에릭 R. 캔델, "A New Intellectual Framework for Psychiatry"(정신의학의 새로운 지적 프레임), *American Journal of Psychiatry* 155-4호, 457-469쪽, 1998

13. Ibid.

14. 도로시 넬킨(Dorothy Nelkin), 《*The DNA Mystique*》(DNA의 신비) 15쪽, 뉴욕 Norton 출판, 1995.

15. * 브루스 립튼 《*The Biology of Belief*》.

    * 브루스 립튼, K. G. 벤쉬(K. G. Bensch), M. A. 카라섹(M. A. Karasek) 공동 집필 "Microvessel Endothelial Cell Transdifferentiation: Phenotypic Characterization"(미세혈관 내피세포 전환분화: 표현형 특화), *Differentiation* 46호, 117-133쪽, 1991.

16. 게일 아이언슨(Gail Ironson) 외, "An Increase in Religiousness/Spirituality Occurs after HIV Diagnosis and Predicts Slower Disease Progression over Four Years in People with HIV"(종교심 증가/에이즈 양성 판정 받은 후 신앙을 갖게 된 환자에게서 4년 동안 질병의 진행 속도가 줄어들 것을 예견하다), *Journal of General Internal Medicine* 21호 62-68쪽, 2006.

17. D. 처치 《The Genie in Your Genes》 65쪽.

3장 • • •

1. 이던 워터스, "DNA is Not Destiny"
2. 존 클라우드(John Cloud), "Why Your DNA Isn't Your Destiny"(당신의 DNA가 당신의 운명일 수 없는 이유), Time, www.time.com/time/magazine/article/0,9171,1952313-2,00.html
3. 로버트 와인홀드(Robert Weinhold) "Epigenetics: The Science of Change"(후성유전학: 변화의 과학), *Environmental Health Perspectives* 114-3호, 2006년 3월
4. "Learning Without Learning"(학습 없는 학습), *The Economist*, 89쪽, 2006년 9월 21일
5. www.cajal.csic.es/ingles/index.html
6. 이 책의 2부에서 그 방법을 알려줄 것이다
7. * 제프리 M. 슈워츠, 샤론 비글리(Sharon Begley) 공저 《*The Mind and the Brain*》(마음과 뇌), 뉴욕, Harper Perennial, 2002.
   * 제프리 M. 슈워츠, 레베카 글래딩(Rebecca Gladding) 공저, 《너는 어떻게 당신을 속이는가》(*You Are Not Your Brain*), 갈매나무 출판, 2012.
8. * 캐롤라인 리프, "The Mind Mapping Approach: A Model and Framework for Geodesic Learning"(생각의 지도 접근법: 측지적 학습을 위한 모본과 틀) 출판되지 않은 박사 논문, 남아프리카공화국, 프리토리아 대학, 1997.
   * 캐롤라인 리프, 브렌다 루(Brenda Louw), 이사벨 우이스(Isabel Uys) 공동 집필 "The Development of a Model for Geodesic Learning: The Geodesic Information Processing Model"(측지적 학습을 위한 모본의 발전: 측지 정보처리 모델) *The South African Journal of Communication Disorders* 44호, 53-70쪽, 1997.
   * 캐롤라인 리프 "The Move from Institution Based Rehabilitation(IBR) to Community Based Rehabilitation(CBR): A Paradigm Shift"(기관 중심 재활치료로부터 공동체 중심 재활치료로의 이동: 패러다임 전환) *Therapy Africa* 1-1호, 4쪽, 1997년 8월.
   * 캐롤라인 리프 "An Altered Perception of Learning: Geodesic Learning"(학습 개념의 변화: 측지적 학습) *Therapy Africa* 1-2호, 7쪽, 1997년 10월.
9. 노먼 도이지, 《기적을 부르는 뇌》
10. 바바라 애로우스미스(Barbara Arrowsmith), 노먼 도이지 공저 《*The Woman Who Changed Her Brain: And Other Inspiring Stories of Pioneering Brain Transformation*》(자신의 뇌를 변화시킨 여성들: 감동적인 뇌 변화의 선구적 이야기) 뉴욕, Free Press, 2012.

11. 캐롤라인 리프,《Switch On Your Brain 5 Step Learning Process》(뇌의 스위치를 켜라 5단계 학습 과정) 댈러스, Switch on Your Brain 출판, 2008.
12. * 바바라 애로우스미스, 노먼 도이지 공저《The Woman Who Changed Her Brain》
    * D. 처치 저《The Genie in Your Genes》
    * 노먼 도이지 저《기적을 부르는 뇌》
    * 조 디스펜자 저《꿈을 이룬 사람들의 뇌》
    * 캐롤라인 리프 "The Mind Mapping Approach"
    * 캐롤라인 리프《Switch On Your Brain 5 Step Learning Process》
    * 캐롤라인 리프 《Who Switched Off My Brain? Controlling Toxic Thoughts and Emotions》(누가 내 뇌의 스위치를 껐는가? 유해한 생각과 감정을 조정하다) 달라스, Switch on Your Brain 출판 2007.
    * 캐롤라인 리프, M. 코플랜드(M. Copeland), J. 마카로(J. Maccaro), 공동 강연 "Your Body His Temple: God's Plan for Achieving Emotional Wholeness"(당신의 몸, 그분의 성전: 온전한 감정에 도달하게 하시는 하나님의 계획) DVD 시리즈, 달라스, Life Outreach International 출시, 2007.
13. 조 디스펜자,《브레이킹: 어제의 나를 버리고 새로운 나를 만나다》《Breaking the Habit of Being Yourself》 프렘 출판, 2012.
14. * 리처드 와이즈먼(Richard Wiseman) "Self Help: Forget Positive Thinking, Try Positive Action"(자기계발: 좋은 생각은 잊어라. 대신 좋은 행동을 시도하라) The Observer, 2012. 6. 30. 출처: http://www.guardian.co.uk/science/2012/jun/30/self-help-positive-thinking.
    * 짐 테일러(Jim Taylor) "Is the Self-Help Industry a Fraud?"(자립 산업은 사기인가?) 2011. 4. 18. 출처: http://blog.ctnews.com/taylor/2011/04/18/is-the-self-help-industry-a-fraud/#.UVedEdRXVA4.email.
    * 마이클 셔머(Michael Shermer) "SHAM Scam: The Self-Help and Actualization Movement Has Become an $8.5-Billion-a-Year Business. Does It Work?"(사기: 자기계발과 자아실현 운동은 일 년에 85억 달러를 벌어들이는 산업이 되었다. 그런데 정말 효과가 있는가?) 2006. 4. 23. http://www.scientificamerican.com/article.cfm?id=sham-scam.
15. "The Problem with Self-Help Books: Study Shows the Negative Side to Positive Self-Statements"(자기계발서의 문제점: 긍정적 자기인식의 부정적 측면이 연구를 통해 밝혀지다) e! Science News, 2009. 7. 2. http://esciencenews.

com/articles/2009/07/02/the.problem.with.self.help.books.study.shows.negative.side.positive.self.statements.
16. * 제프리 M. 슈워츠, 샤론 비글리 공저 《The Mind and the Brain》.
    * 제프리 M. 슈워츠, 레베카 글래딩 공저 《뇌는 어떻게 당신을 속이는가》.

4장 • • •

1. * 엘렌 랜져(Ellen Langer), 미네아 몰도베아누(Mihnea Moldoveanu) 공동 집필 "The Construct of Mindfulness"(마음의 구성), *Journal of Social Issues* 56-1호 1-9쪽, 2000. * 캐롤라인 리프 《Who Switched Off My Brain?》
   * 캐롤라인 리프 《*The Gift in You*》
2. 캐롤라인 리프, 이사벨 우이스, 브렌다 루 공동 집필 "An Alternative Non-Traditional Approach to Learning: The Metacognitive-Mapping Approach"(학습에 대한 비전통적 대체 접근 방법: 메타인지 지도 접근법), *The South African Journal of Communication Disorders* 45호 87-102쪽, 1998.
3. 시사 메디알라브(Sissa Medialab) "The Good Side of the Prion: A Molecule That Is Not Only Dangerous but Can Help the Brain Grow"(프리온 단백질이 지닌 긍정적 측면: 위험하기만 한 것은 아니다. 뇌의 성장을 돕기도 한다) *Science Daily*, 2013. 2. 14. 출처: http://www.sciencedaily.com/releases/2013/02/130214075437.htm?utm_source=feedburner&utm_medium=email&utm_campaign=feed%3A+sciencedaily%2Fmind_brain+%28ScienceDaily%3A+Mind+%26+Brain+News%29
4. Loyola University Health System(로욜라 대학 건강 시스템) "New Evidence for Link between Depression and Heart Disease" (우울증과 심장질환의 연계성에 대한 새로운 증거) *Science Daily*, 2013. 2. 18.
5. * "Brain Signs of Schizophrenia Found in Babies"(유아의 뇌에서 발견된 조현병의 징후) *Science Daily*, 2010. 6. 9. 출처: http://www.sciencedaily.com/releases/2010/06/100621111240.htm.
   * "Alterations in Brain Activity in Children at Risk of Schizophrenia Predate Onset of Symptoms"(생각보다 이른 시기에 조현병 증후를 나타낼 위험이 있는 어린이들의 뇌 활동 변화) *Science Daily*, 2013. 3. 22. 출처: http://www.sciencedaily.com/releases/2013/03/130322174343.htm.
6. * 캐롤라인 리프 《*Who Switched Off My Brain?*》

* 마리아 코니코바(Maria Konnikova)《생각의 재구성: 하버드대 심리학자가 과학적 연구 결과로 풀어낸 셜록 홈스의 문제해결 사고법》(Mastermind: How to Think Like Sherlock Holmes), 청림출판, 2013.
* 마리아 코니코바 "The Power of Concentration"(집중의 힘) *New York Times Sunday Review*, 2012. 12. 15. 출처: http://www.nytimes.com/2012/12/16/opinion/sunday/the-power-of-concentration.html?pagewanted=1&_r=2&ref=general&src=me&

7. * 제프리 M. 슈워츠, 샤론 비글리 공저《*The Mind and the Brain*》
* 제프리 M. 슈워츠, 레베카 글래딩 공저《뇌는 어떻게 당신을 속이는가》
* 앨런 존스(Allan Jones)의 강연, 출처: http://www.ted.com/speakers/allan_jones.html

5장 • • •

1. 리처드 J. 데이빗슨(Richard J. Davidson) 외 "Alerations in Brain and Immune Function Produced by Mindfulness Meditation"(깊은 묵상 가운데 나타나는 뇌와 면역 체계의 변화) *Psychosomatic Medicine* 65호, 564-570쪽, 2003.
2. 마르커스 E. 레이츨(Marcus E. Raichle) 외, "A Default Mode of Brain Function: A Brief History of an Evolving Idea"(초기화 모드의 뇌기능: 생각의 발전을 기록한 짧은 역사) *Neuroimage* 37호, 1083-1090쪽, 2007.
3. * 매튜 R. 브라이어(Matthew R. Brier) 외, "Loss of Intranetwork and Internetwork Resting State Functional Connections with Alzheimer's Disease Progression"(뇌의 내부 연결망과 상호 연결망이 휴식을 취하지 못할 때 - 신경네트워크의 '휴식 없음'과 알츠하이머의 기능적 연관성) *Journal of Neuroscience* 32-26호, 8890-8899쪽, 2012.
* 크리스천 F. 베크만(Christian F. Beckmann) 외, "Investigations into Resting-State Connectivity Using Independent Component Analysis"(독립적 부분요소 분석을 통한 휴식 상태 연계성 조사), *Phios Trans R Soc Lond, B, Biol Sci* 360호, 1001-1013쪽, 2005.
4. * 마르커스 E. 레이츨, "The Brain's Dark Energy"(뇌의 어두운 에너지), *Scientific American*, 44-49쪽, 2012. 3. 20. 출처: www.hboorcca.com/pdf/brain/The%20Dark%20Energy%20Scientific%20American%20March%202010.pdf.
* 마르커스 E. 레이츨 외 "A Default Mode of Brain Function"
5. * 이베트 I. 쉬라인(Yvette I. Sheline) 외, "The Default Mode Network and Self-

Referential Processes in Depression"(우울증에서의 초기화 모드 네트워크와 자기 지시 처리 과정), *Proceedings of the national Academy of Sciences USA* 106-6호, 1942-1947쪽, 2009. 1. 26.

* 워싱턴 대학교 메디컬 스쿨의 연구 결과가 실린 기사, "Alzheimer's Breaks Brain Networks' Coordination"(알츠하이머가 뇌 속 신경 네트워크 간의 공조를 저해하다), *Science Daily*, 2012. 9. 17. 출처: www.sciencedaily.com/releases/2012/09/120918090812.htm.

6. * 마르커스 E. 레이츨, "The Brain's Dark Energy"
   * 마르커스 E. 레이츨 외, "A Default Mode of Brain Function"
7. 마리아 코니코바 "The Power of Concentration"
8. 매튜 R. 브라이어 외, "Loss of Intranetwork and Internetwork Resting State Functional Connections with Alzheimer's Disease Progression"
9. J. 폴 해밀턴(J. Paul Hamilton) 외, "Default Mode and Task Positive Network Activity in Major Depressive Disorder: Implications for Adaptive and Maladaptive Rumination"(주요 우울증 질병에서의 초기화 모드와 작업신경망의 활동: 적절한·부적절한 반추활동), *Biological Psychiatry* 70-4호, 327-333쪽, 2011.
10. 캐롤라인 리프, "The Mind Mapping Approach: A Therapeutic Technique for Closed Head Injury"(생각의 지도 접근법: 폐쇄성 뇌손상에 대한 치료 기술), 출판되지 않은 석사 학위 논문 (남아프리카공화국 프리토리아, 프리토리아 대학교), 1990.
11. "Activity in Brain Networks Related to Features of Depression"(우울증 증상과 관련된 뇌 신경회로의 활동), Science Daily, 2012. 4. 3. www.sciencedaily.com/releases/2012/04/120403111954.htm#.T4HbzAjE61c.mailto.
12. 쑤엘링 주(Xueling Zhu) 외, "Evidence of a Dissociation Pattern in Resting-State Default Mode Network Connectivity in First-Episode, Treatment-Naive Major Depression Patients"(안식 상태 DMN에서의 해리 증거, 첫 번째 사례 - 특정 약물을 투여해본 적 없는 우울증 환자의 치료), *Biological Psychiatry* 71-7호, 611쪽, 2012.
13. 노먼 A. S. 파브(Norman A. S. Farb) 외, "Mood-Linked Responses in Medial Prefrontal Cortex Predict Relapse in Patients with Recurrent Unipolar Depression"(내측 전전두피질의 감정적 반응은 반복-단극 우울증 환자에게 증상 재발을 야기한다), *Biological Psychiatry* 70-4호, 366-372쪽, 2011. 8. 15.
14. * 캐롤라인 리프 "The Mind Mapping Approach"
    * J. 폴 해밀턴, "Default Mode and Task Positive Network Activity in Major

Depressive Disorder"

15. 소피 그린(Sophie Green) 외, "Guilt-Selective Functional Disconnection of Anterior Temporal and Subgenual Cortices in Major Depressive Disorder"(주요 우울증 환자의 전두측피질과 슬하피질에서 나타나는 죄책감-선택의 기능적 단절), *Archives of General Psychiatry* 69-10호, 1014-1021쪽, 2012. 출처: http://archpsyc.jamanetwork.com/article.aspx?articleID=1171078.

16. Ibid.

17. * 제프리 M. 슈워츠, 샤론 비글리 공저 《*The Mind and the Brain*》
    * 제프리 M. 슈워츠, 레베카 글래딩 공저, 《뇌는 어떻게 당신을 속이는가》

18. * 마이클 M. 머즈니히(Michael M. Merzenich) 외, "Prophylactic Reduction and Remediation of Schizophrenic Impairments through Interactive Behavioral Training"(상호 작용 행동 훈련을 통한 조현병 예방 및 치료), 2001. 출처: http://www.google.com/patents?hl=en&lr=&vid=USPAT6231344&id=3BQIAAAAEBAJ&oi=fnd&dq=Merzenich+schizophrenia+research&printsec=abstract#v=onepage&q=Merzenich%20schizophrenia%20research&f=false

    * 멜리사 피셔(Melissa Fisher) 외, "Neuroplasticity-Based Cognitive Training in Schizophrenia: An Interim Report on the Effects 6 Months Later"(신경 가소성을 기반으로 한 조현병의 인지 치료: 6개월 후 효과에 대한 중간 감정 평가서), *Schizophrenia Bulletin*, 2009. 3. 5. 출처: http://schizophreniabulletin.oxfordjournals.org/content/36/4/869.

    * "Thread: New Therapy Available Now for Cognitive Problems in Schizophrenia"(Thread: 조현병의 인지적 문제에 대한 새로운 치료법), 출처: http://www.schizophrenia.com:8080/jiveforums/thread.jspa?threadID=16719

    * 소피아 비노그래도프(Sophia Vinogradov), "What's New in Schizophrenia Research"(조현병 연구 - 무엇이 새로운가?), 2007. 11. 28. 출처: http://www.thomasthomas.com/Schizophrenia%20Research,Vinogradov,112807.pdf

19. * 새라 J. 하트(Sarah J. Hart) 외, "Altered fronto-limbic activity in children and adolescents with familial high risk for schizophrenia"(가족력 조현병 고위험군에 속한 어린이와 청소년에게서 나타나는 변형된 전두 대뇌변연계의 활동), *Psychiatry Research* 212-1호, 19쪽, 2013.

    * 세바스티앙 파르노듀(Sebastien Parnaudeau) 외, "Inhibition of Mediodorsal Thalamus Disrupts Thalamofrontal Connectivity and Cognition"(배측 시상의

활동 억제가 시상전엽의 연계능력과 인지능력을 중단시키다), *Neuron* 77-6호, 1151쪽, 2013.
20. "Women Abused as Children More Likely to Have Children With Autism"(어린 시절, 학대를 당했던 여성은 자폐아를 낳을 확률이 높다), *Science Daily*, 2013. 3. 20. 출처: http://www.sciencedaily.com/releases/2013/03/130320212818.htm#.UVCuOUPuaJE.email.

6장 • • •

1. 브라이언 A. 프리맥(Brian A. Primack) 외, "Association Between Media Use in Adolescence and Depression in Young Adulthood"(청소년기 미디어 사용과 청년기 우울증과의 상관 관계), *Archives of General Psychiatry* 66-2호, 181-188, 2009. 출처: http://archpsyc.jamanetwork.com/article.aspx?articleid=210196.
2. 마크 W. 베커(Mark W. Becker), 리임 알자하비(Reem Alzahabi), 크리스토퍼 J. 합우드(Christopher J. Hopwood) 공동 집필, "Media Multitasking Is Associated with Symptoms of Depression and Social Anxiety"(미디어 멀티태스킹은 우울증과 사회적 근심의 증후와 연관된다), *Cyberpsychology, Behavior, and Social Networking* 16-2호, 132-135쪽, 2012.
3. "Are You a Facebook Addict?"(당신은 페이스북 중독자인가?), Science Daily, 2012. 출처: www.sciencedaily.com/releases/2012/05/120507102054.htm.
4. Science Daily에 게재된 '에든버러 대학 경영 대학(University of Edinburgh Business School) 보고서'에서 발췌 "More Facebook Friends Means More Stress, Says Report"(보고서에 의하면, 페이스북 친구가 많을수록 스트레스 수치가 높아진다), *Science Daily* 2012. 11. 26. 출처: www.sciencedaily.com/releases/2012/11/121126131218.htm.
5. 키스 윌콕스(Keith Wilcox), 앤드류 T. 스티븐(Andrew T. Stephen) 공동 집필, "Are Close Friends the Enemy? Online Social Networks, Self-Esteem, and Self-Control"(친한 친구가 원수인가? 온라인 SNS, 자존감, 그리고 절제), *Social Science Research Network*, 2012. 9. 22. 출처: http://ssrn.com/abstract=2155864.
6. * 데이비드 M. 레비(David M. Levy) 외, "The Effects of Mindfulness Meditation Training on Multitasking in a High-Stress Information Environment"(심도 있는 묵상 훈련은, 우리가 고도의 스트레스를 유발하는 정보 환경 속에서 멀티태스킹을 할 때 어떤 영향을 끼치는가?), *Proceedings of Graphics Interface*, 2012. 5월.

* Science Daily에 실린 워싱턴 대학(University of Washington) 연구, "Mindful Multitasking: Meditation First Can Calm Stress, Aid Concentration"(멀티태스킹에 집중함: 명상은 먼저 스트레스를 완화시키고 이후 집중하는 데 도움을 준다), Science Daily, 2012. 6. 13. 출처: www.sciencedaily.com/releases/2012/06/120614094118.htm.

7. * 캐롤라인 리프, "Mind Mapping: A Therapeutic Technique for Closed Head Injury"

    * 캐롤라인 리프, "Mind Mapping Approach"

8. 마리아 코니코바의 논문 "The Power of Concentration"에 인용된 워싱턴 대학 연구 보고 내용.

9. * 마리아 코니코바의 논문 "The Power of Concentration"에 인용된 워싱턴 대학과 에모리 대학(Emory University)의 연구 보고 내용.

    * 제프리 M. 슈워츠, 샤론 비글리 공저 《The Mind and the Brain》에 인용된 마이클 M. 머즈니히의 글.

    * 가엘리 데스보르데스(Gaëlle Desbordes) 외, "Effects of Mindful-Attention and Compassion Meditation Training on Amygdala Response to Emotional Stimuli in an Ordinary, Non-Meditative State"(사려 깊은 관심과 동정심 어린 명상 훈련은 평상시 감정 자극에 대한 뇌편도의 반응에 어떤 영향을 미치는가?), *Frontiers in Human Neuroscience*, 2012. 11. 1. 출처: www.frontiersin.org/human_neuroscience/10.3389/fnhum.2012.00292/abstract.

10. * 제프리 M. 슈워츠, 샤론 비글리 공저 《The Mind and the Brain》에 인용된 마이클 M. 머즈니히의 글.

    * 가엘리 데스보르데스 외, "Effects of Mindful-Attention and Compassion Meditation Training on Amygdala Response to Emotional Stimuli in an Ordinary, Non-Meditative State"

    * Science Daily에 실린 메사추세츠 종합병원(Massachusetts General Hospital)과 보스톤 대학(Boston University)의 공동 연구 "Meditation Appears to Produce Enduring Changes in Emotional Processing in the Brain"(명상은 뇌속에서 진행되는 감정처리 과정에 지속적인 변화를 일으킨다), *Science Daily*, www.sciencedaily.com/releases/2012/11/121112150339.htm.

11. 캐롤라인 리프, "Mind Mapping: A Therapeutic Technique for Closed Head Injury"

12. 에일린 루더스(Eileen Luders) 외, "The Unique Brain Anatomy of Meditation Practitioners: Alterations in Cortical Gyrification"(묵상 수행자들의 독특한 뇌 구조: 피질 자이리피케이션의 변화), *Frontiers in Human Neuroscience*, 2012. 2. 29. www.frontiersin.org/Human_Neuroscience/10.3389/fnhum.2012.00034/abstract.
13. 에일린 루더스 외, "Enhanced Brain Connectivity in Long-Term Meditation Practitioners"(장기 묵상 수행자들의 경우, 뇌 속 회로들의 연계성이 증진된 것 발견), *NeuroImage* 4호, 1308-1316쪽, 2011. 8. 15.
14. Science Daily에 게재된 UCLA(University of California in Los Angeles)의 연구, "Meditation May Increase Gray Matter"(묵상은 뇌 회백질의 기능을 증진시킨다), *Science Daily*, 2009. 5. 13. www.sciencedaily.com/releases/2009/05/090512134655.htm.

7장 • • •

1. "Max Planck Quotes"(막스 플랑크 인용), 출처: www.goodreads.com/author/quotes/107032.Max_Planck.
2. * 제프리 M. 슈워츠, 샤론 비글리 《*The Mind and the Brain*》
   * 제프리 M. 슈워츠, 레베카 글래딩 공저, 《뇌는 어떻게 당신을 속이는가》
   * 제프리 M. 슈워츠, 헨리 스테프(Henry Stapp), 마리오 뷰어가드(Mario Beauregard) 공동 집필 "Quantum Physics in Neuroscience and Psychology: A Neurophysical Model of Mind/Brain Interaction"(신경과학과 심리학에서의 양자물리학: 마음과 뇌의 상호교류에 대한 신경물리학의 모델), 출처: www.physics.lbl.gov/~stapp/PTB9.pdf.
3. 이러한 정신 활동과 그것의 예측 불능성은 양자이론의 핵심 구성요소 중 하나인 수학 공식으로 설명할 수 있다. 해당 공식을 살피는 것은 이 책의 중심 주제를 훨씬 벗어나는 것이다. 하지만, 당신이 관심이 있다면 다음의 논문을 읽으면서 좀 더 깊이 들어가 보는 것도 좋겠다. 제프리 M. 슈워츠, 헨리 스테프, 마리오 뷰어가드 공동 집필, "Quantum Physics in Neuroscience and Psychology: A Neurophysical Model of Mind/Brain Interaction"(신경과학과 심리학에서의 양자물리학: 마음과 뇌의 상호교류에 대한 신경물리학의 모델), 출처: http://www.scribd.com/doc/94124369/Quantum-Physics-in-Neuroscience-by-Jeffrey-M-Schwartz-Henry-P-Stapp-Mario-Beuregard.
4. 제임스 히고(James Higgo), "A Lazy Layman's Guide to Quantum Physics,"(게으른 일반인을 위한 양자물리학 안내서), 1999. 출처: www.higgo.com/quantum/

laymans.htm.
5. 제프리 M. 슈워츠, 헨리 스테프, 마리오 뷰어가드 공동 집필, "Quantum Physics in Neuroscience and Psychology."
6. * 제프리 M. 슈워츠, 샤론 비글리 《The Mind and the Brain》
   * 제프리 M. 슈워츠, 레베카 글래딩 공저, 《뇌는 어떻게 당신을 속이는가》
   * 제프리 M. 슈워츠, 헨리 스테프, 마리오 뷰어가드 공동 집필, "Quantum Physics in Neuroscience and Psychology."
7. * 캐롤라인 리프, "The Mind Mapping Approach: A Model and Framework for Geodesic Learning"(생각의 지도 접근법: 측지 학습법의 모델), 출판되지 않은 박사학위 논문(남아프리카공화국 프리토리아, 프리토리아 대학), 1997.
   * 캐롤라인 리프, "The Mind Mapping Approach: A Therapeutic Technique for Closed Head Injury"
8. 캐롤 드웩(Carol Dweck), "Implicit Theories of Intelligence Predict Achievement Across Adolescent Transition: A Longitudinal Study and an Intervention"(지식의 내재적 이론 - 과도기 청소년들에게서 어느 정도의 성과가 나타날 것을 예측하다: 장기간의 연구 그리고 중간 개입, 평가), *Child Development* 78호, 246-263쪽, 2007.
9. 롤린 맥크래티, "Modulation of DNA Conformation by Heart-focused Intention," 4쪽.
10. D. 처치 저, 《The Genie in Your Genes》
11. 지아코모 리졸라티(Giacomo Rizzolatti), L. 크레이게로(L. Craighero), "The Mirror-Neuron System"(거울 뉴런 시스템), *Annual Review of Neuroscience* 27호, 169-192쪽, 2004.
12. 캐롤라인 리프, 《Who Switched Off Your Brain? Solving the Mystery of He Said/She Said》(누가 당신의 뇌 속 스위치를 껐는가? 남자는 왜 그렇게 말하고 여자는 왜 저렇게 말하는가? 그 미스터리를 풀어내다), 내쉬빌, Thomas Nelson 출판, 2011.
13. 딘 래딘(Dean Radin), "Testing Non-local Observation as a Source of Intuitive Knowledge"(직관적 지식으로서의 비국지적 관찰을 시험하다), *Explore* 4-1호, 25쪽, 2008.
14. 토머스 E. 옥스먼(Thomas E. Oxman) 외, "Lack of Social Participation or Religious Strength and Comfort as Risk Factors for Death after Cardiac Surgery in the Elderly"(심장수술을 받은 노인들의 경우, 사회 참여 부족, 종교심 혹은 종교적 위안의 결핍이 사망 위험 요인으로 작용한다), *Psychosomatic Medicine* 57호,

5쪽, 1995.
15. 린다 H. 파월(Linda H. Powell) 외, "Religion and Spirituality: Linkages to Physical Health"(종교와 영성: 신체 건강과의 연계성), *American Psychologist* 58-1호, 36쪽, 2003.
16. 래리 도시(Larry Dossey), 《*Prayer Is Good Medicine*》(기도는 좋은 약입니다), 샌프란시스코, HarperOne 출판, 1997.
17. * 존 A. 애스틴(John A. Astin) 외, "The Efficacy of 'Distant Healing': A Systematic Review of Randomized Trials"(원거리 치료의 효과: 무작위로 진행한 실험들을 체계적으로 검토하다), *Annals of Internal Medicine* 12호, 903쪽, 2000.
   * 웨인 B. 조나스(Wayne B. Jonas), "The Middle Way: Realistic Randomized Controlled Trials for the Evaluation of Spiritual Healing"(중도: 영적 치유의 평가를 위한 실질적 무작위 대조 실험), *The Journal of Alternative and Complementary Medicine* 7-1호, 5-7쪽, 2001.
18. * 데이비드 I. 레비(David I. Levy), 조엘 킬패트릭(Joel Kilpatrick), 《*Gray Matter: A Neurosurgeon Discovers the Power of Prayer ... One Patient at a Time*》(회백질: 신경외과 의사가 기도의 능력을 발견하다. 한 번에 한 명의 환자), 일리노이 위튼, Tyndale 출판, 2012.
   * 맷 다넬리(Matt Donnelly), "Faith Boosts Cognitive Management of HIV and Cancer"(믿음은 에이즈와 암에 대한 인식적 관리능력을 향상시킨다), Science & Theology News, 16쪽, 2006.
19. 데이비드 I. 레비, 조엘 킬패트릭, 《Gray Matter》, 19쪽.
20. 선댄스 빌슨-톰슨(Sundance Bilson-Thompson), 포티니 마르코풀루(Fotini Markopoulou), 리 스몰린(Lee Smolin), "Quantum Gravity and the Standard Model"(양자 중력 그리고 표준 모델), *Classical and Quantum Gravity* 24-16호, 3975-3993쪽, 2007.
21. 돈 링컨(Don Lincoln), "The Universe Is a Complex and Intricate Place"(우주는 복잡하게 뒤엉킨 곳이다), *Scientific American*, 2012년 11월호, 38-43쪽.
22. 이것은 하이젠베르그 원리에 사용된 용어이다. 양자물리학은 괴상한 용어 사용과 모호한 진술로 악명이 높다.
23. * 헨리 스테프, "Philosophy of Mind and the Problem of Free Will in the Light of Quantum Mechanics"(양자물리역학의 입장에서 본 자유의지의 문제점 그리고 생각의 철학), 출처: www-physics.lbl.gov/~stapp/Philosophy.pdf

* 헨리 스태프, 《*Mindful Universe: Quantum Mechanics and the Participating Observer*》(생각하는 우주: 양자물리역학과 참여하는 관찰자), 런던, Springer 출판, 2007.
24. 돈 링컨, "The Inner Life of Quarks"(쿼크입자의 내적 생애), *Scientific American*, 2012년 11월호, 38쪽.

8장 ● ● ●

1. * 캐롤라인 리프 "Mind Mapping"
   * 캐롤라인 리프 "Mind Mapping Approach"
   * 캐롤라인 리프, 브렌다 루, 이사벨 우이스 공동 집필 "The Development of a Model for Geodesic Learning", 44쪽, 53-70쪽.
2. 토머스 모어(Thomas More), 《유토피아》(Utopia), 증보판, 런던, Penquin Classics, 81쪽, 2003.
3. * 캐롤라인 리프, 《*Switch On Your Brain 5 Step Learning Process*》
   * 캐롤라인 리프, 《*Who Switched Off My Brain?*》
   * 캐롤라인 리프, "Who Switched Off My Brain? Controlling Toxic Thoughts and Emotions"(누가 내 뇌의 스위치를 껐는가? 유해한 생각과 감정을 조정하다), DVD시리즈, 남아프리카공화국, 요하네스버그, Switch On Your Brain출판, 2007.
4. 제프리 M. 슈워츠, 샤론 비글리 공저 《*The Mind and the Brain*》
5. 앤드류 뉴버그(Andrew Newberg), 유진 드 아퀼리(Eugene D'Aquili), 빈스 러즈(Vince Rause) 공저 《*Why God Won't Go Away: Brain Science and the Biology of Belief*》(하나님이 떠나지 않으시는 이유: 뇌과학과 믿음의 생태학), 뉴욕, Ballantine 출판, 2001.
6. * 제프리 M. 슈워츠, 샤론 비글리 공저 《*The Mind and the Brain*》
   * 제프리 M. 슈워츠, 레베카 글래딩(Rebecca Gladding) 공저, 《뇌는 어떻게 당신을 속이는가》
   * 제프리 M. 슈워츠, 헨리 스태프, 마리오 뷰어가드 공동 집필 "Quantum Physics in Neuroscience and Psychology"
7. * 캐롤라인 리프 "Mind Mapping"
   * 캐롤라인 리프 "Mind Mapping Approach"
   * 캐롤라인 리프, 브렌다 루, 이사벨 우이스 공동 집필 "The Development of a Model for Geodesic Learning", 44쪽, 53-70쪽.
8. Ibid

9. "Blue Brain Project Accurately Predicts Connections between Neurons"(블루 브레인 프로젝트: 뉴런 간의 연관성을 정확하게 예측하다), *Science Daily*, 2012. 9. 17. 출처: www.sciencedaily.com/releases/2012/09/120917152043.htm.

9장 • • •

1. * 캐롤라인 리프 "Mind Mapping"
   * 캐롤라인 리프 "Mind Mapping Approach"
   * 캐롤라인 리프, 브렌다 루, 이사벨 우이스 공동 집필 "The Development of a Model for Geodesic Learning", 44쪽, 53-70쪽.
2. 캐롤라인 리프, "The Mind Mapping Approach: A Therapeutic Technique for Closed Head Injury"
3. * 카림 네이더(Karim Nader), http://blogs.mcgill.ca/science/2009/04/30/karim-nader-on-memory-reconsolidation
   * 카림 네이더, 글렌 E. 샤프(Glenn E. Schafe), 조셉 E. 르 듀스(Joseph E. Le Doux), "Fear Memories Require Protein Synthesis in the Amygdala for Reconsolidation after Retrieval"(뇌 편도에서 두려운 감정의 기억이 복구된 후 다시 견고해지려면 단백질이 합성되어야 한다), *Nature* 406-6797호, 722-726쪽, 2000.
   * A. H. 매슬로(A. H. Maslow), 《동기와 성격》(Motivation and Personality), 21세기 북스 출판, 2001.
4. 숀 에이커(Shawn Achor), 《행복의 특권》(*The Happiness Advantage*), 청림출판, 2012.
5. Ibid. 《*Harvard Crimson*》(2004년 하버드 크림슨 여론조사(하버드 크림슨은 하버드대학 신문의 이름으로서 하버드대학의 공식 색상을 지칭한다 - 역자 주)

10장 • • •

1. 이 수치는 1년 365일을 21일로 나누어 얻은 결과이다. 당신은 21일 사이클을 1년 17회 반복 진행할 수 있다.
2. 에릭 R. 캔델 저, 《기억을 찾아서: 뇌과학의 살아있는 역사 에릭 캔델의 자서전》
3. D. 처치(Church) 저, 《*The Genie in Your Genes*》
4. Ibid.
5. * 로돌포 이냐스(Rodolfo Llinas), "Rodolfo Llinas's Fearless Approach to Neurophysiology Has Redefined Our Thinking about Individual Neurons and

How They Create Movement and Consciousness"(신경생리학에 대한 로돌포 이냐스의 겁 없는 도전은 뉴런에 대한 우리의 생각을 - 뉴런이 어떤 방식으로 신체 운동과 의식적 사고를 일으키는지 - 재정리해주었다), 미국 콜럼비아 의료 협회, 출처: http://uscma.org/2010/09/12/rodolfo-llinas's-fearless-approach-to-neurophysiology-has-redefined-our-thinking-about-individual-neurons-and-how-they-create-movement-and-consciousness.

* 로돌포 이냐스, 《꿈꾸는 기계의 진화》(*I of the Vortex*), 북센스 출판, 2007.
6. 노먼 도이지 저 《기적을 부르는 뇌》에 인용된 마이클 M. 머즈니히의 글
7. 필리파 랄리(Phillippa Lally) 외, "How Are habits Fromed: Modelling Habit Formation in the Real World"(습관은 어떻게 형성되는가: 실생활 속에서 습관이 형성되는 과정을 보여주다), *European Journal of Social Psychology* 40-6호, 998-1009쪽, 2010.
8. Ibid.
9. K. 앤더스 에릭슨(K. Anders Ericson), 마이클 J. 프리툴라(Michael J. Prietula), 에드워드 T. 코클리(Edward T. Cokely) 공동 집필, "The Making of an Expert"(전문가가 되는 법), *Harvard Business Review*, 2007년 7월호, http://hbr.org/2007/07/the-making-of-an-expert/ar/1.

11장 • • •

1. * 제니퍼 와일리(Jennifer Wiley), 앤드류 F. 하로즈(Andrew F. Jarosz) 공동 집필, "Working Memory Capacity, Attentional Focus, and Problem Solving"(작업 메모리 용량, 집중, 문제 해결), *Current Directions in Psychological Science* 21-4호, 258쪽, 2012.
   * "Greater Working Memory Benefits Analytic, Not Creative, Problem-Solving"(작업 메모리의 유익은 '창조적'이 아닌 '분석적' 문제 해결 능력에 있다), *Science Daily*, 2012. 8. 7. 출처: www.sciencedaily.com/releases/2012/08/120807132209.htm.

12장 • • •

1. "Mindfulness Meditation May Relieve Chronic Inflammation"(심도 있는 묵상이 만성 염증 질환 완화에 도움이 될 수도 있다), *Science Daily*, 2013. 1. 16. 출처: www.sciencedaily.com/releases/2013/01/130116163536.htm.
2. "Evidence Supports Health Benefits of 'Mindfulness-Based Practice'"(심도 있는

묵상 훈련은 건강에 유익하다: 이 사실을 여러 가지 증거가 말해주고 있다), *Science Daily*, 2012. 7. 11. 출처: www.sciencedaily.com/releases/2012/07/120711104811.htm.

3. "Breast Cancer Survivors Benefit from Practicing Mindfulness-Based Stress Reduction"(유방암을 이긴 환자들 - 사색을 통한 스트레스 완화 방법으로 도움을 얻다), *Science Daily*, 2011. 12. 29. 출처: www.sciencedaily.com/releases/2011/12/111229203000.htm.
4. "Don't Worry, Be Happy: Understanding Mindfulness Meditation"(걱정하지 말라. 행복해라: 묵상에 대한 이해), *Science Daily*, 2011. 11. 1. 출처: www.sciencedaily.com/releases/2011/10/111031154134.htm.
5. 나는 5장(다섯 번째 요소)과 6장(여섯 번째 요소)에서 이 개념을 심도 있게 다루었다. 지금쯤 지난 장들을 다시 한 번 살펴볼 필요가 있다.

13장 ● ● ●

1. 캐롤라인 리프《The Switch On *Your Brain 5-Step Learning Process DVD/Workbook*》댈러스, Switch On Your Brain출판, 2009.

Switch on Your Brain
by Dr. Caroline Leaf

Copyright © 2013 by Dr. Caroline Leaf

Originally published in English under the title
Switch on Your Brain by Baker Books

P. O. Box 6287, Grand Rapids, MI 49516-6287

Korean translation Copyright © 2015 by Pure Nard
2F 16, Eonju-ro 69-gil, Gangnam-gu, Seoul

The Korean edition is published by arrangement with Baker Books.
All rights reserved.

본 저작물의 한국어판 저작권은 Baker Books와의 독점 계약으로 한국어 판권은 '순전한나드'가 소유합니다. 저작권자의 허락 없이 이 책의 일부 또는 전체를 무단 복제, 전재, 발췌하면 저작권법에 의해 처벌을 받습니다.

긍정적인 생각으로 가득한 신경네트워크 구축하기
뇌의 스위치를 켜라

초판발행 | 2015년 8월 5일
14쇄발행 | 2024년 10월 28일

지 은 이 | 캐롤라인 리프
옮 긴 이 | 심현석

펴 낸 이 | 허철
총　　괄 | 허현숙
편　　집 | 김혜진
디 자 인 | 한영애
인 쇄 소 | 예원프린팅

펴 낸 곳 | 도서출판 순전한나드
등록번호 | 제2010-000128
주　　소 | 서울특별시 강남구 언주로69길 16 (역삼동) 2층
도서문의 | 02) 574-6702
팩　　스 | 02) 574-9704
홈페이지 | www.purenard.co.kr

ISBN 978-89-6237-180-2 03230

Printed in Korea